新・東アジアの
開発経済学

大野健一・櫻井宏二郎・伊藤恵子・大橋英夫［著］

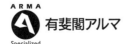

ARMA

有斐閣アルマ

Specialized

　東アジアは激しく動いている。日本にいても，そのエネルギーは刻々伝わってくる。この東アジアのダイナミズムをやさしく「学問」することはできないか。東アジアの人々や企業や政府が今まさに直面している問題の要点を，誰にでもわかるような形でリアルにとりあげることはできないか。われわれがこの書を執筆しようと考えた最初の動機は，こういうものであった。毎年出版される東アジア関係の書物は多い。だが，ビジネス最新情報でも国別紹介でも専門論文集でもなく，しかも東アジア全体を捉えながら各国のユニークさも忘れないような本はそれほど多くない。

　東アジアに関わる人は多い。仕事で住んだり各国を飛びまわる人，途上国に貢献する人，政治・外交・安全保障に関心をもつ人，歴史や文化や人々との出会いを求めて旅する人。学生諸君の中には，将来国際的な職業につきたいと思っている人もいるだろう。本書はそのような幅広い層の人々を対象として，かつ経済学を学んだことのない読者にも十分理解していただける入門書として，書かれたものである。ただし，やさしくは書かれているが，内容はさまざまな研究や現場情報を反映している。

　東アジアの経済発展を学ぶ際に有益な３つの視点をあげておこう。これは，本書を読み進むときに各章を貫くテーマとなるはずである。

　第１に，東アジアのダイナミズムは貿易・投資・援助・情報・人的交流を通じるネットワークに支えられているのであって，この地域メカニズムの構造や動態を解明することこそが東アジア開発経済学の核心である。この地域にはさまざまな政体や文化や所

得や技術をもつ経済があり，その間に学習と協力と競争が進行している。あとから来た国は，このネットワークに飛び込むことによって開発を開始し，さらに上の段階へと昇っていく。つまり，東アジアとは経済発展のチャンスを与えてくれる場そのものである。これは東アジアに固有の特徴であり，他の途上国地域には存在しない。各国の状況を個別に調べるだけでは，このメカニズムは見えてこない。

第2に，東アジアの発展過程は経済学だけでは解けない。各地域，各国にはそれぞれ独自の歴史があって，経済活動は個性の強い社会構造の中で営まれている。本書は経済を分析の中心に据えているが，同時に歴史的・文化的・政治的視角も取り入れている。また経済成長がもたらすプラス面だけではなく，所得格差・環境破壊・労働者や住民の権利・デジタル化の問題点といった影の部分にも光を当てている。

第3に，一般分析と個別分析を組み合わせる必要がある。東アジアの成長には共通パターンが存在するから，まずそれを知ることが重要である。他方で，各国の状況には少なからぬ相違があることも事実である。すでに高所得の日本・韓国・台湾・シンガポール・香港，急速に力をつけてきた巨大な中国，ASEAN の先行組であるマレーシア・タイ・インドネシア・フィリピン，ASEAN の後発組であるベトナム・ラオス・カンボジア・ミャンマーの間には，発展段階や政策課題に大きな差が見られる。また各グループ内にも，国ごとの個性がある。本書では，第1〜5章を一般問題の分析に，第6〜11章を国別分析にあてた。この両面からアプローチすることによって，多様性の視点を失うことなく，東アジアの全体的理解が可能になるのである。

なお経済を理解するには，空間的位置関係の把握が不可欠であ

る。願わくは，本書の傍らに紙の地図あるいは電子地図を置いて，各国・各都市・各地方の配置を把握しながら読み進んでいってほしい。

　われわれは大学・研究所・開発協力機関・国際機関などで，現場に密着した調査や研究を行ってきた。また世界銀行やアジア・アフリカ各国の研究所との連携や交流も行ってきた。本書は，こうした内外の経験を通してわれわれが抱くに至った東アジアのイメージを示したものである。現前に展開する事実に加えて，理論や未解決の政策論争も紹介した。その説明には筆者の解釈や信念を反映する部分もあるが，その是非は読者自身が定めてほしい。本書が東アジアの躍動を読者に伝えることに少しでも成功していることを祈りたい。

　本書は 1997 年に発刊された『東アジアの開発経済学』をベースとして全面的に書き直したものである。前書は幸い多くの読者を得たが，時がたつにつれ，東アジアは大きな変容を遂げていった。有斐閣の藤田裕子さんからは改訂のお誘いを何度も受けたが，前書を執筆した大野と櫻井は別の仕事に忙しく，なかなか着手できなかった。本書は，藤田さんの情熱に押されてわれわれがようやく作業を決意した結果である。その際，新たな共著者として，国際経済学の伊藤恵子氏と中国経済の大橋英夫氏を加えることができた。

　旧版から四半世紀以上をへた今，アジアダイナミズムには変わらない部分もあるが，やはり相当の変貌が見られる。まず 1997〜98 年にはアジア通貨危機が起きた。だがその甚大な短期的ダメージにもかかわらず，この危機は各国の成長トレンドにあまり大きな影響を与えなかったようである。経済統合においては，以前からの WTO・APEC・AFTA に加えて CPTPP や RCEP などの

多くの地域・二国間協定が結ばれ，各国の思惑もからんだ複雑な経済連携ネットワークが形成された。長期的な構造変化としては，中国の急速な台頭があり，逆に日本では長い低迷が続いた。東南アジアの国々は工業化を前に進めたが，「中所得のわな」や「早すぎる脱工業化」に直面する国も多く，さらなる高みに登るにはいくつかの課題を克服する必要がある。旧版では詳論しなかったラオス・カンボジア・ミャンマーの後発グループも，多くの困難を抱えながらもアジアダイナミズムの一部に登場してきた。さらにインドを含む南アジアも注目を集めている。開発政策の中身ではグローバル化・デジタル化・気候変動・少子高齢化・労働者の人権・ガバナンスなどの課題がますます重要性を増している。他方で2010年代以降は，開発を志向しない独裁政権も増えている。これらの動向を反映して，本書は前書の修正版ではなく，章構成も含む全面的な書き換えとなった。

　コロナ禍の中，執筆会議はオンラインで進められたが，4人の共著者の連携や相互評価は確保できたと思う。本書は，前書でお世話になった人々を含め，多くの研究者の知的貢献に支えられている。とりわけ，トラン・ヴァン・トゥ早稲田大学名誉教授と苅込俊二帝京大学准教授が編まれた一連の学術書には多大なる示唆を受けた。後藤健太，伊藤亜聖の両氏には，著書やウェビナーを通じて有益な情報をいただいた。以上の方々にはとくに感謝したい。

　　　　2024年1月

　　　　　　　　　　　　　　　　　著者を代表して

　　　　　　　　　　　　　　　　　大野健一

著者紹介

🖊 大野健一（おおの けんいち）
第 1，2（共同執筆），4，5，8，9，10，11 章担当

1981 年　一橋大学経済学部卒業
1987 年　米国スタンフォード大学経済学 Ph.D. 取得
同　　年　国際通貨基金（IMF）エコノミスト
1991 年　筑波大学社会工学系助教授
1996 年　埼玉大学大学院政策科学研究科教授
1997 年　政策研究大学院大学教授
2023 年　同大学名誉教授

主要著作

『産業政策のつくり方：アジアのベストプラクティスに学ぶ』有斐閣
　（2013 年）。英語版：*Learning to Industrialize: From Given Growth
　to Policy-aided Value Creation*, Routledge（2013 年）.

*The History of Japanese Economic Development: Origins of Pri-
　vate Dynamism and Policy Competence*, Routledge（2018 年）.

*How Nations Learn: Technological Learning, Industrial Policy,
　and Catch-up*, Oxford University Press（2019 年，共編著）.

🖊 櫻井宏二郎（さくらい こうじろう）　　　　　　　　　第 6 章担当

1980 年　一橋大学経済学部卒業
同　　年　日本開発銀行（現・日本政策投資銀行）入行
1984 年　米国イェール大学留学，M. A. 取得（国際開発経済）
1996 年　日本開発銀行設備投資研究所主任研究員
2007 年　専修大学経済学部教授
2008 年　一橋大学博士（経済学）取得

主要著作

『市場の力と日本の労働経済：技術進歩，グローバル化と格差』東京
　大学出版会（2011 年）。

「グローバル化と日本の労働市場：貿易が賃金格差に与える影響を中
　心に」日本銀行ワーキングペーパーシリーズ No.14-J-5，日本銀行
　（2014 年）。

『日本経済論：史実と経済学で学ぶ　第 2 版』日本評論社（2023 年）。

🖊 伊藤恵子（いとう けいこ）　　　　　　　第2（共同執筆），3章担当

1994 年　早稲田大学理工学部卒業
1999 年　筑波大学大学院修士課程地域研究研究科修了
2002 年　一橋大学大学院経済学研究科博士課程修了，博士（経済学）
　　　　　取得
同　　年　財団法人国際東アジア研究センター（現公益財団法人アジア
　　　　　成長研究所）上級研究員
2004 年　専修大学経済学部専任講師
2018 年　中央大学商学部教授
2022 年　千葉大学大学院社会科学研究院教授

主要著作

"Global Value Chains and Domestic Innovation," (*Research Policy*,
　　Vol. 52(3), 104699, 2023 年，共著).

"The Impact of the Strengthening of Export Controls on Japanese Ex-
　　ports of Dual-Use Goods," (*International Economics*, Vol. 174(C),
　　pp. 160–179, 2023 年，共著).

『国際経済学 15 講』新世社（2022 年，共著）。

"Global Knowledge Flow and Japanese Multinational Firms' Offshore
　　R&D Allocation and Innovation," (*Japan and the World Economy*,
　　Vol. 59(C), 101090, 2021 年，共著).

🖊 大橋英夫（おおはし ひでお）　　　　　　　第7章担当

1979 年　上智大学文学部卒業
1984 年　筑波大学大学院社会科学研究科単位取得退学
同　　年　三菱総合研究所研究員
1989 年　外務省在香港日本国総領事館専門調査員
1992 年　専修大学経済学部専任講師
1994 年　同助教授
2000 年　同教授

主要著作

『米中経済摩擦：中国経済の国際展開』勁草書房（1998 年）。

『シリーズ現代中国経済 5 経済の国際化』名古屋大学出版会（2003
　　年）。

『現代中国経済論』岩波書店（2005 年）。

『チャイナ・ショックの経済学：米中貿易戦争の検証』勁草書房
　　（2020 年）。

A Study of China's Foreign Aid: An Asian Perspective, Palgrave
　　Macmillan（2013 年，共編著）.

目　次

第1章 東アジアのダイナミズム

韓国・ソウル中心街と漢江
写真：筆者撮影

　世界を見渡せば，経済不振から長らく抜け出せない地域，産業振興に苦慮している国，いつまでも高所得に達しない国は数多い。その中で，これまで東アジアは歴史的にきわめて元気であった。この地域にも戦争や対立はあったし，各国がそれぞれに解決すべき課題を抱えていることはたしかだが，それにもかかわらず，東アジアの多くの国が社会のまとまりを保ちながら成長を持続させてきたのは否定しがたい事実である。まず本章では，途上国世界の優等生グループといえる東アジアの経済発展パターンと残された課題を浮き彫りにしよう。

1 経済発展の場としての東アジア

　東アジアの経済発展の秘密をひもとくには，各国の国内状況を個別に分析しただけでは不十分である。まずは，この地域全体が生み出す経済ダイナミズムを理解することが肝要である。なぜなら，東アジアの高度成長は貿易・投資・資本・援助・情報・人的交流などを媒介とする域内の強力なリンケージに支えられているからである。工業化に成功した国で生じた構造変化が次に興隆してくる国の経済構造に大きな影響を与え，学習や競争や協力を通じて，地域全体として生産・貿易構造が複雑化かつ高度化していくという動的メカニズムに光を当てなければ，「**東アジアの奇跡**」の大部分を見逃したことになる。東アジア経済論の核心はまさにここにあるといっても過言ではない。この状況は，他の途上地域に見られないユニークなものである。

構造転換連鎖　東アジアの最大の特徴は，低次から高次への工業化が，明確な序列と相互作用をともないながら，国際連関を通じて進行しているという点にある。これを**構造転換連鎖**と呼ぼう。

　先進地域である EU ではドイツ・フランス・イギリス・イタリアなど発展度のそれほど違わない国々の間でさまざまな産業が分業化され，互いに製品を輸出入し合う**水平貿易**が盛んである。一方ラテンアメリカでは，北に位置する超大国アメリカとの**垂直貿易**（工業製品と一次産品の取引）が重要で，地域内の国どうしの貿易や投資はそれほど活発ではない。アフリカ各国と EU の関係もこれに類似する。これに比べ，東アジアでは日本・韓国・台湾・

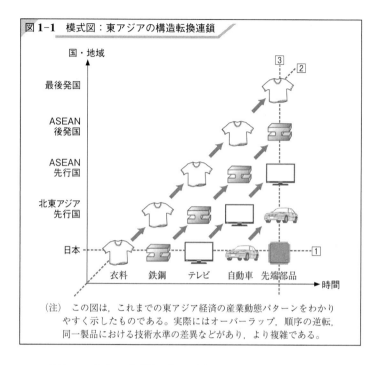

図1-1　模式図：東アジアの構造転換連鎖

国・地域

最後発国

ASEAN
後発国

ASEAN
先行国

北東アジア
先行国

日本

衣料　鉄鋼　テレビ　自動車　先端部品　　時間

（注）　この図は，これまでの東アジア経済の産業動態パターンをわかり
やすく示したものである。実際にはオーバーラップ，順序の逆転，
同一製品における技術水準の差異などがあり，より複雑である。

シンガポールなどの先進経済，巨大な中国，ASEAN諸国の間に
序列と相互作用のはっきりした関係があり，それは時に追い越し
や新参者や脱落をともないながら，後からくる国は先行国との経
済的交流をテコに工業化を進めている。東アジアという場そのも
のが，経済発展のきっかけを提供しているのである。

図1-1を見ていただきたい。これは，これまでの東アジアの
産業高度化を模式化したものである。構造転換連鎖を一国（たと
えば，日本）に注目して見れば，その主要産業が軽工業から重化
学工業，組立加工業，より複雑な製品・部品へと順を追って交代
していく様子が見られる（軸①）。また，一産業（たとえば衣料）
について見れば，東アジアにおける主な輸出国が日本から北東ア

ジア，ASEAN 先行国，後発諸国へと移行していく様子が観察される（軸②）。さらに特定の時点において東アジアを見渡せば，各国がさまざまな産業を分業している様子が見えてくる（軸③）。

工業化こそが経済発展

東アジアにはさまざまな国がある。大きな国，小さな国，天然資源に恵まれた国，恵まれない国，内陸国，海運が盛んな国など。だが，あえて単純化するならば，この地域の多くの国は歴史的に（牧畜・鉱業・通商ではなく）耕作農業を主たる産業とし，開拓されつくした土地，居住可能地に対して高い人口密度という特徴を共有していた。

このような国々が経済発展をめざしたとき，彼らは工業化を志向した。すなわち国内生産の比重を農業から工業へ移すことである。なぜ工業化が経済発展につながるのか。それは，工業に秘められた拡張可能性の大きさにある。天候と土地という自然条件に大きく左右される農業に比べ，工業の源泉は人間の生み出す技術とそれを体化した機械（固定資本）である。これらは創造と再生産が可能であり，地理的・物理的な限界は農業に比べてほとんどない。また過去の技術は失われることなく将来の基礎となるという累積性がある。

こうして東アジアでは経済突破のために，農産品・鉱物の輸出あるいは貿易仲介ではなく製造業をめざす国が多く，「経済発展＝工業化」という図式が成立した。工業には技術や資本の集約度の違いから，ローテクからハイテクまでさまざまな段階がある。ゆえに工業化は単に工業の比重を高めるだけでなく，その内容をより技術水準の高いものへと絶え間なくシフトさせていくことを要求する。その先には，デジタル技術を駆使したハイテクサービスもある。つまり，工業化は 1 つの場所にとどまることなく，経済構造の継続的変容をともなう拡張戦略なのである。この点が，

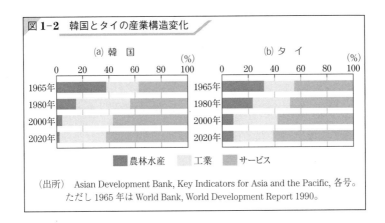

図1-2　韓国とタイの産業構造変化

(a) 韓国
(b) タイ

■農林水産　□工業　■サービス

（出所）　Asian Development Bank, Key Indicators for Asia and the Pacific, 各号。
ただし 1965 年は World Bank, World Development Report 1990。

産油国や牧畜国とは根本的に異なる。

　図1-2 は，韓国とタイの産業構成比の推移の様子を表している。いずれの国も，経済成長と並行して農業のシェアを大きく減らし工業のシェアを拡大してきたことがわかる。またサービスのシェアも徐々に増加している。さらに，すでに高所得を達成した経済，たとえば日本・台湾・韓国などは脱工業化しつつある。すなわち GDP に占める工業のシェアが近年は縮小している。モノの製造からサービス・金融・情報の提供へと生産構造の重心が変化しているのである。これは工業化の行き詰まりではなく，工業化に成功したがゆえの，より高次な段階へのシフトと解釈すべきであろう。ただし，十分な工業化と高所得を達成しない途中の段階で，工業のウェイトが減少に向かう国もある。これを「**早すぎる脱工業化**」という。この問題についてはのちに検討しよう。

直接投資の役割　東アジアの構造転換連鎖の原動力は**直接投資**である。直接投資とは「相手国での経営支配あるいは経営参加を目的とした国際資本移動」のことである。具体的には，現地子会社や合弁企業（joint venture）の設立，

新工場の建設，営業所・支店の設置，既存企業の買収，現地企業への出資ないし株式取得などが含まれる。直接投資は実際に事業を行う（あるいは参加する）ための投資であって，資産運用（もっている資産を増やす）だけを目的とする，所有権や経営権の獲得をともなわない間接投資（外債購入，銀行の対外貸付，短期・少額の株式投資など）とは区別される。

　東アジアでとくに重要な直接投資は，先行国から後発国へと向かう，新たな工場建設をともなう資本の流れである。このタイプの直接投資は，単なる資金の移転のみならず，技術・経営ノウハウ・海外市場・市場メカニズムといった事業資源をセットで後発国にもたらしてくれる。さらに現地人採用による雇用増加や途上国の学習効果も期待できる。また，先行国ではもはや不採算になった業種（労働集約型作業など）を後発国に移転する手段でもある。以上が，直接投資が出資国と受入国双方の経済構造転換の原動力となる理由である。

　ただし，直接投資の受け入れは途上国にとって必ずしもメリットばかりではない。懸念されるデメリットとしては，外国企業による経済支配，労働者の虐待や労働争議の発生，環境破壊，異なる文化や価値から生じる社会的摩擦，自国に合わない技術や産業の押し付けなどが考えられる。実際，1970年代にはインドネシアやタイなどの東南アジア諸国で，日本企業進出に対する反対運動の盛り上がりが見られた。

　だが現在，直接投資を悪役とみなす国は少なくなった。むしろ世界中の途上国は直接投資を自国に呼び込むための競争を展開している。これは直接投資に対する考え方が，先進国企業が途上国を経済的に搾取し従属させる手段という否定的なものから，「経済発展＝工業化」の触媒という積極的な評価に変わったことを意

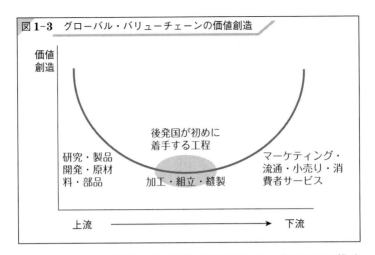

図1-3 グローバル・バリューチェーンの価値創造

価値
創造

後発国が初めに
着手する工程

研究・製品
開発・原材
料・部品

加工・組立・縫製

マーケティング・
流通・小売り・消
費者サービス

上流 ⟶ 下流

味している。この背景には，実際の問題として，東アジアの構造
転換連鎖が直接投資を媒介として進行してきたという動かしがた
い事実がある。

グローバル・バリュー
チェーンへの参加

工業化をめざす国，あるいはビジネスの
発展をめざす企業にとって重要な概念が，
グローバル・バリューチェーン（GVC）

である。これは，ある製品を製造し販売する過程を，組立といっ
た1つの作業だけで考えるのではなく，企画・設計・原材料など
の「上流」から最終的な流通・小売り・顧客対応といった「下
流」への一連の流れと見て，その全体を見渡す考え方である。**図
1-3**はこの状況を示しており，通常**スマイルカーブ**と呼ばれる
（曲線に目を2つ足せばスマイルマークに似ていることから）。この図は，
大部分の価値は上流と下流でつくられ，工場における加工・組
立・縫製などの作業（中流）の価値創造は比較的少ないことを示
している。

工業化初期の途上国は，衣料・靴の生産や電子機器組立などの

中流部分に従事することが多い。その際には，先進国のグローバル企業が製品の開発・設計を行い，原材料・部品も指定し，完成品を自己のブランドと販売網をもって消費者に販売する。途上国側は多くの労働者を雇って物理的な生産を担当するが，製品価値に占めるこの部分の比重は小さく，1割程度あるいはそれ以下である。グローバル企業は技術力・資金力・マーケティングにおいて圧倒的に強いので，競争力の弱い途上国にとって，これはある意味で仕方ない事態かもしれない。

途上国企業にとって重要なことは，まずこの GVC に参加することである。つまり，自分たちのもつ限られた知識や技術のみでビジネスをするのではなく，世界で進行するこの流れの一部になることである。そのためには，まず一番やさしい工場生産の部分を担当するが，やさしいといっても世界に通ずる製品をつくり国際競争に打ち勝つためには，品質・コスト・納期・安全・人権・環境などの国際基準を学び，実践しなければならない。このどの1つをとっても，厳しい基準の達成は容易ではないが，この努力がレベルアップにつながる。これができれば，次に今いる中流から上流・下流へと活動範囲を広げ，あるいはすでに学んだ工程の生産性を高めて，より多くの価値創造を自社そして自国に取り込むことが目標となる。これは自分自身がグローバル企業になることだから，きわめて高い目標である。なお，必ずしも1企業が全工程を取り込む必要はなく，自社の得意な部分の価値創造に注力し，ほかは他社に任せるという企業戦略もある（工程間の国際分業）。

東アジアでは，多くの企業がまず軽工業（衣類・履物・雑貨・食品加工・電子機器組立など）に従事し，外国から輸入された経営・技術・部材などを学習し，使用しながら，世界に通用する製品を輸出できるようになった。さらにそれらの企業の中から，経営・

技術・マーケティング力などを高めて，世界市場を席巻するようなビジネスも一部生まれてきた。彼らは，スマイルカーブへの積極参加とそれを通じるレベルアップ戦略に成功したのである。

また，伝統的なやり方とは異なる「かえる跳び」(leapfrogging)という戦略もある。これは先進国のたどった道をあとからたどるのではなく，途中のステップを踏まずに最新技術に飛び込むことをいう。たとえば，固定電話がまだ普及していない国でスマホとそのサービスが急拡大したり，金融システムに規制が多い中国でフィンテックが発達するなどである。ただし，世界がしのぎを削って開発している新製品をいち早く打ち出して勝つためには多くの有能な経営者や科学者やエンジニアが必要であり，適切なビジネス環境や政府支援も不可欠である。途上国にとって，かえる跳びを経済成長の主な戦略にするのは容易なことではない。

なお，グローバル・バリューチェーンは（グローバル・）サプライチェーンとも呼ばれる。前者はわれわれが見てきたように，どの工程で価値が生まれるかを重視する見方であり，後者は物理的な原材料・部品の輸送や受け渡しを強調する見方である。たとえば，災害や紛争でサプライチェーンが被害を受けた（部品の入荷がとまった），二酸化炭素の排出削減はサプライチェーン全体で見なければならないなど。こうした用法の違いはあるが，両者はほぼ同じ現象を指している。

| 東アジアの範囲 |

東アジアが地理的にどの国を含むのかは，厳密に決まっているわけではない。本書の目的は東アジアの経済発展メカニズムを解明することだから，この目的に照らして，われわれは地域の発展ダイナミズムに活発にあるいはかなりの程度参加している国を，東アジアの中心グループとみなすことにしよう。具体的には，以下の経済である。

・先進経済としての，日本・韓国・台湾・シンガポール

・巨大な中国（香港を含む）

・ASEAN 内の先行グループ，すなわちマレーシア・タイ・インドネシア・フィリピン

・ASEAN 内の後発グループ，すなわちベトナム・ラオス・カンボジア・ミャンマー

ここでいくつか説明を加えておこう。

かつて中国は，人口が多いにもかかわらず所得や技術の水準は低かったが，1990 年代以降の持続的成長によって，巨大な貧困国から世界覇権を争う経済・技術・軍事大国へと急激な変貌を遂げた。

韓国・台湾・シンガポール・香港は，以前は NIEs（ニーズ，Newly Industrializing Economies）と呼ばれていた。「四虎」あるいは「四竜」ともいう。これらの経済は，比較的早い時期から成長の継続によって途上国から卒業し，高所得を達成した成功例である。彼らの経済成果は多くの面で日本をも圧倒するものがある。また貿易・投資などを通じて，より後発の中国や東南アジア，さらには世界の他途上地域の経済構造転換に大きな影響を及ぼしてきた点でも注目に値する。

ASEAN とは東南アジア諸国連合（Association of Southeast Asian Nations）の略である。1967 年にシンガポール・マレーシア・タイ・フィリピン・インドネシアの5カ国で発足したが，のちにブルネイを加え（1984 年），さらにベトナム（1995 年），ミャンマーとラオス（1997 年），カンボジア（1999 年）が参加し，現在は 10 カ国から構成されている。本書では，発足時からのメンバーであるマレーシア・タイ・フィリピン・インドネシアを ASEAN 4（アセアン・フォー）と呼ぶ。シンガポールも ASEAN のオリジナルメ

ンバーだが，高度な経済発展を遂げているので先進国扱いをして
おく。これらに比べて新メンバーのベトナム・ラオス・カンボジ
ア・ミャンマーの発展段階はまだ低い。ただしベトナムは ASE-
AN4 をかなり追い上げてきた。ボルネオ島に位置する小国ブル
ネイは，石油・天然ガスの輸出に依存する比較的裕福な資源国で
あり，他の東アジア経済とは性格を異にするので，本書の分析対
象には含めない。

　東アジアの中心グループのまわりには，この地域の構造転換連
鎖にはまだ乗っていないが，将来リンクする可能性を秘めた国が
いくつか存在する。それはインド・パキスタン・バングラデシ
ュ・スリランカなどの南アジアの国々であり，あるいはモンゴル
や中央アジア5カ国（ウズベキスタン・キルギスタン・カザフスタン・
トルクメニスタン・タジキスタン）である。このうちインドは中国
と同様巨大な国だが，まだ中国ほどは世界経済を大きく左右する
存在になっていない。衣料品輸出が盛んなバングラデシュは，東
アジア型の発展パターンに一番近いといえよう。これらの国々に
ついては第11章で触れる。

　北朝鮮は地理的には東アジアだが，体制上の問題があり，この
地域のダイナミズムとは今のところ無縁である。なお，オースト
ラリア・ニュージーランド・パプアニューギニア，および太平洋
の島嶼諸国は，本書が扱う東アジア地域には含まれない。

2 高成長と多様性

| めざましい成果 | 20世紀後半以降，東アジアの多くの後
発国はこの地域のダイナミズムに飛び込 |

むことによってめざましい発展を遂げた。かつては小農が主体だった貧しい国が数十年後にはある先端分野で世界をリードする国になったケースもある。すなわち東アジアの際立った特徴は，各国ごとの差はあれ，地域全体として持続的な経済発展に成功したことである。国民生活もずいぶん改善した。これは，貧困からなかなか抜け出せない途上国世界の常識からすると，実に驚嘆かつ賞賛すべき実績である。この秘密は一体なにか。経済発展の手がかりを模索する世界の国々は，東アジアの経験に強い関心を寄せている。

20世紀後半の東アジアにはめざましい経済成長を遂げた国が多かった。1960年代の日本や90年代前後の中国は，年率10％あるいはそれ以上の速度で成長を続けた。21世紀になると，日本の長期停滞，高所得を達成した国々のスローダウン，世界不況，コロナ禍などから以前ほどの勢いはなくなったが，それでも2000～22年に中国が8.4％，カンボジアが6.8％，ベトナムが6.3％の平均成長率を達成するなど，かなり高い成長を維持している国がある（**表1-1**）。

さらに注目すべき点がある。『**東アジアの奇跡**』と題する世界銀行の報告書（1993年）は，その「奇跡」の内容として，東アジアは高成長を維持したのみならず，その過程で所得分配の不平等化が発生しなかったという点を高く評価した。すなわち，高度成長期に国民のほぼすべてが成長に参加し，取り残されるグループをつくらなかった。この事実は，「急速な経済発展は富裕層と貧困層の二極分解を引き起こす」というこれまでの常識をくつがえすものである。世界銀行は，これを東アジアの「成長の分かち合い」（shared growth）と呼んだ。だがこれには例外も多々ある。中国・フィリピン・タイでは高度成長期の所得格差は大きく，むし

表1-1　東アジア経済の基本データ

		人口	経済規模	1人当たり所得	経済成長率	国内貯蓄率	輸出/GDP比	農業従事人口	乳児死亡率
	年	2022	2022	2022	2000～2022	2022	2022	2022	2021
	単位	百万人	十億ドル	ドル	年平均%	%	%	%	千人当たり
	出所	世界銀行	世界銀行	世界銀行	世界銀行	アジア開銀	アジア開銀	アジア開銀	世界銀行
日　本		125.1	4,230	33,815	0.6	24.3	21.5	3.0	2
中　国		1,410.0	17,960	12,720	8.4	45.3*	20.7	21.9*	5
シンガポール		5.6	467	82,808	4.6	58.2	186.6	0.1	2
香　港		7.3	360	48,984	2.6	18.9	193.9	0.0	…
台　湾		23.3	761	32,756	3.6	41.4	72.0	4.7*	3
韓　国		51.6	1,670	32,255	3.6	32.9	48.3	5.4	3
マレーシア		33.9	406	11,972	4.4	30.8	73.8	9.8*	7
タ　イ		71.7	495	6,909	3.3	32.3	67.3	29.9	7
フィリピン		115.6	404	3,499	4.9	22.2	28.4	23.1	21
インドネシア		275.5	1,320	4,788	4.9	31.7*	24.5	28.6	19
ベトナム		98.2	409	4,164	6.3	36.1	94.1	27.5	16
カンボジア		16.8	30	1,787	6.8	24.4	63.9	33.1	21
ミャンマー		54.2	59	1,096	7.6	28.3	27.6	45.4	34
ラオス		7.5	16	2,088	6.4	…	23.1	56.8	34

（注）　＊は2021年。フィリピンは国内貯蓄率のかわりに国民貯蓄率。カンボジアの国内貯蓄率は2020年，農業従事人口は2019年。ミャンマーの国内貯蓄率・農業従事人口は2019年，輸出/GDP比は2020年。ラオスの輸出/GDP比は諸データより推計。

（出所）　World Bank Open Data（2023年7月24日にアクセス）およびAsian Development Bank, Key Indicators for Asia and the Pacific 2023（2023年8月24日にアクセス）。台湾の人口およびGDP関連はNational Statistics, Republic of China（2023年8月24日にアクセス）。

ろ拡大した場合さえある。また，高所得を達成したのちの日本や韓国では新しいタイプの深刻な格差が生じている（第6，8章）。

　経済成長を持続させるためには，古くなった設備を買い換え，あるいは新しい機械を導入して，生産力を常に高める努力をせねばならない。技術は設計図のままでは役に立たず，新たな工場や機械として現場に据えつけられてはじめて生産性の向上につなが

る。このように，経済成長を直接に支えるのは投資である。そして，その資金は国民の貯蓄から生まれる。海外から資金を借りることもできるが，そうすれば対外債務が発生し，将来やはり国民の貯蓄から返済しなければならない。ゆえに，経済成長のためには国内で十分な貯蓄がなされ，活発な投資を支えることが不可欠である。高度成長経済においては，所得のうち6〜7割を消費し，残りの3〜4割を貯蓄・投資にまわすのが典型的な姿である。20世紀後半の東アジアの高成長国はこの状況を達成していた。**表1-1**は現在の姿を示しているが，2022年の国内貯蓄率は国民の強制貯蓄制度をもつシンガポールが58.2％と突出しており，中国・台湾が40％台，ベトナム・韓国・タイ・インドネシア・マレーシアが30％台と続いている。

　もう1つ，東アジアの高成長国に見られる共通項は輸出の戦略的重要性である。輸出は単に国内で余ったものを売るとか，輸入品を買うための外貨を稼ぐとかいった消極的な役割をもつだけではない。東アジアでは，輸出を伸ばしながらその品目構成を一次産品から工業製品へ，工業製品の中でもローテクからハイテクへ，さらにはハイテクサービスへと高度化させていくことが発展戦略の中心に据えられ，そのためにさまざまな政策が動員されてきた。企業の成功基準は，自社製品が（手厚く保護された）国内で売れるというだけではなく，世界市場で外国との熾烈な競争に打ち勝つことができるという点に求められた。先進国入りをめざす国にとって，「国際競争力の向上」と「海外市場の拡大」は国民的課題であり，工業化の試金石なのである。これはまさに，先に述べたグローバル・バリューチェーンへの参加とその活動拡大に対応する。

　ただしこのことは，輸出は多ければ多いほど望ましいというこ

とを必ずしも意味しない。GDP に対して輸出が多いか少ないかはその国のサイズに大きく依存する（表1-1）。日本や中国は国内経済が大きいため，輸出は活発であるにもかかわらず GDP 比では 20％程度と小さく見える。一方シンガポールや香港のような都市経済では，多くの財・サービスを輸出入しなければ経済活動は成り立たない。しかも両市は貿易中継港であり，港を通過するだけの再輸出品も多い。このような理由から，GDP に対する輸出比率は 200％近くときわめて大きくなる。ベトナムも，小さな港市ではないが，1990 年代来の世界経済への積極参加によって，輸出の GDP 比は 94.1％と高い値を示している。

　また東アジアはたしかに輸出志向だが，国内産業保護をしなかったわけではない。国内産業を興し，これまで輸入していた製品を国内で供給するという戦略を「輸入代替」という（第8章 *Column* ⑧参照）。このとき，国内製品が自国内で売れやすいように，輸入品に保護関税をかけることが多い。一般に，輸入代替戦略は弱体企業を国際競争から隔離し温存するので経済発展を妨げるといわれている。しかしながら，東アジアでは輸入代替の実施期間が比較的短かった。長い目で見た産業育成政策の中で，はじめは保護関税で守りながら国内産業に力をつけさせ，その後保護を撤廃し積極的に輸出をさせるという戦略転換が比較的うまくできたようである。そして1つの産業（消費者向け軽工業品など）の育成に成功すると，次により高度な産業（重化学工業など）を再び輸入保護を用いて育成を開始するという波状パターンを描いた。ゆえにある時点で全業種を見渡せば，輸出志向に傾斜しながらも，輸出志向産業と輸入代替産業が常に共存するという状況が見られた。

東アジアの多様性　　東アジアは構成国間の経済格差が大きい。先進国から低所得国まで，東アジアには

さまざまな発展段階の経済が共存しており，より「粒のそろった」地域，たとえばEUなどとは異なっている。途上地域でも，中南米やアフリカではメンバー国間の所得格差は東アジアほど顕著ではない。**図1-4**は，東アジア，EU，中南米それぞれの主要12カ国について，2022年時点の1人当たり所得を比較したものである。3つのグラフは縦軸目盛をそろえてあるので，地域間比較をすることもできる。なおこの図の棒グラフは，各国所得を実際の為替レートでドル換算したものである。東アジアには高所得のシンガポールから低所得のミャンマーまであり，その格差は実に76倍にも達する。EUにおける富めるアイルランドと貧しいギリシアの所得格差が5倍にすぎないことを考えると，これがいかに大きなギャップであるかがわかる。中南米はEUよりも所得水準が全般的に低いが，メンバー間の格差は6倍程度である。

　ただし，ドル換算した各国の所得比較には注意を要する。世界には物価が高い国も低い国もある。同じドル所得でも消費者が実際に買えるモノは，高物価国では少なく，低物価国では多い。ゆえに後者の方が暮らし向きはよいといえる。この点を修正し，各国の所得を物価水準の差で調整したものを**購買力平価所得**という。図1-4にはこのデータも線グラフで示してあるが，この指標を使っても東アジアの所得格差が大きいという結論は変わらない。なお購買力平価所得を使うと，台湾と韓国の所得が日本より高くなることにも留意したい。

　国の規模においても東アジアの多様性は際立っている。人口ではいうまでもなく14億人超を擁する中国が突出している。以下インドネシアの2.76億，日本の1.25億，フィリピンの1.15億と続く。シンガポールの人口はわずか560万であり（うち出稼ぎ外国人労働者165万人），中国と比べればケシ粒ほどでしかない。面

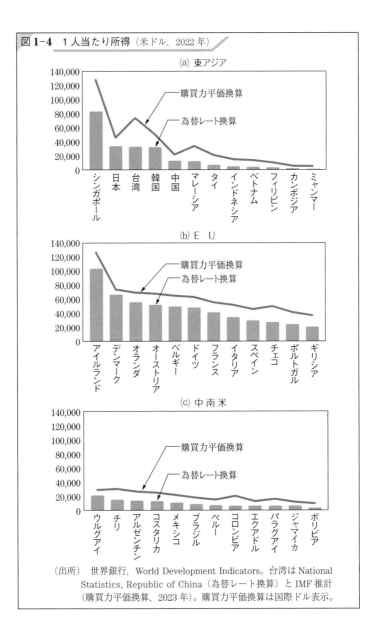

図1-4　1人当たり所得（米ドル，2022年）

(a) 東アジア

購買力平価換算

為替レート換算

シンガポール　日本　台湾　韓国　中国　マレーシア　タイ　インドネシア　ベトナム　フィリピン　カンボジア　ミャンマー

(b) Ｅ Ｕ

購買力平価換算

為替レート換算

アイルランド　デンマーク　オランダ　オーストリア　ベルギー　ドイツ　フランス　イタリア　スペイン　チェコ　ポルトガル　ギリシア

(c) 中 南 米

購買力平価換算

為替レート換算

ウルグアイ　チリ　アルゼンチン　コスタリカ　メキシコ　ブラジル　ペルー　コロンビア　エクアドル　パラグアイ　ジャマイカ　ボリビア

（出所）　世界銀行，World Development Indicators。台湾は National Statistics, Republic of China（為替レート換算）と IMF 推計（購買力平価換算，2023 年）。購買力平価換算は国際ドル表示。

積で比べても，巨大な中国，中くらいの国々，小さな国といった多様な構成となっている。

東アジアは社会面・政治面でも多様である。中東ではイスラム教が，ヨーロッパや南北アメリカではキリスト教が優勢だが，東アジアでは仏教・イスラム教・キリスト教の三大宗教がいずれも盛んであり，このような地域はほかにない。民族・言語・文化も国ごとにさまざまである。政治体制も軍事独裁や一党独裁から民主主義まで多様である。軍事的には，20世紀後半の東アジアは資本主義と共産主義が実際に戦火を交えた場所となった（朝鮮戦争とベトナム戦争）。現在でも，中国対台湾および南北朝鮮間の緊張関係が続いている。

まとめると，東アジアは共通の伝統基盤や統治理念を土台にして発展した地域だとはいえそうにない。むしろそれらの著しい多様性にもかかわらず，産業・技術の面でおたがいに学び，協力し，競争するメカニズムが存在し，経済面で多くの成果をあげてきた。東アジア成長の背景には儒教の伝統があるという主張をときに聞くが，儒教を受け入れたのは一部の国だし，それらの国でも最近の社会規範として必ずしも強力だったとはいえない。

| いくつかのわな |

はなばなしい発展を遂げてきた東アジア経済だが，懸念材料もある。ただし以下の懸念は，東アジアのみならず，世界中の多くの途上国が抱える問題であることを断っておきたい。またこれらの問題はたがいに関連している。

懸念の第1は，「中所得のわな」と称される現象である。欧米先進国・日本・韓国・台湾・シンガポールなどは，産業振興を通じて貧困から高所得まで一気に登りつめた。踊り場でとまってそれ以上登れなくなるといった事態は生じなかった（戦争や内乱に

より後退を余儀なくされたことはあるが，それは経済活力とは別の問題である）。ところが現代の多くの途上国は，極度の貧困からは脱出できても，中くらいの所得や技術にとどまっており，高水準に達しないケースが多くなった。世界銀行は，1人当たり所得が1135ドル以下の国を低所得，4465ドル以下を低位中所得，1万3845ドル以下を高位中所得，それを超える国を高所得と分類している（2024年度の基準値，これらは毎年少しずつ改定される）。この分類で，低位中所得ないし高位中所得からいつまでも卒業できない国が多いのである。中南米や旧ソ連圏の国々がその典型である。東アジアでもマレーシア・タイ・ベトナム・フィリピンなどの多くの国の政府が，中所得のわなに陥る懸念を表明している。

　なぜわなに陥るのか。議論は続いているが，1つのありうる答はこうである。工業化を進める国は，ある段階に達すると，単なる外国の模倣をこえて自らが産業の強化・革新の主体とならなければならない。外国人の指示で加工したり組み立てたりするのはやさしいが，それではあまり価値は生まれない。大きな価値を創造するには，自国が技術・デザイン・生産管理・マーケティングなどを握らねばならない（スマイルカーブの上流と下流への進出）。それにはすぐれた科学者・エンジニア・経営者・労働者が必要で，政府も民間を側面支援するための有効な政策や制度を打ち出さねばならない。これができるか否かが，その国が高所得に直行するか踊り場にとどまるかの差を生む1つの重要な原因と考えられる（図1-5）。

　第2に，**早すぎる脱工業化**（premature deindustrialization）という問題がある。経済成長の典型的パターンでは，農業が縮小し工業が拡大する。このとき労働者は農村から都市の工場へと移動する（章末 *Column* ①参照）。この過程が十分に進行すれば，所得が高ま

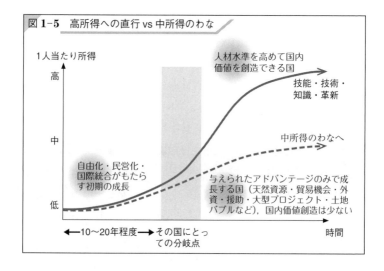

図 1-5　高所得への直行 vs 中所得のわな

1人当たり所得

高

人材水準を高めて国内
価値を創造できる国

技能・技術・
知識・革新

中

中所得のわなへ

自由化・民営化・
国際統合がもたら
す初期の成長

与えられたアドバンテージのみで成
長する国（天然資源・貿易機会・外
資・援助・大型プロジェクト・土地
バブルなど），国内価値創造は少ない

低

←10〜20年程度→その国にとっ
ての分岐点

時間

り産業は成熟してその国は先進国の仲間入りをする。豊かになっ
た国では，今度は工業の比率が徐々に下がり，サービスとりわけ
ハイテクサービスの比率が上がる。以上を**ペティ・クラークの法
則**という。ところがいくつかの途上国では，豊かになる前に工業
の比率が下がりだし，サービス部門が拡大する。農民は工場へ行
かずにサービスに転職するのである。しかもそのサービスが小売
り・飲食・運送・修理といった伝統的なものが大部分ならば，生
産性は低い。たとえばインドネシアを見ると，GDPに占める製
造業の割合は1980年の11.6％から2001年に29.1％のピークを
打ったあと徐々に低下し，2022年には18.3％となっている。イ
ンドネシアはまだ低位中所得国にすぎない。

　第3の懸念は，早すぎる**少子高齢化**である。日本や韓国ではこ
の現象が急速に進んでおり，労働力不足や社会保障負担の問題を
引き起こしている。これらは深刻な財政危機や社会不安の原因と
なる。だが，少なくとも日韓では高所得を達成してからこれらの

問題に直面した。ところが多くの途上国では，まだ中所得なのに同様の人口動態が起きている。長寿はよろこぶべきことだが，問題は社会がまだリッチでないのに高齢化に突入する点にある。これを中国語で「未富先老」という。国民にも政府にも十分な収入がなく，税金や負担金を払える人や企業が少ない国が，はたして十分な社会保障を国民全体に提供できるだろうか。また早すぎる少子高齢化は，生産年齢人口の減少を通じて成長を鈍化させるので，中所得のわなの原因の１つとも考えられる。

3 発展動態の変容

　東アジアの発展メカニズムを説明する１つの有力な理論は，雁（がん）行形態発展論（こうけいたい）（flying geese pattern）である。これは1930年代に赤松要が提唱し，戦後に小島清らが発展させた日本発の理論だ。赤松は，キャッチアップ型経済発展において，新産業は輸入→国内生産→輸出というパターンを描き，またその品目構成も軽工業から重化学，機械へと徐々に高度化することを主張した。これは一国の内部で起こる構造変化の描写である。小島は，この過程が多国籍企業の行動，とりわけ直接投資を通じて他国に波及するメカニズムを論じ，データで検証した。これは工業化の国際伝播にかかわるものであり，明確な序列と相互関連をもって進行した東アジアの発展プロセスを説明することができる。

　雁（かり）の群れは，逆Ｖ字型の編隊をつくって飛ぶ。かつて日本はその先頭鳥であった。日本の経済発展は台湾・韓国，ASEAN，中国へと波及していった。だが1990年代以降は，中国を含む多くの後発国が躍進を続け，他方で日本が長く沈滞した結果，東ア

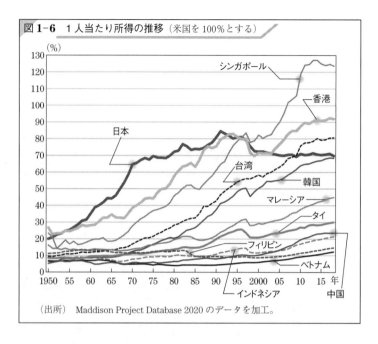

図 1-6　1 人当たり所得の推移（米国を 100％とする）

（出所）　Maddison Project Database 2020 のデータを加工。

ジアのリーダーとしての日本経済の地位は大きく損なわれた。**図 1-6** は，各国の 1 人当たり所得の推移をアメリカを 100 として図示したものである。日本が東アジアを率いた時代は終わり，いまや地域で唯一の長期低迷国となってしまった。1990 年代初めをピークとして，日本の所得だけが対米で低下傾向を示している。それとともに日本の指導力や経済モデルとしての魅力は失われつつある。経済規模や産業活力において，中国が日本に代わる東アジアの中心国として登場してきた。なぜこういう事態に陥ったのだろうか。歴史を振り返れば，日本経済には躍動期と沈滞期の長期の波があるようである。第 6 章では，日本のダイナミズムの消滅過程を検討する。

4 新たな局面へ

　現在の世界状況は，日本あるいは台湾・韓国などが高度成長を達成した20世紀後半の状況とは異なる。21世紀に入り，とりわけ2010年代以降，顕著となった経済・社会・政治の変容をいくつかあげよう。

　第1に，デジタル化の進展がある（第4章）。20世紀の電子技術やコンピュータは事務・通信・情報処理の効率性を高めるものにすぎなかったが，いまやデジタル技術は人々の生き方，社会や政治のあり方，新産業の創造を左右するものとなった。その構成要素はさまざまで，たとえばインダストリ4.0，IoT，AI，ロボット工学，ビッグデータ，AR，3D印刷，フィンテック，クラウドコンピューティングなどがあげられる。デジタル社会の到来は経済開発に多くの問いを投げかける。これまで日本は品質向上，工場の効率化，職人技の金属加工，分業に基づく自動車生産といった現場のものづくりを得意としていたが，これらは維持できるだろうか。途上国は衣類・食品加工・電子機器組立などの労働集約型生産から工業化を始めるのが普通だが，こうした手作業はロボットにとってかわられないか。新社会に必要な知識や技術をもたない労働者は，先進国・途上国を問わず淘汰されるのではないか。

　第2に，少子高齢化にともなう社会構造や労働市場の変化がある。日本では，人口が2008年にピークアウトして変化率がプラスからマイナスに転じ，生産年齢人口（15〜64歳の割合）も6割以下に下がり，増え続ける高齢者を勤労者が支えられなくなっている。これはさらに内需の低迷，財政危機，福祉の劣化，労働力

不足などを引き起こしている。だがこの種の人口動態は，東アジアを含む世界の多くの国で見られるものだ。それはとりわけ高所得に達し成熟期に入った社会に著しい。この長期構造的な課題に対しては，短期的応急処置ではなく，働き方や政策・制度の根本的改革により新社会の構築が必要であろう。日本はその先頭鳥として，他国に伝授できるモデルを開発できないだろうか。効率的な工場生産を世界に広めた国が，高齢化社会をより生きがいのある世界にするハード・ソフトの技術を提供できるようになれば，すばらしいことである。

第3に，企業に要求される事項が増えており，それらが企業行動を強く規定している（第4章）。工場周辺の環境を守るのは当然として，全地球的にも気候変動や環境悪化の原因となる活動を控えること。労働者の人権を確保し，彼らの安全と健康に配慮し，賃金・労働時間を含む労働条件を改善すること。女性の社会進出やジェンダー平等，障がい者雇用を達成すること。少数民族や外国人の排斥を含むあらゆる差別をなくすこと。生産過程のトレーサビリティーを高めること。知的財産を保護し，個人情報の漏洩を防ぐこと。災害・システム障害・サイバー攻撃への対応力を高めること。その他，さまざまな法令を守り，企業の社会的責任を遵守し，透明性を確保すること。これらの多くはSDGs（持続可能な開発のための17の国際目標）の項目とも重なっている。よいものを安く作って消費者を喜ばせるだけではもはやだめなのである。生産や輸出の大前提として，企業はこれらの諸条件をクリアすること，多くの場合その検査証明や認証を外部機関から取得することが義務づけられるようになった。

第4に，企業活動はもはや一国で完結しない。グローバリゼーションは決して新しいものではなく，多国籍企業の登場や海外進

出の活発化にともない以前から存在したが，貿易投資の自由化や科学技術の進歩に支えられて最近ますます加速している。先のグローバル・バリューチェーンの議論を思い出してほしい。アメリカが設計し，日本や台湾の部品を使って中国で組み立てられたスマホは「メード・イン・チャイナ」といえるだろうか。製品価値はさまざまな工程を経て追加される。全工程を１カ所に集める必要はなく，輸送や受け渡しがスムーズにいく限り，それぞれ最も適した場所ですればよい。ただし，災害や戦乱によってサプライチェーンが分断されるリスクも考えなければならない。各国や各企業は生産過程の重要部分を担当しようと競争している。途上国にとっては，その一部にでも参加するのが発展戦略の第一歩となる。

Column ① 工業化と二重経済発展モデル

東アジア諸国の発展過程では，経済活動の比重が農業から工業へと移っていったことを指摘した。この過程をかなりうまく描写できるモデルとして，ルイス・モデルおよびその応用形としてのフェイとラニスのモデルが知られている。

多くの途上国経済は，昔ながらの伝統部門（零細な家族農業）と新たに持ち込まれた近代部門（都市の工業）からなる「二重性」を抱えている。伝統部門の特徴は，生産性が低く，洪水・干ばつ・虫害などの自然災害に弱く，固有な文化・価値に深く根づいており，個人の利潤ではなくコミュニティー全体の生存と厚生が目的である点などである。さらに土地に比べて農村人口が多く，これ以上誰かが働いても収穫を増やすことができないという意味での余剰労働が存在することが，低生産性と貧困を生み出す最大の原因である。

このような状況において，伝統部門とはまったく異なる，近代技術と利潤追求を特徴とする生産形態が外部から持ち込まれたとしよう。この国の経済成長は，労働・資本などの資源が沈滞的な伝統部門から急成長する近代部門へと移転し，経済活動の中心が前者から後者へとシフトすることによってもたらされる。

　この過程を労働移動に焦点を当てて考察しよう（図1-7を参照）。この国の人口を O_1L_3 とし，はじめ全員が農業に従事していると仮定する。パネル(a)の太線は農業労働の限界生産性であり，それは労働投入が増えるに従って減少し，全員が働けば最後の人々の貢献はゼロになってしまう。このとき賃金は慣習によって生存水準 W_s に決められており，村の作物を農民すべてが分け合ってなんとか暮らしている。W_s の s は subsistence（ぎりぎりの生存）の意である。これ以下の収入では生きていけず農村が崩壊してしまう。限界的な労働者の生産性がゼロにもかかわらずすべての人が雇用されるのは，この村が利潤原理ではなく共生原理により運営されているからである。

　近代工業が都市に導入されると，そこでの労働は利潤極大化条件，すなわち「労働限界生産性＝賃金」を満たすように雇用される。パネル(b)で工業労働の限界生産性を d_1 で表せば，それはとりもなおさずこの部門における労働の需要曲線に等しい。一方，労働供給は，農村に余剰労働が残っている限り，生存賃金 Ws でいくらでも雇うことができる。このとき O_2A だけの労働者が農業から工業へと移動する（農業から脱出する労働者は，パネル(a)の右端から左へ向かって測る）。

　やがて工業で生み出された利潤が再投資され，工場が増設されて近代部門が拡大すると，労働需要曲線は d_2，d_3 へとシフトしていく。それにともない農村の労働力はますます近代部門に移っていくわけだが，L_2L_3 をこえて労働移動が起こると国全体の農業生産は減少しはじめる（P点）。農村を去ろうとする人の限界

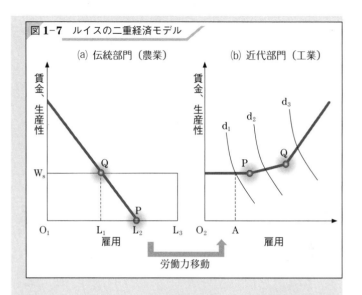

図1-7　ルイスの二重経済モデル

(a) 伝統部門（農業）　　　　(b) 近代部門（工業）

労働力移動

生産性がゼロでなくプラスだからである（ただし賃金よりは低い）。人口を不変とすれば，食料が不足気味になり，食料価格が上昇し，賃金もそれに合わせて上昇しはじめる可能性がある。

　この問題を克服してさらに工業が拡大すれば，やがて労働移動量が $L_1 L_3$ をこえる点（Q点）がやってくる。このときついに，農業の限界生産性は賃金に等しくなる。工業が農業からこれ以上の労働者を雇うためには，賃金水準が農業の限界生産性曲線に沿って上昇しなければならない。かくして余剰労働は完全に消滅し，農業を含め，すべての雇用が利潤原理に従うようになる。このQ点を「転換点」と呼び，この突破をもって工業化戦略の成功とみなす。

　ただし，すべての国が転換点をこえられるわけではない。前述したように，P点で発生しはじめる食料不足のために工業化過程が停滞する可能性があるからである。この状況を「リカードのわな」という。これを回避するには，工業化と並行して農業の生産

性をあげていく必要がある。農業生産性の向上は，単に食料減産を防ぐのみならず，農村に新たな価値を発生させ，それが工業化資金となり，あるいは工業製品への需要となって，工業化を促進する効果をもつ。このためには，政府は道路・水利などの農業基盤を整備し，品種改良・流通・金融などについても農業を政策的に支援する必要があるのである。

LITERATURE

参考文献

⫸　東アジア全般を知るためには，本書との重複はあるが，以下の書物を推薦する。

遠藤環・伊藤亜聖・大泉啓一郎・後藤健太編 [2018]，『現代アジア経済論：「アジアの世紀」を学ぶ』有斐閣。　…現代アジアを多面的に解説しており，本書よりやや専門的。本書を読了したあとの次の学習に好適である。

後藤健太 [2019]『アジア経済とは何か：躍進のダイナミズムと日本の活路』中公新書。　…グローバル・バリューチェーンやモジュラー化について詳しい。

小林尚朗・山本博史・矢野修一・春日尚雄編著 [2022]，『アジア経済論』文眞堂。　…アジアに関する個別問題が16の章に分かれてそれぞれコンパクトに論じられている。

⫸　ASEAN については，以下の書物が有益である。

トラン・ヴァン・トゥ編著 [2016]，『ASEAN 経済新時代と日本：各国経済と地域の新展開』文眞堂。　…各国ごとの解説に加え，ASEAN 全体の課題についても分析されている。

末廣昭 [2014]，『新興アジア経済論：キャッチアップを超えて』岩波書店。　…所得向上をかなり達成したアジアで生じた新たな課題を論じている。

▶ 東アジアの過去の発展パターンを学ぶには，以下の書物がある。

小島清［2003］，『雁行型経済発展論』第1巻，文眞堂。　…専門書だが，雁行型経済発展について深く学びたい人に勧める。

世界銀行・白鳥正喜監訳・海外経済協力基金開発問題研究会訳［1994］，『東アジアの奇跡：経済成長と政府の役割』東洋経済新報社。　…開発をつかさどる国際機関が初めて東アジア成長を本格的に分析した書。

▶ 学習に役立つデータベースは以下のとおり。ネットから無料でアクセスできる。

World Bank Open Data　…各国データや World Development Indicators をはじめ，多くの情報が収納されている。調べたい国名・データ名などを添えて内部検索するとよい。国ごとに1960年以降の多様な年次データをダウンロードすることもできる。

Asian Development Bank の Key Indicators for Asia and the Pacific　…アジア諸国の経済データを広く掲載。

Asia Productivity Organization の APO Productivity Database　…アジア諸国の GDP や生産性に関するデータを国別に提供。

Maddison Project Database　…世界各国の所得・人口を歴史をさかのぼって推計した A. マディソン教授の業績を継承し，最新化。生産性・GVC・産業構造に関するデータも提供。

第2章

直接投資と貿易構造

テスラ上海工場
写真提供：新華社／共同通信イメージズ

　第１章では，東アジアの構造転換連鎖が先進国から後発国まで明確な序列をもって進行してきたこと，そして，直接投資がこの発展過程を担う重要な国際リンクであることを指摘した。本章では，直接投資の誘因や投資受入国が直面する問題を整理し，直接投資を通じて東アジアの貿易構造がどのように変化してきたかを論じる。東アジア地域では，最終製品の生産に必要なさまざまな部品や中間財を各国が分担して生産する国際分業が進展し，各国は国際分業に参画して活発に貿易しながら国際水準の技術知識を獲得してきた。こうして工業化を加速し経済発展を実現したが，最先端技術の獲得は容易ではない。もう一段の発展を遂げて高所得国になるために克服すべき課題は何だろうか。

1 東アジア諸国の対外・対内直接投資

主な投資国と投資受入国

企業は**海外直接投資**（Foreign Direct Investment, FDI）を行って，外国に事業拠点となる子会社を所有することにより「**多国籍企業**」となる。英語では，Multinational Enterprises（MNEs），Multinational Corporations（MNCs），Transnational Corporations（TNCs）などと呼ばれる。東アジア諸国は日本や欧米の多国籍企業を受け入れ，それらを中心としたグローバルなサプライチェーンに組み込まれていくことにより工業化を進めてきた。

第2節でも述べるように，直接投資は外国子会社を経営し長期的な視点で利益を獲得することを目的とするため，海外に直接投資する企業は投資先に経営ノウハウや技術を移転し，投資受入国の経済発展をうながすと期待される。

図2-1は，世界の対内直接投資（投資受入国）の長期的な推移を見たものである。東西冷戦の終結や世界的な貿易・投資自由化の流れを受けて，1990年代以降，直接投資が大きく増加してきたことがわかる。2000年代半ば以降は，とくに中国向けの直接投資の増加が顕著である。毎年変動はあるものの，2010年代の平均で見ると，世界の直接投資の半分程度（44％）は途上国向けであり，さらにそのうちの7割程度（69％）が日本以外のアジア諸国向けとなっている。アジア諸国がその経済発展過程において活発に直接投資を受け入れてきたことがうかがえる。

では，主にどのような国がアジア諸国に直接投資しているのだろうか。伝統的に欧米や日本などの先進国がアジア諸国に対する

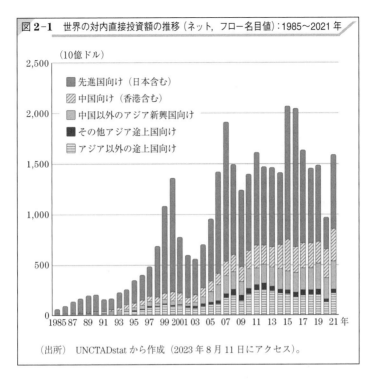

図2-1 世界の対内直接投資額の推移（ネット，フロー名目値）：1985〜2021年

（10億ドル）

■ 先進国向け（日本含む）
▨ 中国向け（香港含む）
▤ 中国以外のアジア新興国向け
■ その他アジア途上国向け
▤ アジア以外の途上国向け

（出所）UNCTADstat から作成（2023年8月11日にアクセス）。

直接投資の主要な投資国である。**表2-1**は，OECD 諸国から東アジアの主要国に対するこれまでの直接投資の残高（ストック）と，主要投資国の内訳を示している。この表から，米国と日本からの直接投資残高のシェアが大きく，とくに日本は東アジアの多くの国において最大の投資国であることがわかる。ただし，2010年代ごろからは，香港，中国，韓国，シンガポールなどが急速にアジア向け直接投資の重要な投資国となってきている（アジア開発銀行の Integration Indicators データなどを参照）。アジア域内直接投資が急拡大していることも注目すべき点で，直接投資によって地域内の貿易上のつながりも強化されてきている。

表2-1　OECD 諸国から東アジア主要国への直接投資残高 (2019 年時点)

投資受入国	OECD合計(百万米ドル)	各投資国のシェア (%)								
		日本	韓国	米国	ドイツ	イギリス	オランダ	フランス	スイス	その他
中　　国	575,297	22.2	13.8	20.2	16.3	2.4	4.0	5.6	4.0	11.5
香　　港	324,796	10.4	5.6	25.2	2.8	28.1	10.7	3.1	2.3	11.8
台　　湾	57,958	27.0	2.3	29.9	4.3	3.8	21.6	1.5	3.3	6.3
インドネシア	92,051	43.7	10.0	13.2	3.6	8.5	7.6	2.1	1.9	9.4
マレーシア	69,323	24.5	9.1	15.6	8.9	7.0	7.0	2.2	8.8	17.0
フィリピン	37,212	42.2	7.3	18.6	4.6	2.1	6.5	0.7	6.0	11.9
シンガポール	569,422	14.4	3.6	50.6	2.8	3.7	5.2	2.7	3.8	13.2
タ　　イ	118,698	63.3	3.4	14.9	3.6	2.6	1.7	1.7	2.8	6.0
ベトナム	59,210	32.8	46.7	4.4	1.5	3.2	2.5	1.3	1.8	5.7
インド	181,245	15.4	5.4	25.3	15.0	11.4	7.5	3.6	3.7	12.6
アジア主要国計	2,085,212	21.8	8.6	28.8	7.9	8.0	6.3	3.4	3.6	11.6

(注) セルの網掛けは，各投資受入国の直接投資受入残高に占めるシェアが
　　最大の投資国を示す。
(出所) 国際貿易投資研究所 (ITI)『ITI 国際直接投資マトリックス (2021
　　年版)』から作成。

直接投資の誘因と東アジア各国のコスト比較

先進国の企業が海外直接投資を行う動機としては，①現地の安い労働力などを利用した低コスト生産の追求，②市場アクセスの確保，③天然資源の開発・確保，④技術・情報収集，⑤税・規制の回避，などがある。先進国から先進国に直接投資する場合は，購買力の大きい先進国市場で自ら販売網を構築することにより販売を増やしたり（②の市場アクセスの確保），現地に研究開発拠点を設けて先端技術の獲得・開発を行ったり（④技術・情報収集）する目的で行われることが多い。また，EU や NAFTA（北米自由貿易協定）の域外関税を回避し，域内企業として巨大経済圏内で活動するために，直接投資して「現地企業」として操業する必要もある（⑤税・規制の回避）。

　一方，東アジアの構造転換連鎖の原動力となった直接投資は，

①の低コスト追求を目的とするものが多かった。日本企業が東アジア諸国へ進出してきた動機としても，低コスト追求が支配的であった。第1章の表1-1でも見たとおり，東アジアの先進経済諸国の1人当たり所得と，ASEAN内の後発グループのそれとの間には，何十倍もの差がある。経済発展にともなって賃金が上昇した先進経済では，労働集約的な製品や工程は不採算となり，これらをより賃金の安い中国やASEAN先発グループ，さらには後発グループへと移転させるのである。当然のことながら，このタイプの直接投資は賃金水準や為替レートといったコスト要因に大きく左右される。

東アジア主要都市における賃金水準を比較したのが図2-2である。ここでは，2000年12月時点と2020年12月時点（中国，韓国，台湾については2021年9月時点）の一般工の月額賃金を比較しており，2000年時点で賃金が高い都市から順番に並んでいる。賃金水準と1人当たり所得とは密接な関係にあり，1人当たり所得が高い日本や，かつてNIEsと呼ばれた東アジアの先進経済では賃金水準が高く，ASEANの先発グループ，ASEAN後発グループの順に低くなっている。2000年時点では，日本とASEANや中国（北京）などとの賃金水準の差は大きく，日本企業が安い労働力を求めてこれらの国々に進出してきたことを裏付けている。ただし，2020年時点になると，日本以外の国々では賃金水準が上昇し，安い賃金という魅力をすでに失いつつある国・都市も見られる。

賃金の低さはすべての業種にとって同様に魅力的なわけではない。大量の労働投入が必要な食品加工，電子部品組立，委託加工の縫製などでは賃金差は重要だが，自動車・機械などのより資本集約的な製造業では優秀な技能工の確保が必要で，低賃金だけで

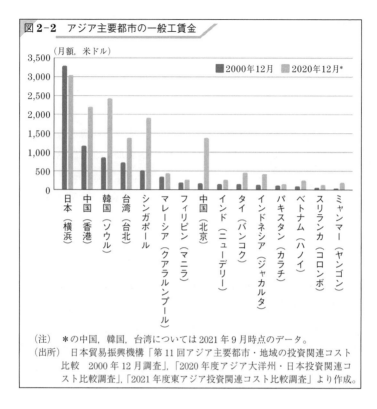

図2-2　アジア主要都市の一般工賃金

（月額，米ドル）

凡例: ■ 2000年12月　■ 2020年12月*

縦軸: 0, 500, 1,000, 1,500, 2,000, 2,500, 3,000, 3,500

横軸の国・都市:
日本（横浜），中国（香港），韓国（ソウル），台湾（台北），シンガポール，マレーシア（クアラルンプール），フィリピン（マニラ），中国（北京），インド（ニューデリー），タイ（バンコク），インドネシア（ジャカルタ），パキスタン（カラチ），ベトナム（ハノイ），スリランカ（コロンボ），ミャンマー（ヤンゴン）

（注）　＊の中国，韓国，台湾については 2021 年 9 月時点のデータ。
（出所）　日本貿易振興機構「第 11 回アジア主要都市・地域の投資関連コスト
　　　　比較　2000 年 12 月調査」，「2020 年度アジア大洋州・日本投資関連コ
　　　　スト比較調査」，「2021 年度東アジア投資関連コスト比較調査」より作成。

は必ずしも競争力は生まれない。図 2-2 からもわかるように，
東アジアの先進経済においてはすでに日本と近い賃金水準になっ
ており，マレーシア，タイ，インドネシアでも賃金水準は上昇し
てきた。東アジア先進経済では，自国でもはや非効率となった産
業を後発国に移転することが課題となっている。実際，表 2-1
で見られるとおり，韓国はベトナムやインドネシアなどに積極的
に直接投資を行い，生産拠点の移転を進めている。

　また，近年は市場としてのアジアの重要性も増してきている。
東アジアには人口規模が大きい国が多いうえに，各国が経済発展

を続けてきたことや，ASEAN 自由貿易地域や二国間・複数国間の貿易・投資協定を多数締結してきたことなどによって，東アジア経済圏は巨大市場へと成長してきた（第3章）。日本企業や他の先進国企業に対するアンケート調査では，東アジア向け直接投資の理由として市場アクセスの確保をあげる企業が多くなってきている。たとえば，日本貿易振興機構（JETRO）が毎年実施している「日本企業の海外事業展開に関するアンケート調査」でも，海外で拡大を図りたい機能として「生産」と回答する企業の割合が低下する一方で，「販売」と回答する企業の割合は上昇している。

　東アジア向けの直接投資については，生産コストや市場アクセス以外にも，投資先が途上国であることに起因するいくつかの問題をクリアしなければならない。とくに重要なのは，①政治・社会が安定しているか，②外資をめぐる法律・規制・政策などが安定的かつ良好か，③運輸・通信・電力・上下水道などの産業インフラは十分か，の3点である。次節で論じるとおり，東アジア地域ではこれらの条件が多くの国で改善されてきたことも，直接投資の受け入れを拡大し工業化・経済発展につなげることができた理由といえよう。

2 投資受入国の政策問題

　次に，外資導入によって経済開発を行おうとする途上国の観点から，直接投資を考察してみよう。

外資誘致政策 〉 受入国にとっての直接投資は，工業化促進・雇用創出というメリットと，外国企業による経済支配というデメリットの両面を併せ持つ。東アジア

においては，どちらかというと直接投資受入のメリットが強調され，各国は外資法改正や政策変更を通じて，外国企業に税金・関税・所有権などに関する有利な条件を提示し，直接投資を自国に呼び込んできた。

東アジアの中で，直接投資の受入地域が次第にシフトしてきたことも注目に値する。1980年代前半までは，技術やインフラの面で整備された台湾・韓国・香港・シンガポールなどが主要な投資受入先であった。しかし，80年代後半になると，これらの経済における賃金・通貨高を受けて，より低コストのASEAN（タイ，マレーシア，インドネシア，フィリピンなど）に重点が移った。さらに90年代になると，中国が新たな投資先として登場する（「チャイナ・シフト」）。これらの国々が直接投資を受け入れながらめざましい経済発展を遂げたという事実を目の当たりにして，2000年代に入ると，ベトナムやミャンマーなどのASEAN後発グループやインドなどが直接投資受入競争に参加して外資の優遇・自由化政策を進め，投資家の関心を集めるようになった。

積極的な直接投資誘致にまったく問題がないわけではない。直接投資は群集心理に支配されるところが多く，いったんブームが始まれば巨額の投資が特定国に流れ込む。だが，投資する企業の思惑と受入国のニーズが一致する保証はなく，受入国にとって最適な技術や産業が育たない可能性もある。また，投資してみたが，当初期待したほどビジネス環境がよくないとわかると，その国向けの投資ブームが終わってしまうこともある。

受入国が外資の動向に振り回されないようにするには，途上国政府が長期開発ビジョンをもって外資の受入基準と業種選択を明示し，直接投資を長期的な経済成長達成の一手段として利用するという姿勢が重要になる。

先進国向けの直接投資は既存の現地企業
を買収するものが多いが（クロスボーダ
ー M&A），途上国向けでは，先進国企業
が新規に現地子会社を設立するものが比較的多いことが知られ
ている（クロスボーダー・グリーンフィールド投資）。後者の直接投
資は先進国企業が途上国に新たな雇用を創出し，技術を移転させ
るきわめて有効な手段である。工場の操業や機械の操作，労働者
や技術者の訓練，研究開発などを通じて，後発国は新たな生産方
法を実地に学ぶことができる。また外国企業が持ち込んだ生産技
術や経営ノウハウは，労働者の転職や他企業の模倣を通じて経済
全体に広がっていく。こうして先進国からの直接投資は，間違い
なく東アジア諸国の技術水準を高めてきた。

それにもかかわらず，受入国が期待するほどには直接投資によ
る技術移転が進んでいないという見方もある。外国企業は途上国
の安い労働力にのみ関心があり，最新技術はなかなか提供してく
れないとの不満を抱く途上国もある。工業化の初期段階では，直
接投資の形態として「委託加工」が採用されることが多い。これ
は，縫製品や電子製品などの生産において，現地の労働力を用い
て縫製や組立てを行い，製品を再び海外へ輸出するものである。
委託元の外国企業が機械・原材料・部品を提供し，途上国は単純
労働と工場用地を提供するのみの場合，この方式は容易に実施で
きる。しかし，これは第1章で触れたスマイルカーブ（図1-3参
照）の一番底（中流）で，最も価値創造が少ない部分であり，高
度な技術の移転や産業基盤の育成にはつながりにくい。

他方で，先進国企業は，技術移転しようにも多くの途上国では
その受け皿となるべき企業や人材が十分に育っていないという
認識をもっている。また，各途上国の発展段階に応じた「適正技

術」があって，先進国で用いられている最新技術をそのままもってくればよいというものでもない。むしろ，一昔前の技術や労働者を多く使う技術の方がその国の現在の発展に貢献することもありうる。さらに民間企業としては，巨額の研究費をかけて開発した先端技術をそう簡単に外国に提供するわけにはいかないという事情もあるだろう。

　技術移転の困難が最もはっきりと現れるのが，「サポーティング・インダストリー」をめぐる問題だ。自動車や電子機器，機械などを組み立てる企業には，さまざまな原材料や部品を供給してその産業を支えるサポーティング・インダストリー（裾野産業，部品産業，下請産業などと訳される）が必要である。多くの途上国ではサポーティング・インダストリーが十分育っておらず，たとえ外国企業が自動車組立工場を建設したとしても，多くの部品を外国から輸入しなければならないことになる。これでは，自動車を生産すればするほど部品輸入が増えるだけで，地場産業への波及効果はきわめて限定的なものとなってしまう。

　かつて東アジア，とりわけ ASEAN 諸国では，サポーティング・インダストリーを育成するために，外資に対して「ローカル・コンテント」（現地化比率）を要求した。これは，使用部品のうち一定比率を輸入でなく国内から調達する義務を課すものである。ローカル・コンテントを満たすために，外国企業は，現地企業の育成に協力したり，本国の部品企業をその国に進出させたりする。これによって，ASEAN 諸国では産業基盤の整備が徐々に進んできた。しかし，1995 年に設立された世界貿易機関（WTO）の貿易関連投資協定（通称 TRIM 協定と呼ばれる）ではローカル・コンテント要求が禁止され，各国は段階的にこの規制を撤廃することになった（WTO については第 3 章で扱う）。その後は，現地部

品の使用は義務ではなく推奨・優遇を通じた外資の自主的選択によって推進されてきた。このようにしてサポーティング・インダストリーの育成は進んできたが，それでも精度の高い部品を安定的に供給することは容易でない。

第1章で，「中所得のわな」を抜け出すには，外国企業への依存から卒業して，自国が技術・デザイン・生産管理・マーケティングなどを握らねばならないと述べた。サポーティング・インダストリーを整備し，スマイルカーブの左端（上流），つまり価値創造が大きい部品製造の部分を担うことは，中所得のわなを脱却し高所得国へ直行するためにも重要だ。

法律と政策の曖昧さ 外国企業からよく指摘される問題として，途上国の外資政策やそれに関わる法律が曖昧で，しかもそれが突然変更されて外国企業が損害を被るような事態がしばしば発生するという点がある。外資政策の不確実性や，投資認可の手続きの煩雑さ，賄賂や特別の人脈を使う必要性などが外国企業進出の妨げになっていることは多い。さらに，投資が行われたあとも，政治の優先，経済効率の無視，一貫性の欠如，不透明な政策決定などがしばしば見られ，投資の効果をそぐ結果になっている。

こうした問題を減らしていくためには，取引や交渉のルールが公開され，所有権や契約が守られ，その侵害に対しては保証がなされるような社会を築いていく必要がある。第3章で国際的な貿易投資協定について述べるが，2000年代以降，東アジア諸国はこうした協定に活発に参加してきており，法律や政策の曖昧さは徐々にではあるが改善されてきている。

直接投資は途上国に新たな雇用機会を提供するが，一方で外国企業の経営方針と現地の労働者の間に摩擦を生ずることも多い。たとえば，厳格な労働規律を要求する外国人マネージャーが「怠惰な」労働者を虐待する，外国人が経営を独占し現地人は昇進できない，現地の宗教や慣習に理解を示さない，などである。また，先進国に比べて労働規制が緩い途上国では，外国企業が劣悪な労働環境のもとで現地労働者を働かせているとの批判もある。こうした労使問題は，適正な法整備に加えて，異文化に対する尊重と寛容をもって双方が対処しなければ解決できない。

さらに，先進国よりも緩やかな環境基準のもとで，公害の垂れ流しをする外国企業もまったくないとはいえない（第4章）。短期的な経済利益の追求が自然環境の破壊につながるという開発と環境の矛盾にどう折り合いをつけるか，これは途上国自身の開発における優先順序の問題ではあるが，開発プロジェクトに携わる外国企業も責任の一端を負うことは間違いないであろう。

また，途上国で外国企業が目立つようになると，自国経済が多国籍企業によって支配されているという危機感が生まれ，**排外的ナショナリズム**を刺激することになる。途上国政府と進出企業には，国民感情に配慮した政策と行動が望まれる。

3 貿易構造の変化

外国企業が目立つ

貿易の拡大と変容

東アジアでは，日本，そして韓国・台湾・シンガポール・香港が経済発展に先行したが，後発国はこれらの先行経済との貿易・投資・援助・金融・

人的交流をテコに工業化を進めてきた。その過程で外国直接投資を受け入れることにより，東アジア地域全体が多国籍企業を中心としたグローバルなサプライチェーンに組み込まれ，Factory Asia と呼ばれるような，国境を越えた生産ネットワークを形成するに至った。

　さまざまな工業製品の一大生産拠点となった東アジア地域は，世界貿易に占めるシェアを急速に拡大してきた。日本を除く東アジア（上記 4 先進経済に加え，ASEAN4，中国，ベトナム）が世界の財貿易に占めるシェアは，1980 年の 7.9 ％から，2000 年には 17.9 ％に，2018 年には 27.9 ％へと 3.5 倍にもなった（世界銀行，アジア開発銀行のデータ，台湾については中華民国財政部データによる）。一方，世界の GDP に占める割合は，1980 年の 4.7% から，2000 年には 10.8% に，そして 2018 年には 22.6% へと約 40 年間で 4.8 倍に増加した。これらのデータから，東アジアが貿易の拡大とともに所得拡大や経済成長を達成してきたことがうかがえる。また「域内貿易」，すなわち東アジアの全貿易のうち域内で行う割合も，1985 年の 27.3% から 2000 年には 39.7 ％に上昇し，やや低下した 2018 年時点でも 34.9 ％となっている（JETRO 世界貿易マトリクスから算出。ここでの東アジアは，中国，香港，韓国，台湾，シンガポール，マレーシア，タイ，フィリピン，インドネシアである）。これは，1990 年代に域内の国際分業関係が深化し，電化製品やパソコン，アパレルなどの工業製品が，東アジアの生産ネットワークを通じて完成品となり，世界へ輸出されるという貿易パターンが確立したことを示している。

　貿易の量的拡大に加え，貿易される品目も大きく変化した。第 1 章で指摘した国内産業構造の変化を反映して，主要輸出品目も一次産品とその加工品から繊維を中心とする軽工業，さらには重

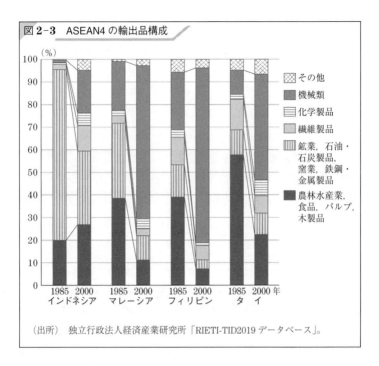

図2-3 ASEAN4の輸出品構成

（出所）　独立行政法人経済産業研究所「RIETI-TID2019データベース」。

化学工業，機械へと変化し，機械の中でもローテク製品からハイ
テク製品へとしだいに高度化してきた。これは，段階の差はあれ，
東アジアのすべての国で見られる現象である。**図2-3**は，ASE-
AN4について，1985年から2000年の輸出構造の変化を見たも
のである。主要輸出品が一次産品から工業品，とくに機械類へと
急激にシフトしたことがわかる。2015年について同様の図を描
いても2000年とあまり変化していないので，これら諸国の輸出
構造は1980年代後半から90年代にかけて大きく変化したこと
になる。

　東アジアの工業化にともない，域内貿易構造も大きく変化した。
日本だけが主要工業国だった頃は，日本が工業製品を輸出し，他

国がエネルギー・原材料を輸出するという，異なる産業間の**垂直貿易**が典型的であった。この構造が現在まったく消滅したわけではなく，東南アジアや中国の鉱物資源や農産物など一次産品は今も対日輸出されている。しかし，このような垂直貿易が東アジア貿易に占める割合は着実に減少してきた。

　東アジアで現在主流となった貿易構造は，工業製品どうしを輸出し合うという**水平貿易**である。水平貿易にはいくつかのパターンがある。第1に日本が機械を輸出し，中国やベトナムが繊維製品を輸出するといった異なる産業に属する工業製品の相互貿易がある。第2に，同じ鉄鋼製品であっても日本が加工度の高い鋼板類や特殊鋼を中心に中国に輸出し，中国は銑鉄や加工度の低い鉄鋼製品を輸出するといった同一産業内の**製品分業**がある。第3に，日本で生産された液晶パネルを用いて中国で組み立てられたスマートフォンが日本に逆輸入されるといった，同一製品の生産プロセスにおける**工程間分業**もある。また，日本の自動車部品メーカーが日本で生産した部品を，そのメーカーの在タイ子会社に輸出し，そこでさらに加工されるような場合も工程間分業である。この場合は同一企業の親会社と海外子会社との間で**企業内貿易**が行われていることになる。

　現実には，さまざまなパターンの貿易が同時進行しており，よりハイテクな製品へ，そしてより多様な分業へとダイナミックに変容を遂げてきた。繊維やアパレル，電気機械組立などは，経済発展にともなって賃金水準が上がり，コスト競争力を失った日本から，台湾・韓国などへ，さらに東南アジアや中国に生産移管されてきた。高級・高技術製品の生産の一部は日本国内に残して他の量産型普及品は台湾・韓国からマレーシア，タイに移り，さらに低付加価値品は東南アジアの後発国へと，各国の賃金や技術水

準に応じて分業体制がシフトしてきた。

産業内貿易指数 東アジア域内分業の進展により，東アジアの貿易パターンは，工業製品と一次産品を交換する垂直貿易から工業製品を輸出し合う水平貿易に移行してきた。このパターン変化を定量的に計測するため，**産業内貿易**の概念がしばしば利用される。

ある国の特定製品 i，たとえば自動車の輸出額と輸入額を X_i, M_i で表そう。このとき，$100 \times (X_i - M_i)/(X_i + M_i)$ をこの国の自動車貿易に関する「貿易特化指数」という。もし，この国が自動車を輸出はするが輸入はまったくしないのであれば，$X_i > 0$, $M_i = 0$ だから，貿易特化指数は 100 となる。逆にこの国が純粋な自動車輸入国ならば，$X_i = 0$, $M_i > 0$ より，貿易特化指数は -100 である。もし，輸出と輸入が同時に存在するならば，指数は -100 と 100 の間をとる。輸出額と輸入額が一致すれば，指数は 0 である。

この考え方を応用して，一国全体の産業内貿易指数を以下のように定義する。

$$1 - \frac{\sum_i |X_i - M_i|}{\sum_i (X_i + M_i)}$$

ここでは，産業ないし製品ごとの輸出入差額の絶対値をとって合計し，輸出入の合計額で割る。それを 1 から引いた値が産業内貿易指数である。読者は，すべての産業ないし製品 i について輸出か輸入の一方が 0 で，産業内貿易がない場合，この指数は 0 になることを確かめてほしい。逆にすべての産業ないし製品 i について輸出額と輸入額が一致し，完全に産業内貿易になっている場合は，この指数が 1 になる。この指数の留意点として，産業や製品の区分を細かくすれば産業内貿易指数は小さくなり，区分を

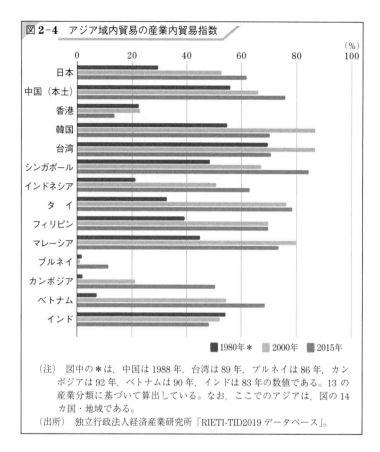

図 2-4 アジア域内貿易の産業内貿易指数

(注) 図中の＊は，中国は 1988 年，台湾は 89 年，ブルネイは 86 年，カンボジアは 92 年，ベトナムは 90 年，インドは 83 年の数値である。13 の産業分類に基づいて算出している。なお，ここでのアジアは，図の 14 カ国・地域である。
(出所) 独立行政法人経済産業研究所「RIETI-TID2019 データベース」。

大きくすれば指数は大きくなる。ただし，同じ区分を使って，時系列または国際比較すれば，各国の産業内貿易の度合を測ることができる。

　図 2-4 は，貿易財を 13 の産業に分類して（$i = 1, 2, \cdots, 13$），東アジアにインドを加えた域内貿易における産業内貿易指数を示したものである。香港とインド以外のすべての国で，1980～90 年代にかけて産業内貿易指数が大きく上昇したことがわかる。日本，

中国（本土），シンガポール，インドネシア，カンボジア，ベトナムなどでは 2000 年代に入ってからも産業内貿易指数の上昇が続いている。このように，東アジアにおける水平貿易構造へのシフトが確認される。

自由貿易の進展と域内分業

東アジアで域内分業が進展した背景には，自由貿易を推進する組織が重層的に存在し，各国に自由貿易・対外開放を義務付けてきたことがある。日本や韓国などが高度経済成長を実現した1960～70 年代ごろは，輸出を推進しながらも，同時に輸入関税や投資規制によって自国産業を保護・育成してきた。しかし，東西冷戦終結を経て 90 年代には，世界的に貿易自由化が加速し，95 年に多くの途上国も加盟する WTO が設立された。

　世界規模で貿易自由化や貿易ルール作成を進める WTO に加えて，太平洋沿岸諸国の地域グループとして APEC（アジア太平洋経済協力会議）がある。さらに ASEAN の加盟国からなる AFTA（ASEAN 自由貿易地域）が存在する。第 3 章で詳しく論じるように，2000 年代以降はこのほかにも二国間や複数国間の自由貿易協定が次々と締結され，これらの枠組みや協定を通じて同時並行的に貿易と投資の自由化交渉が進んできた。

　こうした自由貿易への流れに加えて，1990 年代半ばごろからの情報通信技術（ICT）革命による通信や輸送コストの大幅な低下は，東アジア域内分業をさらに加速させた。とくに，テレビやオーディオ，コンピュータ，スマートフォンなどの電気機械・電子部品，通信機器などの比較的小型で軽量な部品を数多く使用する加工組立型の産業では，同一製品の生産プロセスを細分化し，各プロセスの技術やコスト構造に応じて各国に工程を配置するという，国境をまたいだ工程間分業が急速に進展した。

このような，各生産工程をそれぞれの活動に適した立地条件の国に分散立地させる分業を「フラグメンテーション」（fragmentという英語からきており，ある財の生産工程をバラバラに分けるという意味がある）ともいう。たとえば，Tシャツやスマートフォンはどこの国で作られているだろうか。Tシャツの原材料である綿花の多くはアメリカで生産されるが，それが中国へ輸出されて綿糸となり，織布工程を経て，ベトナムなどに輸出されて縫製され，Tシャツとなる。ただし，Tシャツにプリントされる柄はこれら以外の国でデザインされることも多い。スマートフォンも同様である。アップル社はiPhoneに搭載される部品のサプライヤーリストを公開しているが，このリストからは，さまざまな国に本社を置く部品企業の，さまざまな国の生産拠点から部品を調達していることがわかる。最終的に各部品が中国などの組立工場に集められ，そこで完成品となって世界中に輸出される。

　フラグメンテーションにおいて，どの工程をどこに配置するかは，国際貿易における基本的な原理である，「比較優位」で説明できる（国際貿易の教科書にあるヘクシャー゠オリーンの貿易モデルを参照してほしい）。単純労働者を多く必要とする労働集約的な工程は労働が豊富で賃金が安い国（多くの場合は途上国）に，高額な機械設備を多く必要とする資本集約的な工程は資本が豊富で資本価格が安い国に，そして，アイディアや高い技術を必要とする知識（技能・熟練）労働集約的な工程は知識（技能・熟練）労働が豊富で技術水準が高い国（多くの場合は先進国）に配置される。つまり，**図2-5**のように，各国の比較優位に即して工程を国境を越えて配置することにより，部品生産から完成品に至るまでの各工程の生産費用が下がる。

　しかし，工程間を連結する費用（サービス・リンク・コスト）が

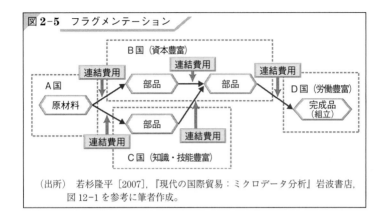

図 **2**-5　フラグメンテーション

B国（資本豊富）

連結費用　　部品　　連結費用　　部品　　連結費用

A国

原材料

D国（労働豊富）

完成品
（組立）

部品

連結費用　　　　連結費用

C国（知識・技能豊富）

（出所）　若杉隆平［2007］,『現代の国際貿易：ミクロデータ分析』岩波書店,
　　　　図 12-1 を参考に筆者作成。

かかる。サービス・リンク・コストには，工程間の輸送費用，情
報通信費用，時間費用などが含まれる。また，関税，非関税障壁，
通関手続き，税の減免を受ける証明書取得費用などさまざまな越
境費用もかかる。さらに，各国で信頼できる運輸業者や中間財サ
プライヤーを探す費用も考慮しなければならない。

　東アジアでは，1990 年代以降，貿易自由化が進んで関税など
の越境費用が大きく低下した。さらに ICT の進歩は，輸送や情
報通信の費用を大幅に低下させた。こうして，サービス・リン
ク・コストが大きく低下したことがフラグメンテーションを促進
した。また，東アジア諸国が開放的な経済政策をとって外国企業
を誘致し，やってきた多国籍企業が現地企業や労働者を巻き込ん
で生産体制を築いたことも，フラグメンテーションの進展に貢献
した。

　一方で，2010 年代に入ると，東日本大震災やタイの大規模洪
水などの自然災害によってサプライチェーンが途絶し，多くの国
の工場が一時的にでも生産停止に追い込まれるといった事態を経
験した。さらに，近年は，感染症・戦争・テロ・米中対立などさ

まざまな原因により，サプライチェーンが分断される可能性が強く認識されるようになった。国際的な工程間分業の構築においては，分業の効率性と断絶のリスクのバランスが考慮されねばならない。

| 付加価値貿易 |
東アジア域内貿易の拡大は，フラグメンテーションの進展がもたらす中間財貿易の拡大によるところが大きい。**図 2-6** は，アジアから世界への輸出品（上図）とアジア域内への輸出品（下図）の生産段階別構成を示している。両図で，1980 年代から 90 年代にかけて，輸出品に占める素材や原材料の割合が低下し，中間財の割合が拡大してきたことが見てとれる。世界への輸出においては 2018 年時点でも 4 割以上が最終財であるが，アジアへの輸出においては最終財の割合は 3 割弱であり，中間財が 6～7 割を占める。

中間財貿易において，財が国境を越える際には各国の貿易統計に取引金額が計上されるわけだが，たとえば，**図 2-5** で B 国から D 国へ輸出される財の価格は，A 国や C 国から B 国に輸出された原材料や中間財の価値も含んだものになっている。つまり，B 国からの輸出として計上された金額は，B 国内で生み出された価値だけでなく，A 国や C 国で生み出された価値を含んでいる。

たとえば，米国の企業が設計し，その企業のブランドで世界各国に販売しているスマートフォンの生産には，さまざまな国の企業がさまざまな国で生産した部品が用いられている。各国で生産された部品が中国にある組立工場で最終製品となって，中国から世界各国に輸出される。このとき，中国からの輸出額には，さまざまな国で生み出された価値が含まれており，必ずしもすべてが中国内で生み出された価値ではない。つまり，貿易統計に計上されている輸出額だけを見ても，実際にどの国がどれだけの生産活

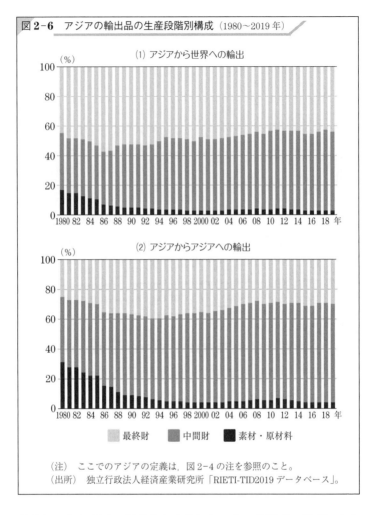

図**2-6** アジアの輸出品の生産段階別構成 (1980〜2019 年)

(1) アジアから世界への輸出

(2) アジアからアジアへの輸出

最終財　　中間財　　素材・原材料

（注）　ここでのアジアの定義は，図 2-4 の注を参照のこと。
（出所）　独立行政法人経済産業研究所「RIETI-TID2019 データベース」。

動をしてどれだけの価値を生み出したのか，最終財の販売による
収益（価値）が各国にどう配分されたかを知ることはできない。

　そこで，付加価値貿易という概念が重要になってくる。たとえ
ば，アメリカのアップル社が販売するスマートフォン（iPhone）

が1台売れたときに，その収益がどの国にどれだけ配分されるかを分析した研究がよく引用される。2010年時点のデータによると，iPhoneは中国で最終的に組み立てられ，中国から輸出されているのだが，中国の労働者に配分される価値は販売価格のうちの1.8％にすぎない。このことは，中国はスマイルカーブの真ん中の単純労働集約的な工程を担っており，中国の多くの単純労働者が生み出す付加価値は小さく，したがって収益の配分も非常に小さいことを示している（第1章の図1-3参照）。収益の半分以上がアップル社に配分されるが，それは，アップル社が技術知識やアイディアが重要なスマイルカーブの両端の工程，すなわち付加価値の大きい商品企画・開発，アフターサービス，音楽・動画の配信，アプリケーションの配布・販売などを担っているからだ。

このように個々の製品の収益配分を調べていけば，各国が生み出した付加価値を推計できるわけだが，すべての財について推計するのは至難の業である。そこで，国際産業連関表という，各国の各産業間の投入と産出の関係を表した統計表を用いて，一国全体の粗輸出額に含まれる自国源泉の付加価値と外国源泉の付加価値とを分解する方法が開発されている。こうして，各国が生み出した価値が各国間でどれだけ輸出入されたかという付加価値貿易を計測することが可能となる。

途上国の工業品輸出額が増えたとしても，ほとんどの部品を外国から輸入し，単純作業の組立工程だけを自国で行って輸出しているなら，自国源泉の付加価値はきわめて小さい。この国は輸出額が大きくても，大きな価値創造はできておらず，十分に高い技術を獲得していないといえる。逆に，自国で担うことのできる工程が増え，スマイルカーブの両端に近い工程まで範囲が拡大すれば，自国源泉の付加価値割合が高くなる。付加価値で測った輸出

額が大きくなることは，国内の技術力が向上し，より多くの価値創造が可能になったと解釈できるのだ。

　近年，付加価値貿易の研究は活発に行われており，そのためには，UNCTAD（Eora GVC Database）や OECD（TiVA Database）などの国際機関の提供するデータベースが利用されている。

4　グローバル・バリューチェーンへの参加

グローバル・バリュー
チェーンとはなにか

　第1章でも触れたが，フラグメンテーションや付加価値貿易と関連して，「グローバル・バリューチェーン」（GVC）とか「グローバル・サプライチェーン」（GSC）と呼ばれる概念がある。本章第3節では国境を越えた生産ネットワークという表現もしているが，これらは，同じ現象を捉えている。ただし，注目する点や視角に応じて表現を使い分けていると考えてよいだろう。

　多くの部品や加工品を組み立てて完成品となるような財においては，さまざまな部品企業がその財の生産工程を担っている。国境をまたいで配置された各生産工程で生み出された価値が鎖のようにつながってモノやサービスを完成させていくプロセスがフラグメンテーションや生産ネットワークだが，それによって多国間の「バリューチェーン」（価値連鎖），つまりグローバル・バリューチェーンが形成されているのだ。フラグメンテーションにおいて各サプライヤーが生産した中間財や完成財など「モノの流れ」を意識した表現がグローバル・サプライチェーンである。両者はほぼ同じ概念であるが，ここでは付加価値貿易を意識して主にグローバル・バリューチェーンと呼ぶ。

東アジアの多くの国は，海外直接投資を受け入れ，多国籍企業が主導する GVC の中の，低付加価値で比較的技術水準の低い工程を担って GVC に参加した。そこから国際競争に参画することによって技術や知識を学び，徐々にスマイルカーブの両端（上流や下流）へと活動範囲を広げてきた（第 1 章を参照）。こうして，工業化を加速し，輸出を拡大し，中所得国の水準まで成長してきた。そこからさらに GVC の階段を上がり，付加価値の高い業務や生産工程に移行することを，「**生産機能の高度化**」（functional upgrading）と呼ぶが，そのためには先端的な知識や技術を獲得する必要がある（章末 *Column* ②参照）。しかし，最先端の技術知識の獲得は多くの中所得国にとって容易ではなく，中所得国から高所得国への，もう一段階の発展を遂げられないでいる国も多い（「中所得のわな」）。

　途上国のさらなる成長のためには，自国企業が GVC 内のより高付加価値領域に食い込むことが望ましいが，それは，サプライチェーンを主導する先進国の多国籍企業の利益とは必ずしも一致しない。**サプライチェーン・マネジメント（SCM）**という考え方があるが，これは，サプライチェーンを主導する企業が生産活動全体でのコスト最小化・利潤最大化を実現するように工程を配置することを意味する。サプライチェーンを主導するのは先進国の多国籍企業である場合が多く，多国籍企業としてはなるべく本社や子会社が付加価値の大きい工程を担い，より大きな利益を獲得しようとする。このようなサプライチェーンにおいては，途上国企業は GVC の低付加価値領域に閉じ込められ，GVC に参加してもごくわずかな利益配分しか得られない状態が続いてしまうかもしれないのだ。

途上国政府としては，先進国企業の直接投資を増やし，先進国企業から技術を学び，より大きな価値を創造することをめざしたい。しかし，先進国の多国籍企業は，途上国企業に対して先端技術を簡単には移転しないだろう。途上国企業がGVC内のより高付加価値領域へ食い込んでいくためには，高度な技術を途上国に移転することが先進国の多国籍企業の利益にもなる環境をつくりださなくてはならない。そのためには，単に税の優遇やビジネス環境整備によって海外直接投資を誘致するだけでなく，自国企業の技術水準の向上を支援していくことが必要だ。高付加価値の工程を担うための企業努力が重要であることはいうまでもないが，技術水準の向上や人的資源の蓄積のために有効な経済・産業政策を立案，実施することが，途上国政府にとって重要な課題となっている。

　地道な教育投資や研究開発投資は不可欠だが，かつて日本や韓国が高度成長を遂げた時代よりも現代の技術進歩のスピードは速く，世界的な技術開発競争に途上国企業が食い込むのは容易ではない。一方で，既存の確立された技術プラットフォームをもたない途上国の方が新しい規格のデジタル技術を導入しやすく（産業組織論の分野ではアローの置換効果として知られている），「かえる跳び」戦略を成功させられるかもしれない（第4章）。ただし，その実現には，自国の限られた人的・物的資源の効率的な配分や重点分野の選定など入念に練られた戦略が必要となろう。

Column ②　東アジア諸国の輸出財の洗練度 ～～～～～～～～～～

　バリューチェーン上で，より付加価値の高い業務や生産工程に移行することを「生産機能の高度化」(functional upgrading) と

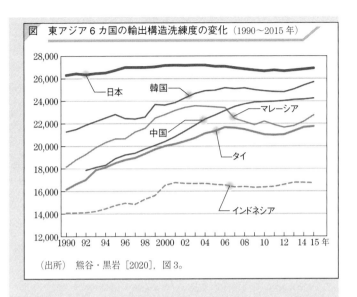

図　東アジア6カ国の輸出構造洗練度の変化（1990〜2015年）

（出所）　熊谷・黒岩［2020］，図3。

呼ぶと述べた。途上国が生産機能の高度化を実現しているかを定量的に計測する方法の1つとして，第3節で触れた自国源泉の付加価値輸出を用いることができる。また別の方法として，輸出国の所得データを使って各輸出財の洗練度を表す指標を作成し，それを用いて各国の輸出構造の洗練度を表す指標を算出するものもある。この指標では，まず，所得水準の高い国が輸出する傾向がある財ほど高度な財とみなし，高度な財をより多く輸出するほど，その国の輸出構造が高度であると解釈する。輸出製品の価値には他国で作られた輸入中間財の価値も含まれるので，「輸出財」の洗練度と「生産機能」の高度化とは必ずしも合致しない部分があるが，より技術水準の高い部品や加工品などの中間財（より付加価値の高い生産工程で作られると想定される）も国内で生産し，さらに輸出もするようになれば，それは各国の輸出構造の洗練度に反映される。

　図は，熊谷・黒岩［2020］が計測した東アジア各国の輸出構

造の洗練度を示している。図中の6カ国の中で，日本の輸出構造が最も高い洗練度であるものの，他の国々が急速に洗練度を高めてきたことがわかる。とくに韓国や中国は，日本の水準までかなり近づいてきている。マレーシアとタイも2000年代半ばごろまでは順調に洗練度を高めてきたがその後伸び悩み，インドネシアは2000年代初めからすでに洗練度が頭打ちとなっている。すでに「中所得のわな」について触れたが，洗練度指標の推移からも，わなから抜け出すには，より技術水準の高い洗練された財を生産・輸出する能力を獲得し，より大きな価値を創造して所得を増やしていく必要があることが示唆される。

　実際，洗練度指標を用いた研究では，洗練度の高い財を多く輸出する国ほど経済成長率が高いことや，中所得国から高所得国へと移行した国々の輸出構造は，中所得のわなに陥っている国々よりも洗練度が高いことが明らかになっている。

LITERATURE

参考文献

▶ **本書と合わせて読むと，東アジア経済についての理解が深まる参考書。**

黒岩郁雄編著［2014］，『東アジア統合の経済学』日本評論社。
　…本章ととくに関連があるのは，第1章，第3章。

三重野文晴・深川由起子編著［2017］，『現代東アジア経済論』
　ミネルヴァ書房。　…本章ととくに関連があるのは，第4章。

遠藤環・伊藤亜聖・大泉啓一郎・後藤健太編［2018］，『現代アジア経済論：「アジアの世紀」を学ぶ』有斐閣。　…本章ととくに関連があるのは，第2章，第4章。

▶ **貿易や為替などの基礎を学習するための国際経済学の入門教**

科書。

浦田秀次郎・小川英治・澤田康幸［2022］,『はじめて学ぶ国際
　経済（新版）』有斐閣。

伊藤恵子・伊藤匡・小森谷徳純［2022］,『国際経済学15講』新
　世社。

⫸　多国籍企業の活動や東アジアの国際ネットワーク，グローバ
ル・バリューチェーンについて，より深く学習するための推薦
図書。

木村福成・椋寛編［2016］,『国際経済学のフロンティア：グロ
　ーバリゼーションの拡大と対外経済政策』東京大学出版会
　…第3章，第4章，第7章，第8章，第9章などが関連して
　いる。

木村福成・大久保敏弘・安藤光代・松浦寿幸・早川和伸［2016］,
　『東アジア生産ネットワークと経済統合』慶應義塾大学出版会。

猪俣哲史［2019］,『グローバル・バリューチェーン：新・南北
　問題へのまなざし』日本経済新聞出版社。

⫸　本章で紹介した付加価値貿易の計測方法に関する論文。

Koopman, R., Z. Wang, and S. J. Wei［2014］, "Tracing Value-Add-
　ed and Double Counting in Gross Exports," *American Econom-
　ic Review,* 104(2):459–494.

⫸　本章で紹介したiPhoneの収益配分に関する論文。

Kraemer, K. L., G. Linden, and J. Dedrick［2011］, "Capturing Val-
　ue in Global Networks: Apple's iPad and iPhone," Research sup-
　ported by grants from the Alfred P. Sloan Foundation and the
　US National Science Foundation（CISE/IIS）.

⫸　コラムの参考文献。

熊谷聡・黒岩郁雄［2020］,「東アジアにおける輸出構造の高度
　化：中所得国の罠へのインプリケーション」『アジア経済』61
　(2)：2–35（https://doi.org/10.24765/ajiakeizai.61.2_2）。

第3章 地域連携と貿易・資本の自由化

APEC ビジネス諮問委員会（タイ・バンコク，2022 年 11 月 18 日）
写真提供：首相官邸ホームページ（https://www.kantei.go.jp/jp/101_
  kishida/actions/202211/18apec.html 2024 年 1 月 7 日アクセス）

　先進国からの直接投資と貿易の増加が東アジア諸国の工業化を加速したが，その背景には世界的な貿易自由化の進展があった。世界貿易機関における多国間の貿易自由化交渉と並行して，東アジアでは地域連携も活発化した。二国間や地域間のさまざまな協定が乱立し複雑化したという問題を抱えながらも，より広域の経済協力枠組みの形成に向けた努力が続けられてきた。

　一方，東アジアの途上国では，経済発展にともなって資本移動の自由化も進んだが，為替管理制度や国内金融システムの整備が追いついていないところに巨額の海外資本が流入したことで通貨危機が発生した。本章では，貿易自由化に向けた地域連携の進展，資本自由化とアジア通貨危機との関連，危機後の構造変化，さらに台頭する中国をめぐる動きについて論じる。

1 世界貿易体制と発展途上国

GATT から WTO へ

1990 年代に入り，国際貿易体制は大きな変化を経験した。その第 1 は，**GATT** (General Agreement on Tariffs and Trade：関税および貿易に関する一般協定) の第 8 次多国間交渉である**ウルグアイ・ラウンド**が終結し (94 年 4 月)，GATT を発展解消して，**WTO** (World Trade Organization：世界貿易機関) が発足したことである (95 年 1 月)。GATT は，保護主義の台頭が世界大戦を引き起こす要因のひとつとなってしまったとの過去の反省に基づき，第 2 次大戦後に，国際貿易の自由化と安定化を目的として締結された協定であった。GATT においては，ラウンドと呼ばれる多国間交渉を通じて，貿易における差別的な待遇の解消や関税等の貿易障壁の引き下げが行われてきた。当初 23 カ国が調印した協定であったが，徐々に加盟国が増加し，1986 年に始まったウルグアイ・ラウンドは 123 カ国が参加する交渉となっていた。日本も 1955 年から GATT に加盟し，貿易自由化のメリットを享受した国のひとつである。

しかし，企業活動のグローバル化や技術進歩にともない，従来のモノの貿易自由化だけでなく，直接投資 (資本の国際移動) やサービス貿易，知的財産権の保護など，より難しい課題に直面することとなった。ウルグアイ・ラウンドでは，これらの新分野が交渉の対象に加えられたが，こうした問題をより包括的に扱うため，GATT を WTO として改組することとなったのである。WTO は，単なる「協定」であった GATT とは異なり，①法人格を有した国際機関であること，②モノの取引だけでなく，サービス貿易，

知的財産権，貿易関連投資措置などを含む広範な分野を対象とすること，③紛争処理の機能と手続きが強化・整備されたこと，などが特徴である。

<table>
<tr><td>GATT／WTO の基本原則</td></tr>
</table>

GATT を発展的に解消させて国際機関として発足した WTO においては，GATT の基本原則がそのまま受け継がれている。GATT／WTO の基本原則は，「最恵国待遇」(加盟国すべてに同じ利益を与え特定国を差別しない) と「内国民待遇」(国内製品に与えられる便宜はすべて輸入製品にも与える) を柱とする互恵・無差別主義である。WTO に加盟すると，これらの原則を適用する義務を負うが，自国の輸出品に対しても他の加盟国からこれらの待遇を受けられるというメリットがある。また，WTO に加盟すると，各国はこれらの基本原則を守ったうえで輸入制限を撤廃する努力が求められるため，国際的ルールのもとで各国の通商政策が「透明性」をもって進められることになる。途上国において通商政策の透明性が増すことは，途上国が外資系企業を誘致するうえでも大きなメリットになる。

　WTO では，低所得国に対する例外的な規定も用意されている。最恵国待遇の例外である一般特恵関税制度 (GSP: Generalized System of Preferences) もそのひとつである。これは，途上国の成長と開発を促進する目的で，途上国からの輸入に対してのみ，先進国が低い関税率を適用することを許可するものである。また，GATT 協定において，「経済が低生活水準を維持することができるにすぎず，かつ，開発の初期の段階にある締約国」に対して，国際収支の赤字を理由とする輸入制限を認め (第 18 条 B)，「国民の一般的生活水準を引き上げる意図をもつて特定の産業の確立を促進するため」に輸入制限措置を発動することを許している

（第18条C）。つまり，途上国の産業が生産実績を積み重ねて国際競争に耐えうる産業に成長するまでの間，その産業を保護育成するという幼稚産業保護を認めているのである。ただし，この規定が実際に適用された事例はそれほど多くない。

さまざまな例外措置はあるものの，過去に途上国でよく用いられてきたいくつかの政策はWTOに違反するものとなっている。たとえば，輸入の数量を制限すること，輸出振興を目的とする補助金，ローカル・コンテント規制（外資系企業などに対して，国内部品の調達を義務づける），輸出入均衡要求（外資系企業などに対して，輸入をその企業の輸出以下に抑える），国家貿易企業による輸出入の独占，産業育成に際して指定された企業のみに特権を与えること，などである。

WTOは途上国が産業育成を行う権利を否定しているわけではないが，そのための措置はWTOで決められた国際的ルールに整合的な範囲内でのみ行われることが要求される。一方で，WTOのルールに従うことで，通商政策の不確実性が減り，外国企業との貿易や外国企業からの直接投資が増えるというメリットもある。

実際，多くの途上国がWTO発足時から加盟しているが，2001年12月には中国が加盟し，続いて2002年1月に台湾，そして，カンボジア（2004年），ベトナム（2007年），ラオス（2013年）など続々と加盟国が増え，アフガニスタンが2016年7月に加盟して以降，WTO加盟国数は164の国・地域となっている（2023年8月現在）。とくに，中国はWTO加盟以降，急激に輸出を拡大し，2009年にはドイツを抜いて，世界第1位の輸出大国と第2位の輸入大国となった。

2 東アジアにおける重層的な地域協力

地域連携の活発化と
WTO の停滞

1990 年代以降の国際貿易体制における第 2 の大きな変化は，地域連携の動きが活発化したことである。欧州では域内経済統合をめざして発展してきた欧州共同体を基礎に，1993 年に EU（European Union：欧州連合）が誕生した。北米では 1994 年に **NAFTA**（North American Free Trade Agreement：北米自由貿易協定）が発効し，南米では，1995 年に，ブラジル，アルゼンチン，ウルグアイ，パラグアイの 4 カ国からなる関税同盟としての MERCOSUR（Mercado Común del Sur：南米南部共同市場）が発足した。東南アジアでは，1992 年に **AFTA**（ASEAN Free Trade Area：ASEAN 自由貿易地域）の創設が決定された。一方，東アジア諸国を含む環太平洋地域の国々が参加する経済協力の枠組みである **APEC**（Asia Pacific Economic Cooperation：アジア太平洋経済協力）も，1989 年に発足した。

1990 年代に入ってこれらの地域連携が活発化した背景として，**企業活動のボーダーレス化**にともなって，近隣諸国との経済的な結びつきが強まったことがあげられる。モノやサービスの貿易だけでなく，カネ（直接投資や国際金融取引）やヒトの国境を越えた移動が活発になり，経済のグローバル化が急速に進んだ。輸送コストの低さや文化・社会の類似性などから，地理的に近接した国との国際取引が多いという傾向があるが，国境を越えた経済活動を円滑に進めるために地域的な連携が求められたのである。

また，発展途上国が貿易・投資の自由化の重要性を理解するよ

うになったことも，地域連携を活発にした。輸出志向工業化や外資の積極的な活用が「東アジアの奇跡」（第5章参照）に大きく貢献したことが広く知られるようになり，経済の開放度を高めて経済成長をうながすことがめざされた。

　そして2000年代に入ると，地域連携や二国間・特定地域間のRTA（Regional Trade Agreement：地域貿易協定）が急増することになる。RTAとは，上に触れた自由貿易協定（FTA）や関税同盟，共同市場など特定地域内の貿易自由化をめざす協定の総称である。RTAが急増した理由のひとつには，2001年に始まったWTOのドーハ・ラウンド交渉の行き詰まりがある。WTOでは，「ラウンド」と呼ばれる多国間交渉によってルール策定がなされ，WTOにおける意思決定は，すべての加盟国の合意に基づくコンセンサス方式をとっている。多くの国が加盟するWTOでは，先進国と途上国の利害が対立し，また，先進国どうしでも農業輸出国と輸入国との間で主張に隔たりがあるなど，すべての国の合意を取り付けるのはほぼ不可能な状態になっている。1カ国でも反対すればWTOとしての決定が下せないというコンセンサス方式は，加盟国の増加という現実と矛盾する方式であったともいえよう。そのため，多くの国が，比較的利害対立の少ない国どうしで貿易や投資の自由化を進める地域主義へと，政策を転換したのである。ドーハ・ラウンドは，開始から20年以上を経ても妥結の糸口を見いだせていない。

　特定国間のみで協定を結ぶことは，GATT／WTOの基本原則のひとつである「最恵国待遇」に抵触するが，「妥当な期間内」に域内で「実質上のすべての貿易」について自由化するといったGATT第24条が規定する条件を満たせば，例外として認められている。地域主義はWTOの多国間主義には反するものの，まず

は可能なところから自由化を進めて，徐々に地域貿易協定参加国を拡大し，より広域の協定へ，さらには世界規模の協定を実現しようという考え方に基づくものである。

　こうして，2002年に日本とシンガポールの経済連携協定が発効し，同年に中国もASEANとの間で自由貿易協定を締結するなど，韓国や他のアジア諸国も活発に自由貿易協定を締結してきた。しかし，多くの二国間もしくは少数国間での自由貿易協定が複雑に入り混じる状況になってしまった。たとえば，日本は日タイ経済連携協定と同時に，タイが加盟するASEANとの間に日ASEAN経済連携協定も締結しており，多くの重複が発生している。こういった状況は，**スパゲッティ・ボウル現象またはヌードル・ボウル現象**と呼ばれ，あたかも皿の中のスパゲッティのように各協定が絡み合っている状態を指している。異なる協定において異なる制度やルールが適用され，複雑化することによって，協定に基づく低い関税率を適用するための手続き費用などが累積的に増加し，せっかくの協定税率が利用されないという問題が指摘されてきた。ルールの統一や手続きの簡素化などが課題となっている。

　二国間もしくは少数国間の協定締結が増加する一方で，広域連携の実現に向けた努力も進められてきた。2018年12月には，日本やマレーシア，ベトナム，シンガポールなどを含む環太平洋の11カ国が署名した**CPTPP**（Comprehensive and Progressive Agreement for Trans-Pacific Partnership：環太平洋パートナーシップに関する包括的及び先進的な協定）が発効し，2022年1月には，ASEANの10カ国と日本，中国，韓国，オーストラリア，ニュージーランドが締結した**RCEP**（Regional Comprehensive Economic Partnership：地域的な包括的経済連携）協定が発効するなど，より広域の経済連携に発

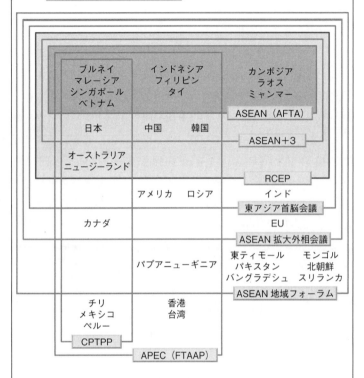

図 3-1　東アジアにおける地域協力

ブルネイ マレーシア シンガポール ベトナム	インドネシア フィリピン タイ	カンボジア ラオス ミャンマー
		ASEAN（AFTA）

日本　　中国　　韓国　　ASEAN＋3

オーストラリア
ニュージーランド　　　　　RCEP

アメリカ　ロシア　　　インド
　　　　　　　　　　　東アジア首脳会議
カナダ　　　　　　　　　　EU
　　　　　　　　　　ASEAN 拡大外相会議
パプアニューギニア　　東ティモール　　モンゴル
　　　　　　　　　　パキスタン　　　北朝鮮
　　　　　　　　　　バングラデシュ　スリランカ
　　　　　　　　　　ASEAN 地域フォーラム
チリ　　　　香港
メキシコ　　台湾
ペルー
CPTPP
APEC（FTAAP）

(注)　括弧内は自由貿易地域（構想を含む）である。ASEAN：東南アジア諸
国連合，AFTA：ASEAN 自由貿易地域，RCEP：地域的な包括的経済連携，
CPTPP：包括的および先進的な TPP，APEC：アジア太平洋経済協力，
FTAAP：アジア太平洋自由貿易圏。

(出所)　清水一史 [2022]，「RCEP の意義と東アジア経済統合」石川幸一・
清水一史・助川成也編著『RCEP と東アジア』文眞堂，図 1-1 より作
成。

展してきている（**図 3-1**）。

　以下では，地域貿易協定のうち，東アジアを中心とする動向に
ついて詳しく見てみよう。

東アジアでは，1967 年に，タイ，シンガポール，フィリピン，マレーシア，インドネシアの 5 カ国によって ASEAN が設立された。当初は加盟国間の経済格差が大きく，域内貿易比率が低かったことから，ASEAN の関心は経済協力よりも政治協力にあった。しかし，石油危機とそれに続く世界同時不況，一次産品価格低迷などを受けて 1970 年代後半から域内経済協力を開始し，92 年からは AFTA を推進してきた。

ASEAN には，設立時の 5 カ国に加え，1984 年にブルネイが加盟したが，90 年代に入ると冷戦構造の変化を契機に CLMV 諸国（第 10 章参照），つまり，ベトナム（95 年），ラオス（97 年），ミャンマー（97 年），カンボジア（99 年）が加盟し，ASEAN10 となっている。

AFTA の中核をなす決定は，段階的に域内関税を引き下げるという「共通実効特恵関税」（CEPT）である。一部の暫定的除外品目やセンシティブ品目を除いて，ASEAN 加盟国の原産品と見なされる大部分の品目については CEPT の適用が受けられ，域内関税が引き下げられてきた。ただし，どの品目をセンシティブ品目とするかが各国の自己申告によって決定されるなどの懸念もあった。しかし，2003 年には，20 年までに財・サービスの貿易，投資，熟練労働者の移動を自由化し ASEAN10 カ国が単一市場となる ASEAN 経済共同体（**AEC**：ASEAN Economic Community）の実現を打ち出すなど，2000 年代以降，ASEAN 域内貿易の自由化は着実に進展した。ASEAN 諸国は，シンガポールのような高所得国から CLMV 諸国のようにきわめて所得の低い国まで大きな格差を抱えており，とくに最後発の国々にとって，2020 年までの AEC 実現は厳しいという見方もあった。しかし，AEC の創設に

向けてまず ASEAN 先進 6 カ国は 2010 年に関税撤廃を完了し，AEC は当初の予定を 5 年前倒しして，15 年 12 月末に発足した。さらに，CLMV 諸国も 2018 年には関税撤廃を完了している。

　こうして，東アジアで最も進んだ経済統合である AEC が実現し，関税の撤廃と同時に原産地規則の改良や自己証明制度の導入，税関業務の円滑化，ASEAN シングル・ウィンドウ（ASW），基準認証等も進められてきた。非関税障壁の撤廃には課題が多いものの，貿易投資の自由化に加えて，熟練労働者の移動の自由化も進められてきた。そして，2015 年 11 月の首脳会議では，25 年に向けて新たな AEC の目標である「AEC ブループリント 2025」を打ち出し，経済統合のさらなる深化へと向かっている。

> **ASEAN を中心とする東アジアの地域協力**

ASEAN 諸国は，AFTA や AEC といった枠組みのもとで自由化を進めてきたが，こうした国家で合意した枠組みに基づいた経済統合は，デジュール（原則上の：de-jure）型の経済統合といえる。欧州連合など欧州の統合もデジュール型の統合である。一方，日本は 1985 年のプラザ合意を契機に ASEAN 諸国への直接投資を活発化させ，さらに 90 年代に入ると中国への直接投資も大きく増加するなど，日系多国籍企業の活動を通じて，東アジア・東南アジア諸国との貿易が急増してきた。韓国や台湾企業も中国や ASEAN 諸国に活発に進出し，ASEAN を含む東アジア域内において国境を越えた生産分業が進展してきた（第 2 章参照）。日本や中国，韓国，台湾などは，国家間の正式な協定や協力枠組みが存在しないにもかかわらず，多国籍企業を中心として国境を越えた経済取引が増大し，デファクト（事実上の：de-facto）型の経済統合といえるほど緊密な経済関係をもつようになっていた。

　欧州と比較すると，東アジアにおいては，デファクト型の統合

が先行して地域経済協力を推進してきたことが特徴的といえるだろう。まず、1997年に始まったアジア通貨・経済危機を契機に、ASEAN＋3（ASEANに加えて日本，中国，韓国）での協力枠組みが進展し，さらに2005年からはASEAN＋6（ASEAN＋3に加えてインド，オーストラリア，ニュージーランド）での協力枠組みも開始した。一方，前述のとおり，2000年代に入ると，東アジア諸国は二国間ないし複数国間の地域貿易協定や地域連携協定を活発に締結し，ASEANを軸として，東アジアにおけるより広域の地域経済協力が重層的に展開されるようになった（図3-1参照）。

―――――――――――――
| CPTPPの発効 ⟩
―――――――――――――

第2章でも述べたとおり，東アジア地域全体が多国籍企業を中心としたグローバルなサプライチェーンに組み込まれ，東アジアは世界貿易に占めるシェアを急速に拡大させてきた。東アジアにおける地域協力の進展も東アジア生産ネットワークの拡大を後押ししたが，中国の経済成長が果たした役割も大きい。中国は2001年末にWTOに加盟したが，それを機にますます多くの外国企業が中国に進出し，世界貿易に占める中国のシェアは急拡大した。

また，2008年の世界金融危機後に欧米先進国の経済成長率が大きく鈍化したのに対し，中国を中心とした東アジア地域は成長を持続し，世界経済の重心が欧米からアジア太平洋地域へと移ってきた。アメリカは，世界の成長センターであるアジア太平洋地域への輸出拡大を重視するようになった一方で，東アジアではASEAN＋3のようなアメリカ抜きの広域連携が進展しつつあり，アジア太平洋地域における中国の存在も急速に拡大していた。アメリカは，アメリカを締め出す東アジア共同体構想に対する警戒心から，2006年のAPECハノイ会合でFTAAP（Free Trade Area of the Asia-Pacific：アジア太平洋自由貿易圏）構想を提案した。しかし，

多くの国の参加を想定する FTAAP を短期間で実現することは難しく，2008 年 9 月，アメリカはまず，TPP（Trans-Pacific Partnership：環太平洋パートナーシップ協定）への交渉参加を決定する。

TPP は，2005 年にブルネイ，チリ，ニュージーランド，シンガポールによって署名された環太平洋戦略的経済連携協定（TPSEP または P4）の拡大として始まった協定である。アメリカの参加表明に続いてオーストラリア，ペルー，ベトナムも参加を表明し，2010 年 3 月に 8 カ国で交渉が始まった。その後，マレーシア，カナダ，メキシコが追加で参加，日本も 2013 年 3 月に当時の安倍首相が参加を表明し，2016 年 2 月には TPP が 12 カ国で署名された。

当初，アメリカが TPP の交渉を主導し，関税撤廃やサービス貿易自由化にとどまらず，政府調達，知的財産権，競争政策，さらに環境，労働など，きわめて高度で包括的な FTA をめざすものであった。とくに，知的財産権保護について，アメリカの産業界はアメリカの法と同レベルの最新の知財保護を盛り込むべきと主張し，当時 TPP 参加国が締結していた FTA における知財保護を超えるものにするよう要求した。また，アメリカ産業界は，多くの途上国で国有企業が政府と密接な関係にあり，民間企業や外国企業が不利な立場にあることも問題視し，公正な競争ルールの導入も強く要求した。

このようにアメリカの価値観を反映させた TPP の交渉は，当時の中国にとってハードルが高いものであった。当面は中国抜きで TPP 交渉を締結することで，アメリカ主導の中国包囲網を形成し，最終的には中国に参加条件として TPP のルール遵守を迫るというのが，アメリカのシナリオであった。

しかし，2017 年 1 月にアメリカでトランプ政権が誕生し，ア

メリカの通商政策は一変した。トランプ大統領就任直後にアメリカはTPPから離脱，さらに中国などからの輸入品に追加関税を課し貿易摩擦を引き起こした。また，トランプ大統領は，多国間交渉よりも，アメリカがより強い交渉力を発揮できる二国間交渉をめざし，NAFTAや米韓FTAの再交渉，日米貿易協定締結などを推進した。

こうしてアメリカを含むTPPは発効の可能性がなくなり，代わりに日本が主導して，アメリカ以外の11カ国によるCPTPP（TPP11ともいう）が2018年12月に発効した。しかし，アメリカが離脱したことによって，CPTPPがカバーする経済規模は当初のTPPよりもかなり小さくなり，また，多くの国にとってアメリカへの輸出拡大という最大のメリットを失うものとなってしまった。このメリットを失ったまま，TPPで定めた高水準の自由化と高度なルールを受け入れることは，アジア新興国にとって厳しいものであったことから，TPPのルールを一部改定したうえで，CPTPPは発効した。

たとえば，政府調達や国有企業に対する規律，電子商取引ルールなどにおいては，新興国の個別の事情に応じた配慮がなされた。また，CPTPPではアメリカが主に主張した知的財産分野を中心にTPPの規定のうち22項目の適用が凍結された。それでもなお，CPTPPは，TPPにおいて盛り込まれていたルールを引き継いで，貿易，投資，知的財産権，政府調達などの領域においては，WTO協定上の既存の義務を上回る義務を課す規定（WTOプラス）があり，また，電子商取引，労働，環境，国有企業，競争政策など，WTOに規定されていない領域における義務を課す規定（WTOエクストラ）も含むなど，これまでのアジア地域におけるFTAに比べて高い水準の自由化を実現している（TPP協定の構成は**表3-1**

表 3-1　TPP 協定の構成

第 1 章．冒頭規定・一般的定義	第 15 章．政府調達
第 2 章．内国民待遇及び物品の市場アクセス	第 16 章．競争政策
	第 17 章．国有企業及び指定独占企業
第 3 章．原産地規則及び原産地手続	第 18 章．知的財産
第 4 章．繊維及び繊維製品	第 19 章．労働
第 5 章．税関当局及び貿易円滑化	第 20 章．環境
第 6 章．貿易上の救済	第 21 章．協力及び能力開発
第 7 章．衛生植物検疫（SPS）措置	第 22 章．競争力及びビジネスの円滑化
第 8 章．貿易の技術的障害（TBT）	第 23 章．開発
第 9 章．投資	第 24 章．中小企業
第 10 章．国境を越えるサービスの貿易	第 25 章．規制の整合性
第 11 章．金融サービス	第 26 章．透明性及び腐敗行為の防止
第 12 章．ビジネス関係者の一時的な入国	第 27 章．運用及び制度に関する規定
	第 28 章．紛争解決
第 13 章．電気通信	第 29 章．例外
第 14 章．電子商取引	第 30 章．最終規定

（出所）　内閣官房 TPP 政府対策本部資料（平成 27 年 11 月 5 日）より作成。

のとおり）。

　アメリカの不参加という点で，CPTPP が東アジア地域経済に与える影響は限定的になってしまったことは否めないが，当地域で高い水準の広域 FTA が誕生したことは，地域の通商秩序の形成に大きな意義をもつものであったといえる。CPTPP の発効後，EU から離脱したイギリスが 2021 年 2 月に CPTPP への加入を申請し，2023 年 7 月には正式に加入が決定した。2021 年 9 月には中国と台湾が加入を申請し，エクアドル（2021 年 12 月），コスタリカ（2022 年 8 月），ウルグアイ（2022 年 12 月），ウクライナ（2023 年 5 月）と相次いで加入を申請したが，これらの国々の加入を認めるかは順次検討が進められていく予定である（2023 年 8 月現在）。タイやインドネシア，韓国等も CPTPP への関心を示すなど，CPTPP がカバーする経済圏は拡大しつつあり，多くの国が加入

するほど，そこから得られる経済的メリットが大きくなることが期待される。

3 APEC の「開かれた地域主義」と RCEP の発効

前節では，AFTA を軸に，さまざまな二国間，複数国間 FTA が重層的に展開しながら，より広域の自由貿易圏である CPTPP の発効に至った過程を説明した。一方で，東アジアにおいては，AFTA 創設前の 1989 年に，より広域の地域連携としての APEC が発足しており，APEC もアジア太平洋地域における広域自由貿易圏の形成に重要な役割を果たしてきた。以下では，APEC 誕生の経緯と，その後の APEC の成果を振り返るとともに，RCEP のような広域経済連携協定の意義を論じる。

APEC の誕生 ┃ APEC が正式に発足したのは 1989 年だが，それ以前から地域経済協力の動きはあった。たとえば，EEC（欧州経済共同体）設立の刺激を受けて，1965 年に小島清が「太平洋自由貿易地域構想」を提唱し，68 年には日本，アメリカ，オーストラリアの財界による PBEC（太平洋経済委員会）が発足した。これらの動きは制度化に至らなかったが，1980 年代後半になると NIEs や ASEAN のめざましい経済発展にともなって東アジア域内の経済的相互依存が強まり，地域経済協力への機運が高まった。

1989 年 1 月に韓国を訪問したオーストラリアのホーク首相は，アジア太平洋地域における地域協力機構を提唱した。そして，同年 11 月，オーストラリアのキャンベラで開催された第 1 回閣僚会議において，緩やかな協議体としての APEC がスタートした。

当初は，ASEAN6カ国，日本，韓国，アメリカ，カナダ，オーストラリア，ニュージーランドの12カ国で構成された。1991年より，中国，香港，台湾が参加し，1993年にはメキシコとパプアニューギニアがメンバーに加わった。

　APECの発足当初は，APECの運営方針をめぐってアメリカとASEAN諸国との政治的対立が前面に出がちであった。たとえば，1993年のシアトル会議では，アメリカは，冷戦後のアジアで安全保障面でのプレゼンスを維持する代わりに，アジア諸国は市場開放によってそれに応えるべきだと主張した。これに対し，ASEAN諸国は，APECを安全保障と通商戦略を絡ませた対米交渉の場にすることに異議を唱え，マレーシアのマハティール首相が当会議を欠席して抗議した。

　しかし，翌1994年のボゴール会議（インドネシア）以降は，地域協力のための建設的な議論が進み，ここで採択されたボゴール宣言では，APECの目的を，①貿易と投資の「自由化」(liberalization)，②製品基準・通関手続き・投資政策などを相互調整する「円滑化」(facilitation)，③開発のための「経済協力」(cooperation)の3本柱とすること，そのうち自由化については先進国は2010年，途上国は2020年を目標とすることが政治的に公約された。

APECの理念と変遷　1995年の大阪会議では，自由化を進めるための「行動指針」(一般原則)9項目が合意され，翌年のマニラ会議でも目標実現のための方策が討議された。自由化を進める具体的制度として，APEC貿易投資委員会が貿易円滑化等に関して統一的に自由化計画を定めた共同行動計画（CAP: Collective Action Plan）と，加盟国が自発的に自由化のスケジュールを示して実行するという個別行動計画（IAP: Individual Action Plan）とがある。

しかし，APEC は EU や NAFTA と異なり，関税同盟でも自由貿易地域でもなく，APEC 域内外無差別の自由化を標榜した。つまり，依拠する条約も協定もなく，強制力や拘束力をもたせずに各国が一方的，自発的に自由化するという考え方であり，引き下げた関税は域内のみならず域外に対しても同様に適用するという，域外国にとって寛大な取り組みであった。つまり，APEC は外部者を排除しない「**開かれた地域主義**」(open regionalism) を理念とし，経済ブロック化しがちな地域協力のあり方に重要な指針を与えるものと評価できる。

　一方で，各国の自主的，自発的な自由化は，実効性に乏しかった。たとえば，日本が農産物の輸入自由化を避け続けたように，各国それぞれの事情があり，自由化は当初の理念どおりに進まなかった。また，1997 年にアジア通貨危機が発生し，アジア諸国が深刻な景気後退に陥ったことも，APEC での貿易自由化を滞らせる要因になった。

　ただし，APEC の特筆すべき最大の成果として，1996 年の WTO 閣僚会議における ITA（Information Technology Agreement：情報技術協定）の合意に際し，APEC として多大な貢献をしたことがあげられる。これは，2001 年 1 月までに IT 製品に課される関税や課徴金の撤廃をめざした協定であるが，もともとアメリカが提唱しながらも EU が強力に反対していた。しかし，EU 不在の APEC の場で ITA は中心的な議題となり，APEC から WTO に対して締結を要請し，協定が実現した。ITA の締結は，情報通信機器や同部品の貿易を飛躍的に拡大させ，フラグメンテーション（第 2 章参照）の進展をうながし，情報通信機器の生産コストは大きく低下して，世界中の消費者に多大な恩恵をもたらした。

　このように，APEC はアジア太平洋地域のみならず，世界の貿

易・投資ルールの策定に一定の影響を及ぼしてきたと評価されるが，その成果は当初の期待と比べると限定的であった。そこで，2006年のAPEC首脳会議では，広域の自由貿易地域であるFTAAPの形成に向けた方法や手段を検討することが合意された。FTAAP構想は，域外を差別的に扱うものであり，APECの開かれた地域主義の理念から後退するが，実効性のない理念を掲げるよりも，実質的に域内貿易を拡大して経済活性化につなげる方向へと転換したといえよう。

2010年11月のAPEC横浜会合では，FTAAPの実現に向けた道筋として，TPP，ASEAN＋3，ASEAN＋6の3つがあることが合意され，いずれの経路を通じてもアジア太平洋地域の広域自由貿易圏を形成しうるという可能性を示した。以降，毎年のAPEC会合においては，地域経済統合の加速化とともに，イノベーションや環境，女性活躍，デジタル貿易分野など，財・サービスの貿易自由化を超えた幅広い取り組みが議論されてきた。

そして，2020年には，ボゴール宣言に代わる新しい目標「プトラジャヤ・ビジョン2040」が発表された。貿易・投資の自由化，デジタル経済とイノベーション，持続的で包括的な成長を柱として，「2040年までに，開かれた，ダイナミックで，強靭かつ平和なアジア太平洋共同体とする」理念を掲げた。プトラジャヤ・ビジョンには，FTAAPへの取り組みについても盛り込まれ，地域の経済統合をさらに前進させることが確認された。

RCEPの発効とその意義　2010年のAPEC横浜会合で，FTAAPの実現に向けた道筋として，TPP，ASEAN＋3，ASEAN＋6の3つが示されたが，当時すでに交渉が進められていたTPPが最も有力と考えられていた。そこで，対中包囲網を警戒した中国は，TPPの対抗手段として，ASEANの中心的

役割を強調した RCEP を歓迎し，2012 年 4 月の ASEAN 首脳会議と同 5 月の日中韓首脳会議で，RCEP 交渉立ち上げが合意された。2012 年 11 月には，ASEAN10 カ国とその FTA パートナーである 6 カ国が参加して RCEP 交渉の立ち上げが宣言され，2015 年末までに交渉を完了させることをめざすとされた。当初目標の 2015 年末の交渉完了はできなかったが，妥結へ向けて交渉が続けられてきた。

　その後，2016 年に署名された TPP からトランプ政権下のアメリカが離脱し，米中貿易摩擦の激化，さらに 2020 年の新型コロナウィルスの世界的流行など，グローバリズムには逆風となる出来事が相次いだが，RCEP 交渉は進められた。そして，2020 年 11 月，RCEP が東アジア 15 カ国（インドは 2019 年に交渉から離脱）によって署名され，2022 年 1 月 1 日に，まず 10 カ国で発効した。その後，韓国（2022 年 2 月），マレーシア（2022 年 3 月），インドネシア（2023 年 1 月），フィリピン（2023 年 6 月）と，順次発効した。

　RCEP 協定は，20 章からなり，CPTPP と比べると「国有企業」や「環境」「労働」などの規定がない。「政府調達」は含まれるものの，情報公開が求められる程度の規定にとどまる。一方，「電子商取引」は協定に加えられ，既存の ASEAN ＋ 1FTA を越えて，国境を越える情報（データ）の移転やデータローカライゼーションの禁止の 2 つの規定が取り入れられた。これらは中国も従来の FTA では約束していなかった規定であり，中国が RCEP において初めて約束したのである。

　RCEP は，CPTPP と比べて自由化水準が低い点は否めないものの，世界の成長センターである東アジアで，日中韓の 3 カ国を含む初のメガ FTA が実現した意義は大きい。RCEP 参加国は，世

界の GDP・人口・貿易の約 3 割を占め，日本企業も深く関与したサプライチェーンが拡がっている。東アジアのサプライチェーンの大部分をカバーするメガ FTA の実現によって，自由度の高い統一されたルールが採用されれば，サプライチェーンの効率性がさらに向上し，生産が拡大，経済成長の加速が期待される。また，メガ FTA の誕生は，参加しないデメリットが大きくなるため，未参加国にメガ FTA への参加が促され，長期的には RCEP が FTAAP 構築に結びつく可能性もある。

　ただし，2021 年にアメリカがバイデン政権に代わった後も，米中対立は改善せず，とくに半導体や情報通信機器などのハイテク製品分野において米中経済を分断するデカップリングが進みつつある。アメリカが参加していない RCEP の発効に加えて，これまたアメリカが参加していない CPTPP に中国が加入申請するなど，アジア太平洋の経済連携において中国が影響力を拡大しつつある。こうした中国の動きに対抗し，2022 年 5 月にはアメリカが主導して，インド太平洋経済枠組み（IPEF: Indo-Pacific Economic Framework for Prosperity）を発足させるなど，東アジアを取り巻く政治経済状況は変化を続けている。図 3-1 に示したとおり，すでに多くの地域協力枠組みが重層的に形成されているが，これらの枠組みを活用し，東アジア全体，さらに世界経済の発展に向けて国際協調を進めていくべきである。

4 資本移動の自由化にともなう問題

　これまで，貿易の自由化に向けた動きに注目してきたが，域内貿易の多くを多国籍企業が担っているという事実からもわかると

おり，国境を越えた資本移動の増加も東アジア地域の発展に重要な役割を果たしてきた。一方，こうした資本移動を支えるべき国内金融システムや為替制度が十分に発展していないと，実体経済が思わぬ混乱に巻き込まれる。1997～98 年に発生したアジア通貨危機はまさにこれを思い知らされた出来事であった。以下では，アジア通貨危機発生の経緯とその後に取り組まれた危機防止対策について検討する。そして，危機後の中国の台頭や近年の米中対立にともなう新たな課題について言及する。

外資依存とアジア通貨危機

第 2 章で，東アジア諸国は日本や欧米の直接投資を積極的に受け入れ，先進国の多国籍企業を中心としたグローバルなサプライチェーンに組み込まれていくことにより工業化を進めてきたことを述べた。とくに，東南アジア諸国が 1980 年代半ば以降に工業化による高成長局面に入った背景には，日本の製造業企業の直接投資流入が急拡大したことがある。1985 年のプラザ合意で，ドル安円高が進行すると，為替レートをドルに固定した東南アジア諸国の通貨が円に対して減価し，それらの国の輸出競争力が向上したためだ。一方，1988 年には韓国，インドネシア，マレーシアが，そして 90 年にはタイ，95 年にはフィリピン，96 年には中国が国際通貨基金（IMF）協定第 8 条の適用国に移行し，経常取引での為替規制が撤廃されるとともに，金融自由化，とくに資本移動の自由化が進んだ。

図 3-2 からわかるとおり，1990 年代前半の ASEAN4 カ国と韓国の経常収支は赤字基調であった。グローバルなサプライチェーンに参画することは，輸出だけでなく中間財の輸入も拡大することを意味し（第 2 章参照），輸出の増加以上に輸入も増加していたことを反映して，経常収支が赤字だったわけだ。1995 年ごろか

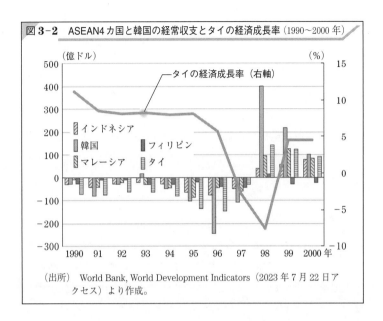

図 3-2　ASEAN4 カ国と韓国の経常収支とタイの経済成長率（1990～2000 年）

（出所）　World Bank, World Development Indicators（2023 年 7 月 22 日ア
クセス）より作成。

ら経常収支赤字が急速に拡大したが，97 年以前は資本流入も拡
大していたために，経常収支赤字を埋め合わせて固定的な為替レ
ートを維持するだけの外貨準備を獲得できていたのである。しか
し，1997 年にタイをはじめとして，ASEAN 諸国や韓国は通貨危
機に見舞われ，これら諸国の経常収支は 98 年から一気に黒字に
転換している。通貨危機の原因や，その後の経常収支の黒字化に
ついて，以下に詳しく説明していこう。

　まず，図 3-3 は東アジア・東南アジアを含むアジア太平洋地
域への資本の純流入を示しているが，1990 年代に入ると，それ
以前に比べて直接投資の流入のみならず，短期資金や民間の債務
性資金（銀行信用や債券）の流入が増加した。また，当時の東ア
ジア諸国の多くは，事実上のドル・ペッグ制を採用しており，米ド
ルに対する為替レートを安定させていた。こうした中，1997 年

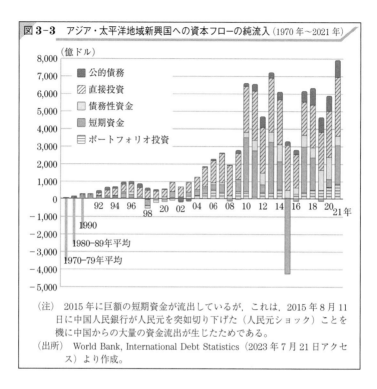

図3-3　アジア・太平洋地域新興国への資本フローの純流入（1970年〜2021年）

（億ドル）

凡例:
- 公的債務
- 直接投資
- 債務性資金
- 短期資金
- ポートフォリオ投資

1970–79年平均
1980–89年平均
1990

（注）　2015年に巨額の短期資金が流出しているが，これは，2015年8月11日に中国人民銀行が人民元を突如切り下げた（人民元ショック）ことを機に中国からの大量の資金流出が生じたためである。

（出所）　World Bank, International Debt Statistics（2023年7月21日アクセス）より作成。

　7月にはタイにおいて，短期性の資金が一気に流出しはじめ，事実上のドル・ペッグ制を維持できなくなった結果，通貨バーツの価値が急激に減価した。そして，外貨建ての負債を抱えていた商業銀行や大企業が破綻し，タイ経済は大混乱に陥った。この混乱は同様の固定的な為替相場を維持していた他のアジア諸国の経済にも波及して，多くの国の通貨価値が下落し，実物経済が大きく落ち込んだ。これがアジア通貨危機（金融危機）であり，とくにタイ，インドネシア，韓国の3カ国が大きな経済混乱を経験した。通貨危機の一般的な定義は，自国通貨の減価をくいとめるために，通貨当局が外国通貨売り・自国通貨買いの為替介入を続けて外貨

準備を失うことである。しかし，アジア通貨危機においては，国内銀行部門の脆弱性が顕在化し，金融危機と通貨危機が同時発生したという特徴がある。

　一方，図3-2のとおり，アジア通貨危機が発生する前の1996年，タイの経済成長率は91〜95年の8％台から6％弱へと減速していたものの，タイやその周辺国の経済は比較的好調であった。政治的にも安定していたこの地域において発生したのは，巨額の資本流入とそれに続く急激な資本逃避によって引き起こされた「資本収支危機」であった。新興国において安定的な経済成長を実現するためには，国内貯蓄の不足分を補うための資金が海外から流入し，それが成長産業に投資される必要がある。1990年代半ばまで急速な経済成長を続けていたアジア諸国においては，事実上のドル・ペッグ制のもとで為替レートが安定していたことに加えて金融自由化が進んだために，国内金融機関は海外から外国通貨建てで資金を容易に調達でき，国内企業に積極的に貸し出すことができたのだ。

　こうして，タイの経済実態に見合わない，身の丈以上の資本が流入していた。外国人投資家たちが今後の成長見通しに懸念を抱くようになると，急速な投資引き揚げ，資金流出が起きる可能性があった。早晩，通貨当局はドル・ペッグを維持できなくなり，通貨切り下げが起きることを見越した欧米の機関投資家たちが投機売りを仕掛けてきたのだ。激しいバーツ売りに対して，タイ政府はバーツを買い支えることができなくなり，「管理フロート制」に移行，事実上の切り下げを余儀なくされた。このため，多額の外貨建て短期対外債務を負っていた民間金融機関や企業において，自国通貨建てでみた負債額が大きく膨らんだ。これが，金融システムへの不安につながり，さらなる資本逃避を誘発した。

このような資本収支危機を引き起こした背景には，国内金融機関が外国から外貨建てで資金を調達し，自国通貨建てで融資を行うという「通貨のミスマッチ」と，海外から短期資金を調達し，国内へは長期貸出しを行うために生じる「満期のミスマッチ」の2つのミスマッチを抱えていたという問題が指摘される。つまり，対外債務を負う銀行や企業の為替リスクに対する認識が不十分だっただけでなく，信用リスクや資本市場リスクなどさまざまなリスクに対するマネジメントが稚拙であったことが危機の原因となったといえよう。

危機の伝播

タイで発生した危機は，ほぼ同時に近隣国にも波及し，東南アジア各国の通貨が売り圧力を受けて下落したが，とくに，韓国ウォンは1997年11月から12月に大幅に下落し，金融危機や大手財閥の倒産など深刻な事態に発展した（図3-4）。インドネシアではルピアの下落が政治不安につながり，1998年5月のスハルト政権崩壊に至った。グローバル化の進展が，危機の国境を越えた伝播を深刻にしたとも指摘されるが，伝播のメカニズムは貿易を通じたルートと，金融を通じたルートの大きく2つがある。

　まず，貿易ルートであるが，危機発生国の通貨が減価するとその国の輸出財の外貨建て価格が低下する。すると，危機発生国の輸出財と競合する財を輸出する国にとっては，自国の輸出財価格が相対的に上昇することになり，輸出競争力が低下する。固定的な為替レートのもとでは，この国の輸出が減少して貿易収支赤字が拡大し，外貨準備が減少するので，この国の通貨も投機攻撃を受ける。一方，金融ルートは金融機関のバランスシート悪化によって貸し渋りが起きることによる。危機発生国に貸出しを行っていた海外金融機関が資金回収できなくなり，海外金融機関のバラ

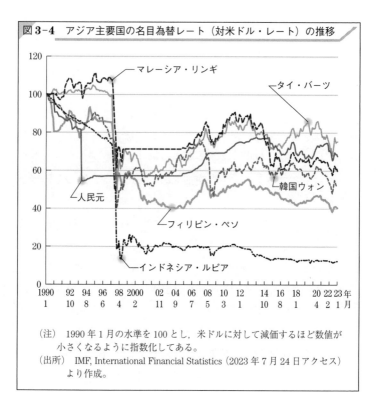

図3-4 アジア主要国の名目為替レート（対米ドル・レート）の推移

(注) 1990年1月の水準を100とし，米ドルに対して減価するほど数値が小さくなるように指数化してある。
(出所) IMF, International Financial Statistics（2023年7月24日アクセス）より作成。

ンスシートが悪化すると，その金融機関はバランスシート改善のために他の国への融資も回収したり，資金を引き揚げたりする。こうして国際的に活動する金融機関が連鎖的に資金を引き揚げるという一種の国際的な銀行取り付けが，通貨危機発生国以外の国の通貨を下落させ，通貨危機の伝播を引き起こす面もある。

アジア通貨危機の教訓と危機後の構造変化

国内金融機関や企業のリスク・マネジメント意識が欠如していたことが通貨危機の背景にあると述べたが，より根本的な原因としては，急速な金融自由化に対して各国の通貨当局の為替

管理制度が追いついていなかったことや，財閥型の企業・銀行を中心とした非近代的な国内金融システムが非効率な投資をもたらしたことがあげられる。

　通貨危機・金融危機に見舞われたタイ，インドネシア，韓国は，国際収支不均衡にともなう外貨不足を補うため IMF の融資を受けたが，これには政策金利の引き上げや財政支出の削減，広範囲の構造改革などの条件が付された。ただし，IMF が過度の財政支出削減を求めたために，景気の低迷が深刻化し，社会に長期的な悪影響を与えたといった批判もある。

　構造改革として具体的に IMF から求められたのは，地場企業の経営の透明性や規律の欠如に対する改革，金融システムの安定性維持のために必要な規制と監督のメカニズムの導入などであった。実際，IMF などの国際機関からの求めに従って，金融機関や有力企業・財閥の再編が進められたものの，タイやインドネシアにおいて金融・企業システムの近代化が危機からの回復をもたらした面は小さいと評価されている。韓国においても株式持ち合い比率の規制や企業情報開示の強化など，コーポレートガバナンス改革が進められたが，現在に至っても少数の財閥企業が韓国経済を支配する構造は続いている。

　しかし，危機後にこれらの国々の通貨は対ドルで大幅に下落し（図3-4），好調なアメリカ経済の消費・購買意欲にも支えられ，各国の経常収支は大幅な黒字となった（図3-2）。タイにおいて，危機からの回復を担ったのは，とくに外資系（主に日系）の自動車企業による輸出の増加であった。図3-3 からもわかるとおり，危機後も直接投資は継続的に流入し，外資系製造業企業の集積が進んだ。インドネシアの経済回復を牽引したのは資源価格高のもとでの資源輸出の増加であった。一方，マレーシアは危機で深刻

な打撃を受けたにもかかわらず，IMF 融資を要請せず，固定為替レート制と資本規制を導入して対応した。マレーシア政府は資本流出を抑制しつつ，拡張的な財政政策・金融政策を実施することによって景気を回復させた。

　こうしてアジア各国の経常収支黒字が急速に積み上がったが，各国通貨当局が保有する外貨準備残高は欧米の金融市場へ流出し，欧米系金融機関や投資ファンドによって再びアジアへの金融投資として還流することになる。2000 年代に入ると，アジア主要国への短期資金の流入も再び増加し始める（図3-3）。地場の金融機関や企業が外貨建て対外借入に大きく依存していたことが，アジア金融危機をもたらした原因のひとつであったことを思い出そう。再び同様な危機を起こさないためには，アジアで蓄積された資金が欧米の金融市場を介さずに，アジア域内の投資機会に直接供給されるように資金の流れを変える必要がある。こうした問題意識から，2003 年の ASEAN＋3（日本，中国，韓国）財務大臣会議において「アジア債券市場育成イニシアティブ」(ABMI: Asian Bond Markets Initiative) が合意され，アジア通貨建て債券発行を促進すべく，アジア各国の債券市場のインフラ整備が進められてきた。

　一方，アジアのように域内国際分業が進んで各国経済の結びつきが強い地域では，危機が域内国に波及しやすいため，IMF のような国際機関による金融支援を補完する形での地域金融協力の必要性も認識されるようになった。チェンマイ・イニシアティブ (CMI) は，2000 年 5 月にタイのチェンマイで開催された ASE-AN+3 財務大臣会議で合意された，金融協力・通貨協調の施策である。CMI では，二国間通貨スワップ取極のネットワークを構築して，通貨危機の際に各国が外貨準備を融通し合う仕組みができた。2005 年までに，参加 8 カ国間で 16 の二国間取極が交わされ

たが，2010年にはCMIをより発展させた枠組みとしてCMIをマルチ化した契約（CMIM）が締結された。マルチ化とは，二国間でのみ発効する通貨スワップ契約の手続きを共通化することで，ひとつの契約のもとで多国間取極を発動できるようにしたことである。さらに，2014年には，危機予防機能の導入や資金規模の倍増など機能強化策を講じたCMIM改訂契約が発効した。

中国の台頭と新しい課題

アジア通貨危機・金融危機で打撃を受けた東南アジアや韓国が輸出主導で経済を回復させた頃，2001年12月には中国がWTOに加盟した。その後，「世界の工場」として台頭してきた中国を中心に，東アジアの生産ネットワークはさらに拡大することになる。2008年の世界金融危機で欧米の景気が悪化したため，アジア諸国からの輸出も大幅に減少するとともに，欧米金融機関が新興国市場から資金を引き揚げ，東アジア諸国の経済も一時的に悪化した。しかし，アジア通貨危機後に金融機関の再編や規制・監督を強化していたことや，ASEAN＋3の地域金融協力が進展していたことなどが功を奏して，アジア地域で深刻な金融危機が誘発されることはなかった。

世界金融危機で経済成長率が大きく鈍化した欧米先進国に対して，中国が危機後の世界経済を牽引する存在となり，2010年には中国のGDPが日本を上回って世界第2位に躍り出た。さらに中国は，2013年に，中国から中央アジア，南アジア，中東，アフリカ，欧州へと続く広域経済圏構想「一帯一路」（第7章参照）を掲げ，シルクロード開発の一環としてアジアインフラ投資銀行（AIIB: Asian Infrastructure Investment Bank）の創設を提唱した。2015年に発足したAIIBは，アジア新興国のインフラ整備のための融資を行うことが主な業務であり，日米が主導して1966年に設立

されたアジア開発銀行（ADB: Asian Development Bank）の活動を補完する役割が期待されている。ただし、日本やアメリカは、不透明な運営体制や融資基準への懸念や、中国の影響力拡大に対する警戒から、AIIB には加盟していない（2023 年 8 月現在）。

　第 3 節でも触れたように、米中貿易摩擦が激化した 2018 年ごろから米中の対立が深まり、アメリカが主導して中国を含まない IPEF を発足させるなど、米中経済を分断するような動きが出ている。アメリカは、経済安全保障の名のもとに半導体などハイテク製品の中国への輸出規制を強化し、欧州諸国や日本などもアメリカに追随した措置を発動している。中国も、ハイテク製品の国内研究開発・製造を強力に推進し、アメリカや他の先進国からの輸入に依存しないサプライチェーンの構築をめざす一方、レアアースなどの輸出規制を強化する姿勢を見せている。このような動きはグローバル・サプライチェーンの縮小や分断につながりかねないが、経済的にはアメリカよりも中国との結びつきが強いアジアの国々にとって、どのように米中両大国と向き合っていくかは重要な課題となっている。日本、韓国、台湾などは政治的関係の強いアメリカと、経済的関係の強い中国との間でバランスをとりながら、自国や地域経済の繁栄の道を探るというむずかしい立場に置かれている。東南アジアの国々も、自国の利益や発展のために、2 つの大国とうまくつきあう外交力が求められている。

　東アジア地域の貿易・投資の自由化は 1990 年代からの約 30 年間で大きく進展し、地域経済の繁栄をもたらした。しかし、アジア域内で生産された財の輸出先としての欧米巨大市場が存在しなければ、また、欧米諸国からアジアへの資金流入がなければ、これだけの繁栄を実現できなかったであろう。次の 30 年間もアジア地域の経済が発展を続けるためには、ASEAN＋3 や APEC

などのさまざまな経済協力の枠組みを通じて各国が粘り強く対話を重ね，貿易・投資の自由化と国際協力をさらに推進することが重要だ。

Column ③ グラビティ・モデルを使った貿易自由化の効果の検証

世界規模ないし地域内の複数国間での貿易や投資の自由化の進展が東アジアの貿易を拡大させてきた。貿易自由化や貿易政策の変化などが貿易拡大効果をもたらしたかどうかを分析する手法として，グラビティ・モデル（重力モデルともいう）がある。これは，ニュートンの万有引力の法則（物体の引き合う力は，質量の積に比例し距離の2乗に反比例する）と類似した考え方で，二国間の貿易を分析するものだ。つまり，「二国間の貿易は，両国の経済規模が大きいほど，また両国間の距離が近いほど大きくなる」と想定して定式化する。さらに，両国が何らかの貿易協定に参加しているかどうかを示す変数を追加することにより，協定への参加が経済規模や距離で説明される貿易量や貿易額以上に両国の貿易を拡大させるのかどうかを分析できる。たとえば，次のような回帰式を推定する。

$$lnT_{ij} = a + \beta_1 lnY_i + \beta_2 lnY_j + \beta_3 lnDistance_{ij} + \beta_4(Adjacent_{ij}) + \beta_5(Language_{ij}) + \beta_6(FTA_{ij}) + \varepsilon_{ij}$$

ここで，T_{ij} は i 国と j 国間の貿易額，Y は各国の経済規模を表す GDP，二国間の距離は $Distance_{ij}$ である。二国が自由貿易協定（FTA）などを締結しているか否かのダミー変数（0か1の値をとる）が FTA_{ij} である。この式では，さらに両国が国境を接しているか否かのダミー変数（$Adjacent$）と両国が同じ公用語を採用しているか否かのダミー変数（$Language$）も考慮している。

各国のデータを用いて上の式を推定し，FTA 変数の係数 β_6 が正であれば，自由貿易協定を締結することによって貿易が増えることが示唆される。これまでの多くの実証研究で，自由貿易協定への参加が貿易に正の効果を及ぼすことが示されている。たとえば，1960 年から 2000 年までの長期の世界各国間貿易データを利用した研究によると，協定を締結した二国間の貿易を，協定締結後 10 年間でほぼ倍増させるだけの効果があったと報告されている（Baier and Bergstrand［2007］）。より最近の研究では，財の種類や協定のタイプによって自由貿易協定の効果が異なることなども報告されている。また，両国の経済規模が大きいほど，両国の距離が近くなるほど貿易が多くなることや，国境を接していたり同じ公用語を採用している国どうしでは貿易が多くなることも多くの先行研究で示されている。

　しかし，近年，中間財貿易の拡大を受けて，各国の GDP（国内で生み出された付加価値の合計）で測った経済規模と，貿易統計に計上される貿易額（諸外国で生み出された付加価値も含んだグロスの数値）との間の関連が薄れているのではないかとの指摘もある（第 2 章の付加価値貿易の説明を思い出そう）。つまり，中間財貿易が多い場合，各国 GDP で貿易額を説明するグラビティ・モデルの説明力が落ちる可能性がある。より説明力の高い分析枠組みの開発に向けて，モデルの改良や推定方法の提案など，さまざまな関連研究が進行中で，グラビティ・モデルは広く貿易政策効果の分析に活用されている。

ĹITERATURE

参 考 文 献

▐▐▐▶　本書と合わせて読むと，東アジア経済についての理解が深ま

る参考書として第2章と同じ下の3点をあげておこう。

黒岩郁雄編著［2014］，『東アジア統合の経済学』日本評論社。
　…本章ととくに関連があるのは，第1章，第6章，第7章。

三重野文晴・深川由起子編著［2017］，『現代東アジア経済論』
　ミネルヴァ書房。　…本章ととくに関連があるのは，第6章，
　第11章。

遠藤環・伊藤亜聖・大泉啓一郎・後藤健太編［2018］，『現代ア
　ジア経済論：「アジアの世紀」を学ぶ』有斐閣。　…本章とと
　くに関連があるのは，第2章，第5章。

➡　貿易や為替などの基礎を学習するための国際経済学の入門教
　科書として以下がある。

浦田秀次郎・小川英治・澤田康幸［2022］，『はじめて学ぶ国際
　経済（新版）』有斐閣。

橋本優子・小川英治・熊本方雄［2019］，『国際金融論をつかむ
　（新版）』有斐閣。

➡　地域連携・統合についてより深く学習するための推薦図書と
　して以下がある。

山澤逸平・馬田啓一・国際貿易投資研究会編著［2013］，『アジ
　ア太平洋の新通商秩序：TPPと東アジアの経済連携』文眞堂。

石川幸一・馬田啓一・清水一史編著［2019］，『アジアの経済統
　合と保護主義：変わる通商秩序の構図』文眞堂。

石川幸一・清水一史・助川成也編著［2022］，『RCEPと東アジ
　ア』文眞堂。

➡　米中対立や地政学リスクなど，世界やアジア諸国が直面する
　課題を取り上げている参考図書として以下がある。

馬田啓一・浦田秀次郎・木村福成編著［2023］，『変質するグロ
　ーバル化と世界経済秩序の行方：米中対立とウクライナ危機
　による新たな構図』文眞堂。

猪俣哲史［2023］，『グローバル・バリューチェーンの地政学』

日本経済新聞出版。

➡ **下の文献は基軸通貨としての米ドルを中心に考察しているが，東アジアにおけるドルへの過剰な依存からの脱却や地域通貨協力についても扱っている。**

小川英治編［2019］，『グローバリゼーションと基軸通貨：ドルへの挑戦』東京大学出版会。

➡ **コラムの参考文献**

Baier, S. L., and J. H. Bergstrand, [2007], "Do Free Trade Agreements Actually Increase Members' International Trade?" *Journal of International Economics*, 71(1): 72–95.

第**4**章 | *開発におけるデジタル化と社会的側面*

台湾・新竹の
工業技術研究院
写真：筆者撮影

　現在の経済開発は，日本・台湾・韓国などが急成長した20世紀後半とは異なる状況のもとで進行している。本章では，開発が新たに対応すべき課題として，情報技術と社会的課題の2点を検討しよう。このうち情報技術は，20世紀末から今世紀にかけてPCの登場，インターネットの発達，スマホの普及などを経て，単に我々の生活が便利になっただけではなく，いまや経済成長や産業振興のために不可欠かつ中心的な要素となった。一方で，経済が全体として成長するからといって，人間やその社会が幸福になるとは必ずしも限らない。しばしば成長は，所得格差・労働者の抑圧・人口の集中と過疎化・環境破壊・気候変動などの問題を生み出す。こうした側面に有効に対処してはじめて，開発はわれわれにとって有益かつ持続可能になるのである。

1 情報技術の発展

インターネット，携帯
電話の急速な普及

情報技術（IT: Information Technology）ない
し情報通信技術（ICT: Information and Com-
munication Technology）とは，情報処理や
通信を担う電子装置（ハード）とその指令系統（ソフト）の総称で
ある。それは，20世紀末から急速に発展を遂げ，その革新は現
在も続いている。

　注目されている新技術にはさまざまなものがある。たとえば，
生成型AIを含む人工知能（AI），ビッグデータ分析，仮想現実
（VR）・拡張現実（AR）・複合現実（MR），ロボティックス，3Dプ
リンティング，クラウドコンピューティング，5G，モノのイン
ターネット（IoT），ナノテクノロジーなど。また行政の手続きや
サービスをデジタル化し，官僚主義や非効率・汚職を打破する電
子政府（e-government）も多くの国で導入されている。

　だが現在，途上国世界に最も大きな影響を及ぼしているデジタ
ル化の波は，インターネットおよび携帯電話の急速な普及であろ
う（図4-1）。先進国から始まったこれらの波は，いまや低所得
国を含む世界の多くの人々に到達し，もはや生活必需品となって
いる。そして，それらを使ったサービスが途上国特有の課題を解
決し，彼らの生活や仕事を変えつつある。業務や配車をマッチン
グするアプリ，スマホでの送金や買い物や認証，リモートでの教
育・医療・会議・検査などが，途上国において利用しうるデジタ
ルサービスの典型的なものである。また，そうしたサービスを現
地で開発し提供するベンチャー企業が若者たちの手で設立され

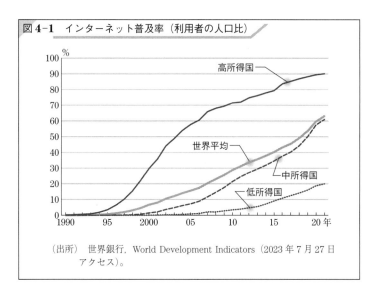

図4-1　インターネット普及率（利用者の人口比）

（出所）　世界銀行，World Development Indicators（2023 年 7 月 27 日
アクセス）。

つつある。日米欧などの援助国も，社会的革新をめざす途上国の
成長企業（スタートアップ）に対する支援を提供している。さらに
は，多くの人々が端末を通じてつながることにより，政府に対す
る告発や民主化運動が可能になるという側面も無視できない。だ
が逆に，政府がデジタル技術を駆使して国民を統制・圧迫するこ
とも同時に可能となった。

　東南アジアの多くの国では，マレーシア発のグラブ（Grab）が
ウーバー（Uber）を駆逐して最大の配車アプリとなった。おかげ
でたとえばベトナムでは，悪質な運転手にだまされたり無謀運転
される心配が少なくなった。ケニアでは，銀行口座をもたない人
でもスマホを使って安全確実に送金できる M-PESA が当たり前
に普及している。中国では，スマホや電子マネーなしに生活する
ことはもはやむずかしい。これらは途上国に限らず，先進国を含
む全世界で進行している技術革新だ。残念ながら，日本はこの波

EV 車 VinFast のタクシー
ベトナム都市部では，ヴィン財閥が生産する国産 EV 車 VinFast のタクシーが急速に普及し，グラブに対抗している。スマホで呼び，スマホで決済する。
写真：筆者撮影

に乗り遅れているグループに属する。

| デジタル化の光と影 |

デジタル化を分類すれば，情報アクセスやその透明性・信頼性を高めるサービス，これまで人が行っていた作業を機械が代替する自動化，財・サービスの提供者と需要者をマッチングするプラットフォームなどに分けられる。これらはわれわれの生活を便利にし新事業を可能にするものだが，同時にリスクもはらんでいる。デジタル情報には不適切情報やフェイクニュースが紛れ込む可能性があるし，独裁国家に管理され世論操作される危険もある。監視カメラや電子認証を駆使して国民を統制し反体制派を弾圧する政府の存在は，すでに現実のものとなっている。また自動化は，その波に乗れる人と取り残される人の格差を広げ，失業を増加させるかもしれない（デジタル・ディバイド）。

　プラットフォームはサービスを提供する企業の独占や寡占を生みがちである。巨大な電子商取引企業が出店者に対して抑圧的排他的にふるまいがちなことは，内外の多くの事例が証明している。これは，プラットフォームの性質として，顧客が 1 人増えても追

加コストがほとんどかからない（限界費用の低さ），顧客は同じサービスを使い続ける傾向がある（ロックイン効果），利用者が増えれば増えるほどサービスの質が高まる（ネットワーク外部性）などがあるからである。ゆえに顧客を多く集めた勝者の企業とそうでない敗者がはっきり分かれ，多数企業間の競争ではなく少数による独占・寡占になるのである。

2 リープ・フロッギングか，取り残されるか

リープ・フロッギング：
後発国が先行国を跳び越す

過去の工業化はかなり明確な序列をもって進行した。後発国が先行国に追いつくのはむずかしく，まして追い越すのは限られたごく少数の国にしかできないというのが，19〜20世紀の現実であった。第1章で紹介した東アジアの雁行形態的発展も，その一例だ。だが情報技術が革新の主役となった現在，後輩が先輩を追い越すことはそれほどむずかしくなくなっている。

　情報技術はアメリカ・カリフォルニアのシリコンバレーで発達したが，現在は中国をはじめとする多くの新興国・途上国が，その技術を模倣・改良し，アメリカ同様あるいはそれ以上のデジタルサービスを展開するようになった。日本は長らくアジアの先頭を行く経済だったが，上述したように，官民のデジタル化において日本は，中国・韓国・台湾はもちろん，インドや東南アジアのいくつかの国にも遅れをとっている。つまりデジタル時代の到来は，後発国が先行国を追い越す可能性を大幅に広げてくれたのである。十分な技能やインフラが存在しない国でも，先行国が歩んだ長い道のりを省略してローテクからハイテクへと乗り移る

ことをリープ・フロッギング（leapfrogging, かえる跳び）という。よく指摘される例として，固定電話が普及していない国で携帯電話が急速に広まる現象，あるいは銀行制度が未発達な国でスマホを使った金融サービスが進行する現象があげられている。

　後発国が先行国に先んじうるのはなぜか。それは第1に，先行国では既存技術が確立されているので，新技術導入に際して新旧制度の調整が必要となり，また人々にとっても新技術のありがたみがそれほど大きくないことがあげられる。日本では銀行送金や固定電話が問題なく使えるが，それらが普及していない途上国も多い。そうした国での白紙状態からの新技術導入は，調整の手間がいらず容易である。第2に，既存技術の存在と関係するが，政府による規制や既得権益による抵抗が，新技術の自由な試行や早期採用を妨げるという側面がある。第3に，過去の成功体験への固執が，新環境に対応するスピードを奪ってしまうという問題がある。かつて日本企業は長期契約・年功序列・政府指導・すり合わせ型製品（次節）などを特徴とする企業経営によって自動車・電子機器をリードしてきたが，いまや世界経済の核心はそうしたハード生産ではなく，情報技術を駆使したソフト産業へと移行した。だが，いったん確立されたシステムには相互依存性や継続性があるので，日本が古いシステムを捨てて新たなシステムへと脱皮するのはなかなか容易ではない。

二極化する後発国

それならば，21世紀の途上国は労働集約型軽工業から重化学・機械産業に進むといった従来の発展段階を踏まずとも，零細農業から一挙にデジタル経済を達成できるものだろうか。実は，すべての途上国が情報技術を駆使してキャッチアップないしはリープ・フロッギングに成功できるわけではない。その実現には国内にしかるべき条件

が必要である。ゆえにそれを準備できるか否かによって，後発国は成功する国々と取り残される国々に二極化する可能性が高い。東京大学の伊藤亜聖は，「デジタル化によって，先進国と新興国のいずれにおいても，可能性と脆弱性は生じる。だが影響は新興国のほうが大きい」と述べている。

国内のしかるべき条件とは何か。まず第 1 に，情報技術に習熟した人材とそれを輩出する教育訓練が必要である。また彼らが（外国へ流出することなく）自国で活躍できるための場やインセンティブも必要だ。第 2 に，デジタル化に必要なインフラ，とりわけ高速インターネットが不可欠である。停電が多く，ネット接続も不安定な国では情報技術は育ちにくい。第 3 に，政府は技術革新や試行錯誤に適した事業環境を提供するとともに，IT 育成計画やスタートアップ支援といった指針や支援を打ち出すことが肝要だ。ただしここでは，政府の直接介入よりも規制緩和による自由な事業環境の整備にウェイトを置くのが望ましい。第 4 に，顧客の多さや技術者層の厚さが情報技術の発展に資する点からは，小国より大国の方が有利である。この点で中国やインドは圧倒的な強みをもつし，とくに中国は米国発の Google，Facebook，X（旧 Twitter）などを締め出しても国内市場が十分大きいために，自国企業間の競争を維持しながらスケールメリットを享受できる。ただし東欧の小国エストニアやアフリカの低所得国ルワンダもデジタル化を推進しているので，国の規模が成功に絶対必要というわけではない。

現在多くの途上国では，開発計画文書でデジタル化を大々的にフィーチャーしている。たとえば，タイの Thailand 4.0，インドネシアの Making Indonesia 4.0，マレーシアの Industry 4WRD などの計画がある。なお 4.0 は，**第 4 次産業革命**（Industry 4.0）から

きている。はやりだからこういう目標を掲げるのは仕方ないが，デジタル社会を推進する具体的効果的施策を盛り込んだ政策をもつ国はそれほど多くない。

　さらに，情報技術を使うことと創造することは異なる。自動車が運転できてもそれを生産するのは別の話である。スマホやインターネットを使って途上国の暮らしや産業を改善するのは望ましいことだが，それはどの国でもできるし，すべきことである。他方で，現在アメリカが席巻し中国が追跡するグローバルな電子サービス，あるいは中韓台が生産する電子端末（その中には日本製部品も使われている）の技術を，後発国が新たに提供するのはきわめてハードルが高い。ただし，ユーザーに近い特定サービス（たとえば，プログラミング・企業向けソフト開発・オンライン教育・コールセンター・自国語のアプリ開発など）を国内外に販売することは可能かもしれない。多くの国の政策文書ではこの点が曖昧である。途上国は自国の開発において，情報技術にいかなる役割を期待するのかをはっきりさせておくべきだろう。

3 情報技術と日本型ものづくり

経済発展の経路はデジタル化によって変わるのか

アフリカのある低所得国でのセミナーで，「わが国は衣料縫製の委託生産を始めたが，このようなことをしていて将来大丈夫か」という質問があった。すなわち，多くの生産工程が機械化されつつある今，何千人の女工がミシンで縫う作業は間もなくロボットにとってかわられるのではないかという懸念である。ノーベル経済学賞を受賞した米コロンビア大のJ. スティグリッツは，

これからはサービスやデジタルの時代だから，後発国が製造業だけで所得の階段をのぼるのはむずかしいと論じている。これに対し英ロンドン大のH. J. チャンは，小さな都市国家や島国は別として，ふつうの途上国が製造業なしに経済発展をめざすのは困難であり，生産性上昇や技術学習の場を提供してくれる製造業の振興は現在の開発戦略にも不可欠だと反論する。

　情報技術が大きく進展した現在，日台韓や東南アジア諸国が20世紀後半に見せたような，製造業を柱とする経済発展はもはや時代遅れなのだろうか。それともデジタル化が進んでも，製造業は途上国開発にとって重要であり続けるだろうか。

　さらに，デジタル化の進展は雇用にどのような影響を及ぼすかという問題がある。生産工程が自動化され，ヒトがやっていた作業をロボットが代替すれば，雇用は全体として減少するだろうか。それとも新たなタイプの仕事や職業が生まれ，多くの人間はそこで雇用されるのだろうか。力仕事や単純作業は機械に任せても，企業経営・技術開発・商品企画・市場開拓などは人間の領域だろうか。あるいは，それらもAIがするようになるのだろうか。どの分野が機械にとってかわられるかの未来予測もあるが，予測にはかなりのばらつきがある。近い将来，自動運転が広まれば運転手の需要が減るだろうとか，電子商取引の活発化で配達員の需要はむしろ増えるだろうといったことは想像できる。だが，さらに先の将来にいかなる技術が生まれ社会がどう変わっていくかを予測するのはむずかしい。

デジタル化の進展と社会

　この不確実性の中でいえることは，第1に，雇用全体の増減はともかくとして，人間に要求される技能は変わっていくという点である。機械ができないことを人間がやるとして，その機

械の領域が拡大していくとき，人間がなすべきことも変わらざるをえない。そのウェイトは，非熟練労働から高度の教育訓練をうけた人材へとシフトしていく可能性が高い。現在の職務をこえて新分野にも対応できる能力を身につけるというリスキリングも，この流れに沿うものである。もし国民全体の高度化ができないと，デジタル時代に活躍できる人々と乗り遅れる人々の間に新たな所得格差が発生するだろう。

　第2に，ロボットへの転換は突然起こるものではなく，時間をかけ，市場メカニズムを通じて進行するということだ。いまや自動車の溶接はロボットでもできるようになった。ミシン縫いのような作業も，将来はロボットが担えるようになるだろう。しかしそれには時間がかかるし，コストの問題もある。技術的には，複雑な小ロット多品種生産や突発事象への対応もAIにできるかもしれないが，今のところそのコストは人間が対応するよりずっと高い。だから当面は，労働者が縫製を担当することになる。現在でも，日本では機械が行う工場出荷前の製品検査を途上国では人間の目で行っている。これは日本と途上国の賃金差を反映する。ゆえに途上国の縫製産業は今すぐ消え去るものではない。その移行期間中に，市場メカニズムと政策誘導により，国民の技能を新分野へとシフトする時間的余裕があるはずである。中高年にはむずかしくても，若い労働者や新たに労働市場に参入してくる若者たちには準備可能なはずである。

日本型モデルはデジタル時代に生き残れるか

日本はこれまで，すぐれた生産技術，厳しい品質管理，誠実な顧客対応，カイゼンを通じた生産性向上といった，現場のまじめな努力の積み重ねによって高い競争力を築いてきた。現在の日本経済は低迷しているが，それでも日本製品の品質に対する

世界の信頼はあまり揺らいでいない。日本企業およびJICA（国際協力機構）をはじめとする開発協力機関も，多くの途上国に「日本型ものづくり」の秘訣を伝授し続けている。だが，今はデジタルが世界の産業をリードする時代である。日本のものづくりは時代遅れではないか，製造業よりもサービスや情報技術の方が大事ではないかといった声が，途上国のみならず，日本の官民からもきこえてくる。はたして，精密加工・品質管理・納期厳守などへの強い関心は，20世紀の遺物なのだろうか。

早稲田大学の藤本隆宏によると，製品には「**すり合わせ型**」（インテグラル）と「**組み合わせ型**」（モジュラー）がある。前者は，多数の部品を微妙に相互調整しないと全体の性能が発揮されない製品であり，たとえば数万の部品を完璧にフィットさせる自動車がその典型である。そこでは組立メーカーと多数の下請け企業の間に何度も議論や試作が必要となる。一方，後者は型式が決められた部品を寄せ集めるとそのまま完成するという製品である。接合部分の形状や機能はあらかじめ指定されているので，相互調整は不要である。CPU・メモリ・ディスプレイ・キーボードなどを自由に組み合わせられるPCがその典型だ。日本が得意な（得意だった）自動車や小型家電はすり合わせ型であり，かつてはそれらが世界市場を席巻した。だがインターネット技術やデジタル製品は基本的に組み合わせ型である。また電気自動車を含む車の新技術はよりモジュラーだといわれる。この視点からは，世界の主要産業がすり合わせ型から組み合わせ型にシフトしたため，後者に強いアメリカや中国が台頭し，日本が沈滞したと分析できる（第6章）。

だが別の考え方もある。産業の中心が工場からインターネット，機械からデジタルへと移れば生産のありようは変化するが，それ

にもかかわらず価値創造に必要な共通要素がある。すぐれた経営戦略・販売戦略・労務管理・顧客対応・誠実な取引などはどの企業にも必要だろう。労働者には，その業種に必要な技能のみならず，向上心・対人能力・問題解決能力・批判的思考・感情コントロールといった一般的ソフトスキル（非認知能力〔non-cognitive skills〕ともいう）が要請されることは，アナログ産業でもデジタル産業でも同じである。長らく日本の製造業は，そうしたスキル形成を高等専門学校（高専），社内訓練，生産現場などを通じて行ってきた。そこでは主体性・問題発見・チームワーク・継続性などが重視される。このやり方は，欧米の個人主義・契約主義とは異なるボトムアップ型モデルとして，現在でも有用なはずである。日本はこのモデルを基礎にデジタル時代に積極的に対応すべきだろう。また途上国にとっても，日本のカイゼンを学ぶことは単にコストダウンにつながるだけでなく，労働者のやる気や企業内部の連携を高めてくれる。時代が変遷したからといって，普遍的なものを捨ててはならない。日本型モデルの多くの要素は，デジタル時代を生き抜くために不可欠なものである。

4 持続可能な開発の追求

20世紀末から現在にかけて，開発思想は大きな転換を遂げた。経済開発は人間の物的満足のみを追求すべきものではないこと，またわれわれは持続可能性を重視し，社会的さらには地球的視野から考え，行動すべきという思想が有力となり，いまやこれが主流であるといってよい。

「**持続可能な開発**」(sustainable development)
という言葉を有名にしたのは，1987 年
の環境と開発に関する世界委員会（通称
ブルントラント委員会）であった。同委員会報告は，環境と開発は
分離不可能であるとし，われわれの世代のニーズを満たすために
将来世代を犠牲にしてはならないと主張した。そして人口・食
糧・種と生態系・エネルギー・工業・都市などの諸問題に取り組
むために法制度を整備し，グローバルな開発協力体制を構築すべ
きことを提言した。

1992 年には，リオデジャネイロにおける**国連環境開発会議**（通
称「**地球サミット**」）で「アジェンダ 21」行動計画が採択された。
1994 年にはカイロで国連国際人口・開発会議が開かれ，1995 年
にはコペンハーゲンで世界社会開発サミット，北京で世界女性会
議が開催された。このようにして持続可能な開発への意識は徐々
に高まったが，1990 年代には，それが実際の行動につながった
とは必ずしもいえなかった。1997 年のニューヨークにおける国
連環境開発特別総会では，途上国と先進国の対立や CO_2 排出削
減へのアメリカの消極姿勢が目立った。

近年，地球温暖化がもたらす異常気象，災害の激化，氷床・氷
河の減少，海面上昇などがクローズアップされている。上記の
1992 年地球サミットでは，グローバルな課題として，大気中の
温室効果ガス濃度を安定化させるための国連気候変動枠組条約
が採択された。これに基づき，**国連気候変動枠組条約締約国会議**
(Conference of the Parties，略して **COP**) が，1995 年以降毎年開催
されている。その第 3 回にあたる 1997 年の COP3 では，2020 年
までの枠組みとして，先進国に数値目標をともなう温室効果ガス
削減義務を課す京都議定書が締結された。また 2015 年の COP21

では，2020年以降の枠組として，すべての国が温室効果ガス排出削減の目標を立て実施状況を報告するというパリ協定が採択された。

　しかしながら，気候変動対策の実施にはさまざまな困難が生じている。環境と経済のバランス，市場メカニズムの活用，先進国と途上国の対立，先進国から途上国への支援などをめぐって各国の立場が異なり，さまざまな利害国グループが形成され，有効なルールを全会一致で打ち出すのはむずかしい。とりわけ，気候変動を引き起こしてきたのは先進国であるとする途上国側と，すべての排出国が努力すべきとする先進国側の対立は容易にとけない。先進国の間でも，環境問題にきわめて熱心なEUに対し，米国ではトランプ政権がパリ協定から離脱するなど（2021年に復帰），一致した動きとなっていない。パリ協定は「産業革命前に比べて世界の平均気温上昇を1.5℃に抑える」という目標を掲げたが，実効性のある対策がなければ達成はおぼつかない。

消費財への社会的配慮：労働者と環境を守る

　地球規模の問題とは別に，個別産業のレベル，とりわけ消費者が直接手にとる食品や衣類などの製品においても，いまや十分な社会的配慮が必要となった。製品は品質がよいだけでなく，その生産過程において労働者と環境をきちんと守ることが要求される。途上国の企業は，これらの基準を満たして生産していることを決められた手続きを踏み書類を提出して認証されなければ，もはや欧米市場に輸出することができなくなっている。とくにEUの消費者は人権と環境に厳しいので，輸入業者（バイヤー）も彼らの要請に従わざるをえない。一方，日本の消費者は品質にきわめて厳しく，欧米では問題にならないほどわずかな縫い目の乱れや糸のほつれがあっても不良品としてリジェクトされ

る。ゆえに日本のバイヤーは品質チェックを入念に行わざるをえない。

1990年代頃より，労働者と環境を守るための国際基準が数多く制定され，実際に活用されている。**表4-1**にその主なものを掲げる。これらの基準は遵守されるべきだが，途上国にとってはいくつかの困難を生じさせうるものでもある。第1に，基準を満たすにはそれなりの投資・訓練・時間のコストを要する。途上国企業が輸出するのはオーダーメイドの高級品ではなく，主としてシャツ・ジーンズ・ベビーウェアといった大量生産型の低価格品だが，これらは価格競争が激しく，利幅も薄く，ゆえに国際基準を満たすための費用が容易に捻出できない。第2に，労働にせよ環境にせよ，達成すべき基準が数多く，しかも輸入国ごとに異なる。これを満たすにはきわめて多くの時間と労力を要する。多数の市場に輸出している途上国企業にとってはとりわけ煩雑である。

先に日本の消費者は欧米に比べ品質を重視すると述べたが，日本が人権・環境を無視しているわけではない。日本企業の多くは，途上国で操業する際にきちんと労働者を扱い，環境にも配慮している。ただし国際基準を採用し，認証制度を整え，監査を行い，違反者は自動的に排除するといった手続き面で，日本は必ずしも進んでいるとはいえない。いまや，現場できちんとやるだけではなく，それを世界に認知される枠組みの中で開示せねばならない時代となっている。

| 開発の目標：SDGs |

人権・環境も含めて，開発が達成すべき多くの目標を包括的に示した枠組みとしては，2015年を期限とし8つの目標からなる「ミレニアム開発目標」(MDGs) と，それを拡張的に引き継いだ，2030年を期限とし17の目標からなる「**持続可能な開発目標**」(SDGs) が有名である。

表4-1　労働者と環境に関する主な国際基準

基準	創設年	主催者	概略
社会的責任と持続可能性の基準			
IndustriALL	1995年より順次	European Trade Union	労働条件の基準。履物、衣料、皮なめしへと範囲を拡大。
SA8000	1997年	アメリカを中心とするSocial Accountability International	Decent work（適正な労働）の監査可能な基準を提示。監査・認証サービスも提供。
Ethical Trading Initiative (ETI)	1998年	イギリス主導の官民労資合同NPO	メンバー組織に対する情報共有と訓練サービスを提供。
Initiative for Compliance and Sustainability	1998年	フランス主導のFrench Federation of Commerce and Distribution	社会的責任と環境に対する自発的な基準。グローバル・バリューチェーン全体の監査（小売り、衣料・履物・食品・家具・電子機器）。
SEDEX Members Ethical Trade Audit (SMETA)	2004年	SEDEX、イギリスに本部	労働条件、人権、職場の健康・安全、環境保護、ビジネス倫理の監査。
ISO40001	1996年制定、2004年改定	International Organization for Standardization、スイスに本部	環境マネジメントシステムが満たすべき必須事項。
ISO26000	2010年	同上	社会的責任に関する国際基準。
繊維縫製業に特化した基準			
Worldwide Responsible Accredited Production (WRAP)	1997年	アメリカを中心とする世界的ネットワーク	生産現場の安全および社会・倫理基準の第三者監査を実施。
Global Organic Textile Standard (GOTS)	2008年	独日米英による共同イニシアティブ、ドイツに本部	世界的に認知されたオーガニック衣料の認証。グローバル・バリューチェーン全体の環境・労働基準の要請。
Better Cotton Standard System	2009年	世界の関連組織によるBetter Cotton Initiative、スイスに本部	綿花に関する国際的な自発的な持続可能性の基準。
Sustainable Apparel Coalition	2011年	世界的なファッション産業のアライアンス、オランダに本部	グローバル・バリューチェーンの社会的・環境的パフォーマンスを測定する5つの標準ツールを提供。

（出所）各組織のホームページより要約。

これらはいずれも国連が主導し，世界の国々が合意した目標群である。個別にみると，これらは開発専門家にとって必ずしも新しくない目標かもしれない。だが，それらに具体的な中身とカラフルなアイコンを与え，共通のフレームワークの中に位置づけ，世界の人々が等しく認める目標群として広報し，実際の行動を促す力となっている点は大いに評価できる。SDGs は，欧米中心に育ってきた「経済収益と社会課題の解決は両立しうる」とする考え方が，1 つの世界的運動として結実したものといえよう。ここでも，日本は現場でがんばるだけではなく，この運動に積極的に参加し，さらには主導していく必要があるように思われる。

　SDGs は，とりわけ若者の意識改革や企業行動の変化をうながす点で重要である。世界の多くの子供たちは学校やボランティア活動を通じて SDGs に触れ，考え，行動を起こすようになった。読者の皆さんも SDGs には親しんできたはずである。また企業にとっては，社会的課題の解決に貢献することが，余分なコストではなく，事業の継続と発展にとって不可欠な条件となった。政府・自治体やメディアも，SDGs を後押しするためにさまざまな企画を展開している。ただし，留意事項もある。SDGs を「できることから始める」のはよいとして，われわれはそのレベルにとどまってよいものか。企業は社会的圧力の中で脱炭素や省エネに取り組むとしても，それが「やってる感」だけなのか，真に地球環境に貢献するかが問われなくてはならない。目に見える行動が真の改善にどれだけつながるかを測定するには，因果関係，全バリューチェーン，インパクトの大小，隠れたコストなどに関する科学的分析が必要である。

5 開発プロジェクトと地域住民

経済開発が直面する問題

経済開発は，地球規模の問題だけではなく，国・地方・コミュニティーなどのより小さな地域でもさまざまな問題に直面する。世界銀行は 1992 年版『世界開発報告』において，途上国の貧困層にとっての最大の環境問題は，①安全な飲み水とトイレ・下水設備の欠如，②よごれた空気（戸外の大気汚染および薪・石炭使用による室内煙害），③農業に悪影響を及ぼす土壌の劣化・流出であるとした。気候変動に比べればこれらはローカルな問題かもしれないが，その解決はきわめて多数の人々の健康と生産性の改善につながるという。世銀はさらに，途上国政府が貧困対策・教育・家族計画・農業支援・エネルギー価格の適正化（補助金で安くしすぎない）といった施策を打ち出すことにより，開発と環境は両立できると論じた。経済成長を急ぎたい途上国にとって環境保護はたしかに手間と費用がかかるが，それを後回しにせず早期に打ち出すことが，長期的に国民の健康，経済発展さらには環境保全費用の軽減をもたらすと勧告している。これらの指摘は，現在においても有効だろう。

　環境保全に加え，開発に不可欠な要素は住民参加である。途上国の開発プロジェクトの多くは外国企業の誘致あるいは外国政府や国際機関の援助を受けて実施される。そのための交渉は途上国政府と外国の間で行われ，経済的・社会的・環境的なアセスメントのやり方が不透明だったり，極端な場合には住民に建設計画すら知らせないことさえある。こうしたトップダウンの強引な

開発は，多くの人々やマスコミによって糾弾されてきた。そして，開発プロジェクトは**住民参加型**でなければならないという考え方が醸成された。

住民参加型の開発プロジェクト

住民参加型プロジェクトには2つのタイプがある。第1は，その地域の教育・保健衛生・農業・中小企業育成などを目的とする「住民のための」プロジェクト。これは，地域ニーズを掘り起こし，具体的案件を形成していくボトムアップ型のプロジェクトである。この種のプロジェクトは，政府やNGOの支援を受けるにせよ，基本的には地域住民の主体性がなければ始まらない。第2は，国家利益のための大型プロジェクトにおける地元住民への配慮。発電所・ダム・幹線道路・空港・港湾・工業団地などの建設がその典型である。この場合，住民は利益を得ることもあるが，逆に移転や廃業，文化破壊，生活の質の低下などを迫られるなどマイナスの影響を受ける可能性も大きい。こうした事業は国によりトップダウンに実施されるが，住民の参加を得て，彼らの損失と国家利益のバランスをとりながら，必要に応じて計画を修正ないし再検討することが重要である。

　住民参加が効果をあげるためにはいくつかの条件がある。まず，住民組織がしっかりとしていなければならない。そのような組織がない場合には住民間の意見集約や利害調整を行うための新組織が形成されなければならない。その際，住民が本当に主体性を発揮しているか，住民全体の意見が反映されているかなどに配慮しなければならない。また，国が公聴会や相互協議などの形式を整えても，真の目的はプロジェクトを無修正かつ早急に実施することに置かれる危険がある。そのような心のこもらない「住民参加」では何の意味もない。国家の視点とコミュニティーの視

点は，緊張や対立をはらみながらも互いに補完して開発政策をつくっていくべきものである。一方を善，他方を悪と決めつけてすむような性質のものではない。

先進国は，途上国の環境政策を支援する

先進国の環境配慮

とともに，自らグローバルな環境問題に責任をもって取り組む必要がある。日本の ODA（政府開発援助）もかつては金額のかさむ産業基盤や構築物（いわゆる「ハコモノ」）が中心だったが，現在は環境配慮が１つの重要な課題として確立されている。環境にやさしい ODA を実施するためには，汚染防止・森林保全など環境を守る直接努力に加えて，農業・ダム・発電所などのプロジェクトが不注意に環境破壊を引き起こすことのないようチェック体制を整える必要がある。それには資金や技術も大事だが，ヒトの充実はさらに大切である。日本と途上国の双方に，環境問題の理論と実務に通じた専門家を養成する必要があるだろう。環境に配慮することは，開発を全面的にストップさせることではもちろんない。重要な点は，開発にともなう環境上のコストを慎重に計算し，貴重な生態系を破壊することのないよう常に留意することである。

6 開発優先の帰結

工業化過程において，環境に十分な配慮

日本の経験：公害

を払わないために大気汚染・水質汚濁・産業廃棄物などの問題を引き起こしてしまうというのが環境破壊の典型パターンである。環境に対する人々の欲求は，所得の上昇につれて高まってくるという指摘がある。貧しいときは食べてい

くことに精一杯でも，物的ニーズが満たされるにつれ，きれいな空気や水，快適な住環境が欲しくなるのは当然である。だが所得が向上し住民の意識が変わるまで環境対策を後回しにするという発展戦略は賢明でない。高度成長期の日本は生産や輸出に専念するあまり，「汚してからきれいにする」というやり方を（意図的ではないにせよ）とった。その結果，1960年代末の国土は**公害列島**と呼ばれるほど汚染され，水俣病や神通川流域におけるイタイイタイ病，四日市ぜん息などの悲惨な状況が発生した。またコスト面から見ても，起こってしまった公害への対策費・補償費は未然に防止する費用をはるかに超えるものとなった。

　日本の失敗を反面教師として，現在の途上国は早い段階で環境対策を講じるべきである。だが多くの国は，経済成長を優先するあまり，日本と同じ「汚してからきれいにする」戦略を選んでしまう。また，日本の場合は被害住民による企業告発・政府批判といった市民運動が政策転換の重要な契機となったが，東アジアの多くの国では，権威主義あるいは軍事政権による中央集権体制のもとで，下からの市民運動が十分育っていないという問題がある。環境対策は，国民の不満をかわすために国家指導者の号令や法律の制定によってトップダウン式に実施されることもあるが，住民の声が直接反映されない環境保護では真の成果をあげることができない。

　さらにわれわれは，先進国による「**公害輸出**」にも監視の目を向けなければならない。環境基準のゆるい途上国で有害物質を排出しながら操業する先進国企業が非難をあびている。かつて，多くの日本企業が操業した韓国の温山工業団地では日本のイタイイタイ病に似た「温山病」が発生した。マレーシアでは，放射性物質の管理を怠った日系合弁企業が撤退を余儀なくされた。有害物

質や放射性廃棄物などを途上国に運び不法投棄するといったような悪質なケースも報告されている。こうした公害輸出行動は、日本のみならず中国・韓国・台湾・タイなどの企業にも見られる。

生態系破壊の事例　日本が関与して、他国の生態系破壊を引き起こしてしまった事例を2つあげよう。

　1950年代には、フィリピンの国土の75％が森林によって覆われていた。それが80年代末にはわずか25％にまで低下した（ちなみに、日本の森林被覆率は現在でも3分の2を保っている）。かつて東南アジアで最も良質なラワン材の産出国として知られたフィリピンに、今その面影はない。森林の急速な消滅の原因はいくつかある。その第1は、平地から森林に移ってきた定住型の大規模な焼畑農業である。第2は、燃料の薪にするための伐採である。しかしわれわれにとってより重要な点は、第3の原因として、日本に輸出するための商業伐採がかつて集中豪雨的に行われたことである。1960年代には、工業用材だけでも毎年1000万 m^3 以上の伐採が行われていた。1980年代初め、日本のある環境専門家がミンダナオ島を訪れた。かつて見渡す限り緑だった山並みが、すべて草原に変わっていた。木といえば、ところどころポツンと生えているヤシの木しかない。彼は驚いて現地の人に尋ねた。「木はどこへいったのか？」その答えは「日本にいった」であった。

　現在日本のスーパーで見かける冷凍エビは、ほとんどが輸入された養殖エビである。1980年代半ばには、台湾が日本向けエビの最大の供給地であった。だが台湾の輸出量はその後急速に減少する。エビ田の土地が死んでしまったからである。2020年時点の日本向け養殖エビの産地は、1位がインド（24.9％）、2位がベトナム（19.1％）、3位がインドネシア（15.5％）となっている。エビ養殖に最適な場所は、海水と淡水が混じり合う「汽水域」で

エビ養殖場の造成によって破壊されるインドネシアの
マングローブ林
写真提供：時事通信フォト

ある。このような場所にはマングローブ林が植生していることが
多い。それは水・土・植物の相互作用によって成り立つデリケー
トな生態系である。アジアでは，このマングローブ林が主として
エビの養殖池を作るために伐採され，急速に失われた。国連食糧
農業機関（FAO）の推定によると，1980 年から 2005 年の間に各
国のマングローブ面積は減少し，その比率はパキスタン（54 %），
ベトナム（42 %），インドネシア（32 %），フィリピン（19 %），
マレーシア（16 %），タイ（14 %）であった。

　しかもエビ養殖は飼料・肥料・石灰などを大量に投入する。そ
のため土と水はひどく汚染され，エビ田の底にはヘドロ状の土が
堆積していく。5〜6 年もエビの養殖を続けると，その土地は死
んでしまう。エビの病気が蔓延するときもある。エビ田の水は，
養殖が終わるたびに川・海・農業用灌漑水路などに排出される。
そのために汚染は周辺のエビ田・田畑・漁場にまで広がり，水を
めぐって農民と漁民の対立を引き起こす。エビ養殖を行う農民も，

それが環境を破壊し、自分たちの生活基盤を脅かすことに気づいてはいるけれども、いかんせん、エビ養殖は短期間に多くの現金収入をもたらす。貧しい農民は、自分たちの環境を切り売りしても目の前の現金に手が出てしまうのである。この危機的状況のなか、ベトナム・マレーシア・タイを含む多くの国では、外国の支援も受けながら、失われたマングローブ林を復元するための調査や植林が進められている。

7 開発が生む所得格差

トリクルダウンから
BHN 政策へ

1950 年代から 60 年代には、国民経済が拡大すれば、その恩恵は雨水が地層にしみこむように大多数の貧困層にも及ぶと期待された。この考え方をトリクルダウンという。ゆえに大きな工場やインフラの建設が盛んに行われた。だが 1970 年代になると、この戦略は修正を余儀なくされる。多くの国で所得が増加したにもかかわらず、貧困層は必ずしも減少せず、貧富格差が拡大したからである。経済成長だけでは貧困問題を解決できないことが認識された。そこで登場したのがベーシック・ヒューマン・ニーズ（BHN）政策である。これは初等教育・保健衛生・農村開発などを通じて貧しい人々を直接支援し、彼らの厚生と生産性を向上させようとするものであった。つまり、国レベルの成長政策と人々のレベルの貧困対策は別々にあるいは並行して実施しなければならないという発想である。

構造調整とその反省

続く 1980 年代は構造調整の時代であった。1970 年代の 2 度にわたる石油危機

で世界経済が低迷し，途上国の多くは貿易赤字と累積債務に苦しんだ。国際通貨基金（IMF）や世界銀行は，財政金融の引締めと経済自由化によってマクロ経済均衡を回復するよう，途上国に勧告した。この緊縮政策は危機克服に必要だったにせよ，不況・失業・増税・公共料金値上げなどを通じて途上国の人々にとって厳しいものとなった。この債務危機の時代が，人間中心の開発という視点をしばらく棚上げにしたという面は否めない。

　この反省に立ち，1990年代になると再び社会的配慮への関心が高まる。厳しい経済改革を実施する際には，最貧層をショックから守るための**社会的安全網**（失業対策・食料補助など）を事前に準備すべきことが提言された。また貧困層を単に保護するだけではなく，彼らが積極的に開発に参加することの重要性も認識された。貧しい人々が企業家精神や労働意欲の発揮を通じて開発の主人公となるための**貧しい人々のための政策**（pro-poor policy）が提唱された。1999年には，世界銀行が主導する枠組みの中で，途上国政府が「貧困削減戦略書」を策定し実施することを条件に対外債務が帳消しになることとなった。

成長の分かち合いか，
格差拡大か

　ところが2000年代後半から2010年代は，貧しい人々に直接手を差し伸べ，あるいは債務を減免するだけでは長期発展につながらず，やはり背景としての活発な経済活動がなくてはならないという認識に戻った。インフラ整備や産業振興に再び関心が集まる。こうして世界の開発思想は，成長政策と社会政策の間を揺れ動いてきた。だがこの両面がともに必要であることは，自明ではないだろうか。

　第1章では，経済成長をめざす国が，ある水準までくるとスローダウンしてなかなか高所得に到達できないという「中所得の

わな」の問題を指摘した。この原因の最たるものは，その国が国際競争力をもつ企業や産業を創出できないという生産面の欠陥であるが，もう1つ重要な原因として，成長過程で所得や富の格差が拡大し，それが社会の二極化・不安定化を引き起こすという平等面での欠陥があげられる。格差には個人間・地方間・民族間・職業間などの種類があるが，そのいずれもが成長にとって有害である。成長の成果（＝所得増）を人々の間に広く分配することを**成長の分かち合い**（shared growth）という。経済成長が分かち合いを達成するか，それとも格差を拡大させるかは国によって異なる。成長は勝者と敗者を生みがちだが，それを是正する社会のしくみや政府の政策があれば，格差は顕在化しない。

1960年代の日本，1970年代頃の台湾や韓国では，高度成長と国民の平等化が同時進行した。当時日本では「一億総中流」という言葉さえ生まれた。すなわち，自分は上流でも貧困でもなく中流であると感じる人が国民の9割にも達するという現象である。また数字の上でも，不平等を測る**ジニ係数**（0が完全平等，1が完全不平等）によれば，これらの社会が高度成長期に不平等を悪化させなかった，あるいは減少させたことを示している。他方，マレーシア・フィリピン・タイなどの多くのASEAN諸国は，不平等が高いままで（40％ないしそれ以上で）成長を続けた。中国では，共産党支配のもとでかつては（皆が貧しい）平等主義が貫かれていたが，1990〜2000年代の高度成長期には急激な不平等化を引き起こしている（**図4-2**）。ただしジニ係数には不確実性があり，数字の解釈には留意が必要である。

高度成長期の日本では，都市より遅れていた農村を優遇するための所得再分配，農業保護・補助金，地方のインフラ建設などが財政を通じて積極的に行われた。1970年代の韓国では農村を活

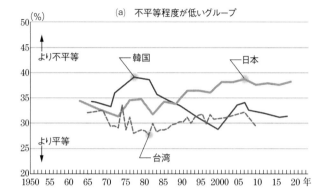

図4-2 ジニ係数

(a) 不平等程度が低いグループ

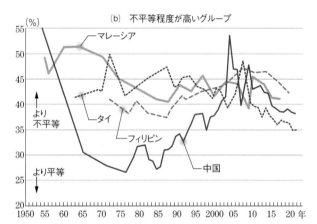

(b) 不平等程度が高いグループ

（注）　ジニ係数は0から1までの値をとり，大きいほど不平等を表す。データや研究者により計測値に幅があるため，解釈には注意が必要である。図のデータは日本を除き，世界銀行が8つの異なる計測値を合成・標準化したものを示している。長期の観測値を得るために，2016年と2023年に世銀が報告した数値を2008年時点（フィリピンは2006年時点）で継ぎ合わせたが，両者間にはかなりの改定があることに留意せよ。

（出所）　日本は，厚生労働省「所得再分配調査」の世帯ベース再分配所得。他国は，World Bank, Gini Index（https://data.worldbank.org/indicator/SI.POV.GINI　2016年10月および2023年1月アクセス）。

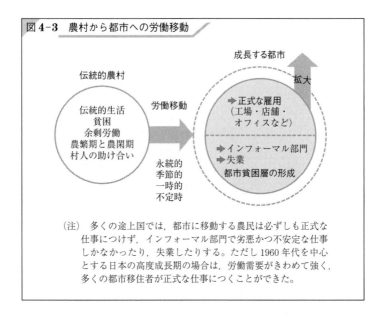

図 4-3 農村から都市への労働移動

成長する都市

拡大

伝統的農村

伝統的生活
貧困
余剰労働
農繁期と農閑期
村人の助け合い

労働移動

→正式な雇用
（工場・店舗・
オフィスなど）

→インフォーマル部門
→失業
都市貧困層の形成

永続的
季節的
一時的
不定時

（注）　多くの途上国では，都市に移動する農民は必ずしも正式な
　　　仕事につけず，インフォーマル部門で劣悪かつ不安定な仕事
　　　しかなかったり，失業したりする。ただし1960年代を中心
　　　とする日本の高度成長期の場合は，労働需要がきわめて強く，
　　　多くの都市移住者が正式な仕事につくことができた。

性化させるための「セマウル運動」が全国的に展開され，台湾で
は農業や中小企業のダイナミズムが富の大企業集中を防いだ。こ
のように，格差を回避する手段は国によって異なり，1つではな
い。これらに対し，中国や東南アジアの多くの国では成長期に格
差が縮まらず，むしろ拡大さえしたが，これは日韓台にあったよ
うな社会のしくみや政策が存在しなかったためだと推察される。
なお，現在の日韓台では格差拡大が社会問題となっており，もは
や平等社会とはいえない。高所得到達後の不平等は，過去のキャ
ッチアップ時代とは別の分析が必要となる（第8章）。

農工間の労働移動

政策努力とは別に，経済成長の過程で所
得を平等化しうる重要な市場現象として，
農工間労働移動があげられる（図4-3，第1章 *Column* ①も参照）。
産業活動が活発な都市に比べて，農村では昔ながらの生活や生産

が続くことが多く，発展に遅れがちである。ゆえに現金収入や雇用機会を求めて，多くの人々が農村から都市へと移動する。都市で得た収入は農村で待つ家族へと送られる。この移動は短期あるいは季節的（農閑期のみ）の場合もあるし，長期あるいは永続的な場合もある。田舎の若者が都会の高校や大学に進学し，そのままそこで就職し結婚することもある。こうした労働移動はアジアの多くの国で見られたし，現在も見られるが，この現象が都市と農村の格差縮小に貢献する国とそうでない国があるようである。

　日本の高度成長期には，田舎の中学・高校を卒業した若者が大量に大都市で就職し，「金の卵」ともてはやされた。当時の日本経済は成長率が非常に高く，1960年以降は労働力不足に陥ったこと，また出身県による差別が少なく移住者が都会で比較的自由に就職・結婚できたことが大きい。だがこれらの条件はすべての国で満たされるわけではない。成長力が弱い国や，民族・地域・宗教・言語などにより国民が分断されている国では，労働移動がそれほど活発でなかったり，都市に来ても失業したり物売りや靴磨きに甘んじたり，あるいは経済が成長してもその果実が広く国民全体にいきわたらない可能性が高い。

8 タイの二極化

地域間経済格差

　タイは政治・経済危機を何度も経験しながらも，貧しい農業国からいまや上位中所得の工業国になった（第9章参照）。その反面，国内の地域間経済格差は大きいままである。自動車・電子・機械などの工業が集中するバンコク周辺や東部臨海地域が発展しても，農業中心で工

ビルが立ち並ぶバンコクの中心部
写真提供：ゲッティイメージズ

業基盤をもたない他の地域は成長に取り残されてしまう。農業生
産性が伸びないのに加えて，先に指摘したような森林破壊やエビ
養殖も地方低迷の原因となっている。バンコク首都圏では高層ビ
ルが立ち並び先進国に近い生活ができるのに，東北部や北部の農
村は遅れたままである。2015 年のデータによれば，バンコクと
最も貧しい農村の所得格差は約 6 倍であり，1980 年代以来あま
り改善がみられない。ただし GDP が増加するにつれて，貧しい
地域の所得も絶対水準ではたしかに上昇し，貧困状態にある世帯
数も着実に減少している。だが相対的な意味での貧富格差の解消
は，タイではほとんど進んでいないといってよい。

農村の実状と努力：イ
サーン地方

タイで最も所得が低い地域は，イサーン
と呼ばれる東北部である。ここは乾燥し
た高原台地で，伝統的に農業以外の産業
はほとんど見られない。その農業も，土壌の質が悪く，多くの労
働投入を必要とするにもかかわらず米作の生産性は低い。川が少
ないので農業用水は雨水に頼るしかなく，干ばつが頻発する。人

口圧力によって貧しい小作農・土地なし農民が増える。人々には，この貧困から逃れるためには村を出るしかないという思いが強く，生まれ故郷を去ってバンコクをめざす。彼／彼女らは工員・店員・ウェイトレスなどをしながら，そこで得た現金収入を故郷の家族に送る。バンコクではセックス産業やエイズが蔓延したが，これらは農村からの出稼ぎの影の部分である。

　ただしイサーン地方では，都市への出稼ぎに頼らずに村内で所得を高める努力も行われてきた。インフラ・農村開発への公共投資，コメ以外の換金作物の栽培，および「複合農業」と呼ばれるコミュニティーレベルの開発などである。最後のものは，田んぼの一部に池を掘って魚を育て，まわりの土手で牛・ブタ・ニワトリなどを飼い，また果物や野菜を作るというものである。すなわち村人が協力しながら，余剰労働を投入し，売るためでなく食べるための農業を実践するというモデルである。しかし，こうした努力にもかかわらず，都市・農村間の富の二極化は傾向として縮まっているとはいえない。1960 年代の日本とは異なり，タイ社会には農工間労働移動が人々の所得を均等化するメカニズムが備わっていないようである。

　地域間経済格差は政治的混乱を生み出す。バンコクを拠点とする王室や保守的な官僚層・知識層（黄シャツ）と農村をベースとする反体制派（赤シャツ）の対立が激しく，タイの政治はきわめて不安定である。農村優遇政策を打ち出したタクシン政権（2001〜06 年）は，腐敗や衆愚政治を理由に体制派によって批判され，軍事クーデターによって倒されてしまう。その後の政権のもとでも両グループは対立を続け，市民による大規模なデモが頻発した。それが軍部によって制圧され，タイは 2014 年から軍事政権となる。2019 年には民政復帰をうたう総選挙が形式的に行われたが，

実質的には軍が権力を握り続けている。

Column ④　グラミン銀行：女性のエンパワーメント

　開発で重視されている言葉に，ジェンダー平等に加えて，開発と女性（women in development：WID）がある。途上国の貧困層には女性や母子家庭が多い。また女性は家族計画・保健衛生・子供の教育などにおいて重要な役割を担っている。これらは生活の質を高める鍵である。WID とは，開発過程の弱者である女性を保護するとともに，彼女らが開発の積極的な担い手になるための機会を提供して（エンパワーメント），自立への支援を行うという戦略である。

　バングラデシュのグラミン銀行は，1983 年に設立された政府系金融機関である。「グラミン」とはベンガル語で村という意味だから，グラミン銀行はつまり農村銀行のことである。2023 年現在，全国に 2568 の拠点を擁し，これまで 960 万人もの人々がその融資を利用している。借り手は土地をもたない貧困層に限られ，しかもその 97 ％が女性であるというきわめてユニークな銀行である。融資はすべて無担保である。新メンバーへの基本融資は 5000 タカ（約 6200 円）と少額であり，ほかにマイクロ事業・農業・家畜・住宅・高等教育などのローンがある。物乞いの人たちをサポートするプログラムもある。

　グラミン銀行の発足は決して政府からの押し付けではなかった。1976 年，チッタゴン大学のムハマド・ユヌス博士は，高利貸しからしか資金を借りられないために，籐椅子を作っても利益をあげられずにいる農村女性に出会った。彼は自分のポケットマネーを出して「このお金で材料を買い，もっと高く買ってくれるところで売りなさい。そして必ずこのお金を返すように」と言ったという。その女性が約束どおり返済を行ったことから，貧しい者も

お金を借りる機会さえ与えられれば，それを元手に生産活動に従事し，開発に参加できることを確信した。ユヌス博士は商業銀行とかけあって，自らを保証人として貧しい人々が融資を受けられるシステムを創設した。この少額融資（マイクロファイナンス）の有効性が政府に認められ，中央銀行のもとに再編されたプログラムがグラミン銀行というわけである。

　この銀行について最も驚くべきことは，貧困層を対象とするにもかかわらず，融資返済率が98％ときわめて高いことである。これは，貧しい者には信用がない，お金を貸しても返ってこないという常識を打ち破るものである。グラミン銀行の業務は，まず借入希望者の中で5人1組の班をつくり，6〜8班が集まって1つのセンターとなる。行員がそこへ出向いてグラミン銀行の主旨，規律などを1週間かけて徹底的に研修を行い，メンバー意識を高める。行員はその多くが，「はだしの銀行家」と呼ばれる徒歩あるいは自転車に乗った青年達である。貸付は個人単位で行うが，返済は班5人の連帯責任とする（ただし現在は，班単位ではなく個人への貸付に転換している）。週1回行員が村を訪問し，返済や預金を受け付けるとともに，家々を訪問して相談ごとを聞く。人々が銀行に行くのではなく，銀行が村へやってくるのである。最近では，返済が困難な場合の返済スケジュールの見直し，より多額の融資，毎月一定の金額を10年間積み立てる貯蓄商品（ペンション・スキーム）などを導入している。

　グラミン銀行は金融の枠をこえて，農村の社会生活にもインパクトを与えている。毎週の巡回業務の初めと終わりには，「16カ条の誓い」をメンバー全員で唱和する。その中には，たくさんの子どもをつくらない，子どもに学校をやめさせない，結婚持参金を支払わない，きちんとトイレを作るなどの項目があり，貧困層の生活改善を図っている。2006年には，貧困撲滅と平和構築への貢献により，ユヌス博士とグラミン銀行はノーベル平和賞を受

賞した。また，ユヌス博士は企業活動を通して社会課題を解決する「ソーシャルビジネス」を提唱し，50社以上のグラミン関連企業を経営している。

グラミン銀行は，これまで見向きもされなかった貧困層に融資を行うことによって，女性・農村・金融の3局面を同時にカバーするエンパワーメント事業として機能している。その有効性はデータ分析によっても確かめられており，国際的な評価も高い。1995年に日本政府は，グラミン銀行を受け皿とする約30億円の円借款を実施し，同銀行を資金的に側面支援した。またタイ・マレーシア・スリランカ・チリ，さらには先進国のアメリカでも，貧困対策としてグラミン銀行と類似の融資プロジェクトが試みられている。格差や貧困が広がる日本にも，2018年にグラミン日本が創設された。

LITERATURE

参考文献

▸ 途上国のデジタル化を正面から扱った本として，下の書籍がある。

伊藤亜聖［2020］，『デジタル化する新興国：先進国を超えるか，監視社会の到来か』中公新書。

▸ 製品の設計思想（アーキテクチャー）から日本の強みと弱みを分析する本として，下の書籍がある。

藤本隆宏［2004］，『日本のもの造り哲学』日本経済新聞出版。

▸ 情報技術が貧困削減に及ぼすさまざまな影響を検討している世界銀行の年次報告。

World Bank［2021］，*World Development Report 2021: Data for Better Lives*.

▐▶ 　専門家が社会開発の視点から途上国の貧困削減を解説したものとして，下の書籍がある。

　　佐藤寛・アジア経済研究所開発スクール編［2007］，『テキスト社会開発：貧困削減への新たなる道筋』日本評論社。

▐▶ 　開発社会学の基礎文献を8分野に分けて紹介するガイドとして，下の書籍がある。

　　佐藤寛・浜本篤史・佐野麻由子・滝村卓司編著［2015］，『開発社会学を学ぶための60冊：援助と発展を根本から考えよう』明石書店。

▐▶ 　SDGs については多くの資料・サイトが検索できる。国連のメインサイト（英語）は，以下のとおり。

　　https://www.un.org/sustainabledevelopment/

第5章 開発をめぐる政策論争と政治体制

ベトナム・ハノイの産業振興会議
写真：筆者撮影

　　途上国開発の方法論，経済成長を実現するための政治体制，産業政策の是非などについては，欧米や国際機関で支配的な考え方と日本を含むアジア諸国で現実に採用されてきたやり方に相違がある。この相違は国や時代ごとにさまざまな展開を見せながら，現在においても完全な合意点が見いだせていない，いわば古くて新しい論争である。以下では開発に関わる2つの考え方を紹介し，それが東アジアの経済発展，国際機関の開発政策，さらには日本の途上国支援にどのような形であらわれているかを説明する。本章で紹介する議論には必ずしも唯一の答えはないので，読者ひとりひとりが考えて，自分なりの結論を見つけてほしい。

1 開発政策論争

新古典派開発経済学) 開発経済学は，第2次大戦後にアジア・アフリカの多くの国が独立したのちに成立した，比較的新しい学問である。それまでは，宗主国にとっての「植民地経営学」はあったが，後発地域が自らの経済発展を追求するための学問が存在していたとはいえない。

開発経済学が生まれて間もない1960年代に支配的だった考え方は，先進国と同じ分析道具では途上国を診断できないこと，そして遅れて出発する後発国の工業化には政府の積極的な働きかけが必要だというものであった。そこで，資本蓄積と産業育成を加速させるためにさまざまな政府介入が行われた。経済計画が策定され，多くの国有企業が設立された。だが1970年代半ばから80年代になると，政府をテコとする開発戦略はむしろ否定されるようになった。この背景には，多くの途上国政府が政策を適切に運営する能力を欠いていたために，介入はむしろ腐敗や非効率を生むという「政府の失敗」への反省があった。振り子は逆にふれ，政府介入を小さくすることが経済成長の鍵であるという思考が主流となった。市場重視で小さな政府志向のこの開発戦略を「**新古典派開発経済学**」「**新自由主義**」「**ワシントン・コンセンサス**」などと呼ぶ。最後の命名は，この考え方を主導してきた国際機関である世界銀行や国際通貨基金（IMF）が米国の首都ワシントンに本部を置くことに由来する。

この新古典派によると，利己主義や価格競争に基づく市場メカニズムは，どの時代，どの社会にも存在する。ある国で市場メカ

ニズムが機能していないなら，それは政府によって抑圧されているためである。ゆえに新古典派の政策勧告は，歴史・文化・所得水準などにかかわらず，各国で似通ったものとなる。すなわち，インフレを抑制し，財政や国際収支の赤字を減らしたうえで（**マクロ安定化**），経済を自由化せよという勧告である。つまり，規制を緩和し，国有企業を民営化し，世界市場に飛び込めということで，IMFや世界銀行はこれを「**構造調整**」という。以上の政策により，抑圧されていた民間エネルギーが解放され，政府が余計な介入をしなくても産業が活発になり，その国は発展軌道に乗ると期待されている。この政策処方箋は，IMFや世銀から融資を受けるための条件として，多くの途上国に実際に要求され実施されてきた。1980年代のラテンアメリカやアフリカの債務危機，1991年のソ連崩壊にともなう旧社会主義国の市場移行といった課題に対して，マクロ安定と構造調整を基調とする政策勧告が提供されてきたのである。

東アジア型開発思考　日本・韓国・中国などの，先進経済へのキャッチアップに成功した，あるいは成功をおさめつつある東アジアの国々は，政府が何もしないで経済発展を民間に委ねるのがよいとは考えない。彼らは，市場や民間活力はもちろん重要だが，民間が弱い部分，相互調整が必要な部分，問題を起こしている部分を政府が支援ないし補完すること，さらには個別企業の努力をこえる国全体の戦略の策定，技術移転の促進，諸基準の制定，対外交渉などをきちんと行うことは，途上国政府の重要な役割とみなす。開発への政府の積極的関与が要請されるのである。

　だが，ことはそう簡単ではない。民間を助けるべき政府も多くの欠陥を抱えている。知識・能力の不足，腐敗・汚職，強権，保

身，ことなかれ主義，縦割り行政，政治闘争など，問題は枚挙にいとまがない。そこで新古典派は，産業政策は理論上はありえても，実際の途上国政府は間違った産業を支援したり，利益団体に乗っ取られたりするので，真にその国の利益となる政策は打ち出しえないと再批判する。これに対し積極派は，そうしたリスクはもちろん認めるが，政策能力は固定されたものではない。最初は五里霧中でも，真剣な国家指導者のもとで，政策学習や試行錯誤を通じて具体的課題に取り組むことにより政策のつくり方は学びうる。東アジアの成長実績は，それが夢物語ではないことを証明している。めざすべきは小さな政府ではなく，賢明な政府になるための継続的な学習努力であると主張する。

規制緩和はたしかに必要である。時代に合わない法令，民間を抑制する介入，形式だけの官僚主義は廃すべきである。現代日本においても，不要な規制や押し付けが民間を圧迫していることは否定しがたい。だがこのことと，まだ民間が弱く産業が少なく市場もうまく機能しない途上国で，政府はできるだけ何もしない方がよいという議論は別の話である。

この論争はけして新しくないし，アジアだけのものでもない。産業革命を最初に達成したイギリスを他の欧米諸国が追っていた18世紀末から19世紀前半にかけて，ドイツの学者フリードリッヒ・リストやアメリカの政治家アレキサンダー・ハミルトンは，後発国はイギリスに追いつくために，関税・補助金などの政策を動員して製造業を振興すべしという論を展開した（**幼稚産業保護論**）。19世紀後半の明治日本では，駐日英国公使パークスが自由貿易はすべての国にとって望ましいと説いたのに対し，大久保利通や伊藤博文はこの論を先進国が後発国を経済的に圧迫する口実にすぎないとして退け，政府による殖産興業を推進した。第2次

大戦後には、韓国・台湾をはじめとする東アジアの多くの新興経済において、程度の差はあれ、政府による政策関与が産業のキャッチアップに貢献した。

市場メカニズムだけでは経済発展が順調に進まない可能性は、理論的にも指摘されている。ジョン・ヒックスは、広範な歴史研究を通じて、モノや金融の取引では市場は機能しやすいが、労働や土地についてはうまく働かない可能性があると論じた。開発経済学者の石川滋は、市場経済とはどの社会、どの時代にも存在するしくみではなく、法令・契約を守る慣習や産業インフラが欠如している国では未発達であると説いた。アジア研究者の原洋之介も、各国の市場経済が実際にどう機能するかはその社会の伝統・思考・構造に強く左右されると主張した。

東アジアの奇跡とはなにか

自由放任を推奨する新古典派は、日本・韓国・シンガポールなどの東アジア諸国が積極的な政府介入を行いながら高成長を遂げたという事実をどのように説明するのだろうか。この点についてのかつての彼らの主張は次のようであった。東アジアで強力な政府介入が行われたというが、それは見かけのことであり、よく調べてみると、発展の真の原動力は政府ではなくやはり市場である。東アジアにおける政府の介入は、アフリカやラテンアメリカなどに比べて競争や価格をゆがめる程度が少なく、マイルドであった。このために市場メカニズムが貫徹しえた。つまり、政府介入はあったが少なかったという消極面こそが評価すべき点である、というのである。だが、このような議論はすべての人々を納得させることはできなかった。

1990年代に入ると、世銀はこれまでの「市場は善、政府は悪」という二元論を徐々に修正しはじめた。その最初の兆しは、

1991 年版世界開発報告（年次報告書）に見ることができる。政府は開発を細部にわたって管理すべきでないとする点においては，この報告は従来と同じであったが，他方で，それにもかかわらず，政府にはなすべきこともたしかにあると主張したのである。政府の禁止事項と実施事項を並列させたことは，これまでの一方的な市場礼賛から離れる第一歩であった。政府のなすべき「**基礎的政策**」とは以下の4つである。第1に，ヒトのための初等教育・保健衛生・家族計画。第2に，競争を促進するための規制緩和およびインフラ整備。第3に，輸入保護や外資規制を緩和・撤廃する対外開放。第4に，マクロ経済安定。すなわち，政策は特定の産業や企業を支援するのではなく，経済全体のしくみを改善する一般的なものであるべきという考え方だ。どの産業や企業が勃興するかは，政府ではなく市場が決めるべきことである。世銀はこれを「**マーケット・フレンドリー・アプローチ**」と呼んだ。

1993 年には，「**東アジアの奇跡**」と題する世銀報告書（以下，奇跡報告）が発表された。これは，世銀政策に不満をもつ日本政府の働きかけによって世銀内に実現した研究である（その経緯は日本語版のあとがきに詳しい）。奇跡報告は，開発の究極目標として「成長のわかちあい」（成長と分配の同時達成）を掲げたうえで，これを実現するためには資本蓄積・効率的な資源配分・生産性向上の3つが必要とされた。さて問題は，この3つを高めるにはいかなる政策が必要かである。奇跡報告によると，それには2つの方法がある。第1は，政府は個別産業に介入せず，マクロ安定や人的資本などの市場経済の枠組みつくりに徹するという「基礎的政策」である。これは 1991 年報告と同じである。だが奇跡報告は，もう1つの政策可能性にも言及した。それは，制度（政策能力）の整った政府が，企業間競争を促しながら民間を育てると

いう「コンテスト・ベース」の産業振興である。これは，報酬・ルール・審判を設定したうえで各企業に競わせるという，政府が管理する一種のゲームである。報酬とは，たとえば補助金・低金利融資・税の減免などであり，これらを輸出目標を達成した企業に与えるのである。このゲームは自由放任よりもむずかしいが，うまく運営されるときには市場競争よりも「より優れた結果を引き出すことができる」（邦訳92頁）という。

「政策能力の高い政府」という条件がつくものの，このような可能性を世銀が認めたことは驚くべきことである。ただし，このゲームが許される分野は輸出振興であって，金融（低金利）政策については，日韓にはできたが他国にはむずかしいとして推奨されなかった。さらに，個別業種をターゲットする産業振興については，東アジアでさえも成功したという証拠はないとして強く退けられた。まとめると，奇跡報告は，積極的な政府介入の意義を一部の国や分野に限って条件つきで認めた点が新しい。だが，介入には政府の高い能力が必要であり，それを準備することはきわめて困難だから，一般の途上国はまねをしない方がよいと釘をさしている。

奇跡報告に対し，日本の開発経済学者はいくつかの批判を行った。すなわち，①報告は個別産業の生産性や効率を見ただけで経済全体の長期的発展を見ていない，②報告のデータ分析には多くの技術的問題がある，③東アジア全体の地域内連関や構造転換連鎖が検討されていない，④開発戦略は各国の現状に応じて多様であるべきだが，報告はすべての国に適用しうる最大公約数を追求している，⑤指導者の質・政治・宗教・民族・格差・国内対立といった非経済要因がとりあげられていない，などである。

奇跡報告を読んで印象深いのは，低金利
政策にせよ，重化学工業化にせよ，同じ
政策が東アジア（とりわけ日韓）では成

功し，他の発展途上地域ではほぼ失敗に終わったという対照的な
結果である。これはどのように説明されるのだろうか。これは，
経済成長の成否は「何をするか」のメニュー（What）よりも，そ
れを実施する政府の能力（How）に大きく依存することを示唆し
ている。そして，政府の腕のよさを決めるのが，優秀な官僚機
構・適正な官民関係・所得再分配メカニズムなどの「制度能力」
（institutional capacity）である。この優劣が，その経済の運命を決
めるのである。

そうすると，そのような制度能力をもたない国にとって経済発
展はそもそも可能なのかという疑問がわいてくる。奇跡報告では
この点が曖昧である。制度能力は運命によって与えられたものな
のか，それとも努力によってつくりだしうるものなのかが整合的
に論じられていない。報告の結論部分では，日本や韓国には優れ
た制度があったが，それをもたない国は東アジアのまねをすべき
でないという警告を発している。他方，奇跡報告の第4章「成
長を共有するための制度的基盤」を読むと，諸制度は各国の政策
努力によって構築しうるというニュアンスがきわめて強い。この
いずれの立場をとるのかによって，開発戦略は大きく異なってく
る。

奇跡報告の第4章を執筆したのは政治経済学者のエド・カン
ポスであった。彼が共著した別の書物『アジアの奇跡への鍵』で
は，この問題がより深く議論されている。それによれば，東アジ
アが「成長のわかちあい」を実現できたのは，政府がそれを支え
るための諸条件を意図的につくりだしたからである。つまり，も

政策能力は与えられた
ものなのか

し制度構築に同様の努力がなされるならば，東アジア以外の国でも経済発展を達成できるはずである。では，その諸条件とはなにか。カンポスらによると，それは，①すべての国民が取り残されることなく経済発展に参加できるしくみ（教育訓練・土地改革・地方開発・中小企業振興など），②情報共有・相互尊重・共同決定に基づく敵対でも癒着でもない生産的な官民関係，③私利私欲から離れて社会全体の福祉を追求する優秀な経済官僚エリート，の3つである。

　以上の議論を経て，世銀の1997年版世界開発報告は，政府の能力は改善しうるしまたそうすべきであるという議論を展開するに至った。そこでは，以下のような二部戦略が提唱された。第1に，現時点の指針として，各政府は自己の能力に見合った介入をすべきである。官僚がしっかりしていて政策能力が高い政府は，特定業種の振興も含め，積極的な政府介入を行うのもよいだろう。他方で政策能力の弱い政府は，欲張らずに分相応の「基礎的政策」に専念すべきである。第2に，長期的な目標として，弱い政府は制度能力を向上させていくべきである。このための努力項目として，権力の乱用を防ぐためのルール，官僚の採用・昇進や政府サービス提供における競争原理の導入，国民の声の反映，の3つが指摘された。これはカンポスの3条件とも重なる。

　議論がここまで進むと，政府は小さければ小さいほどよいとする極端な市場偏重は影を潜め，世銀と日本の見解はかなり接近したように見える。ただし，世銀は巨大な組織であって，その研究部門の一部が東アジアの論客と協議しても，世銀の意思決定をつかさどる理事会あるいは世銀の一般職員がそうした議論を理解したり承認しているわけでは必ずしもない。途上国の開発現場では，市場か政府かといった単純な二分論が今でも時々戦わされている

のである。

2 日本の開発協力アプローチ

自助努力と卒業への期待

日本の開発協力は，第2次大戦中に日本が侵略した国々への賠償という形で1954年に開始された。その後，日本自身の経済発展や国際化努力により援助額は順調に伸び，1989年から約10年間にわたって世界最大の援助国となった。だがその後の日本は長期不況や財政危機に陥り，**図5-1**に見るように，援助は伸び悩み，いまやアメリカやドイツなどに大きく抜かれてしまった（ただし援助額の国際比較は，総額と純額の違い，借款〔融資〕の扱い，計算法の改定などの技術的要因があり，かなりめんどうである）。

こうした量的増減にもかかわらず，日本の開発協力は他の援助国とは異なるユニークな特徴をもち，それは半世紀以上ほとんど変わっていない。その特徴は日本自身の過去の開発経験からくるものであり，また日本の得意分野を反映するものでもあった。時代とともに新たな項目が加えられたものの，コアの部分は変わらなかった。では，その特徴とはなにか。

まず日本の援助の根幹として「**自助努力**」(self help) の原則があげられる。これは，援助とは，貧困や危機に陥った国が困難突破のために一時的・補助的に利用するもので，経済発展は本来途上国自身の努力によってなし遂げられなければならないという考え方である。日本はこの努力に対し，わき役のサポーターに徹したい。後発国は，いつまでも援助をもらい続けるのではなく，経済成長を実現してできるだけ早く援助から卒業し，さらには援助

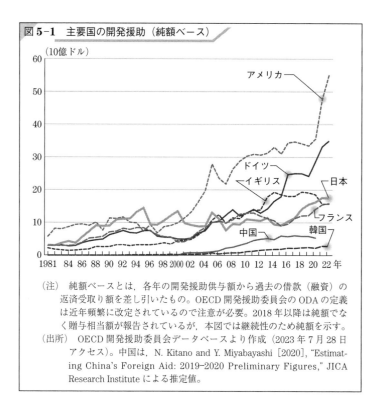

図5-1　主要国の開発援助（純額ベース）

（10億ドル）

（注）　純額ベースとは，各年の開発援助供与額から過去の借款（融資）の
　　　　返済受取り額を差し引いたもの。OECD 開発援助委員会の ODA の定義
　　　　は近年頻繁に改定されているので注意が必要。2018 年以降は純額でな
　　　　く贈与相当額が報告されているが，本図では継続性のため純額を示す。
（出所）　OECD 開発援助委員会データベースより作成（2023 年 7 月 28 日
　　　　アクセス）。中国は，N. Kitano and Y. Miyabayashi ［2020］, "Estimat-
　　　　ing China's Foreign Aid: 2019−2020 Preliminary Figures," JICA
　　　　Research Institute による推定値。

する側に回ることが要請される。実際，アジアのかつての途上国
の多くは今は援助する側になった。卒業するために努力する国を
一時的に支援するという考え方は，富者は貧者を助ける道徳的義
務を負うという慈善思想とはまったく異なる援助理念である。

　日本が長年得意としてきた支援分野の 1 つは産業人材の育成で
あり，もう 1 つは電力・運輸をはじめとするインフラ建設である。
またこれらを提供するのみならず，日本の援助が終わったあとも
途上国がこれらを維持できるような「制度」を国内に構築するこ
とも大事である。これはすなわち，経済成長に不可欠なヒトとモ

ノを途上国につくることであり，自助努力の支援そのものといってよい。これらを基本メニューとして，日本の開発協力には環境・防災技術，人間の安全保障，質の高いインフラなどが順次加えられてきた。地理的には，かつてはアジア地域への援助が主だったが，東アジアの多くの国が援助を卒業したあるいはしつつある今，協力の比重は南アジア・アフリカなど他の途上地域へとシフトしている。また以上の中長期開発支援とは別に，災害や戦禍に見舞われた国への緊急援助も行われてきた。

――――――――――――
日本の開発協力の特色 ）
――――――――――――
自助努力をスローガンとする日本の開発協力には，他国とは異なるいくつかの特色が見られる。

第1に，開発における**政府の役割**を重視する。すでに述べたとおり，途上国政府は民間の発展を支援すべき立場にあるが，現実には知識不足や汚職腐敗など多くの弱点を抱えている。日本の考え方は，能力の低い途上国政府は産業振興から手を引くのではなく，学習と試行錯誤を通じて賢い政府になる努力をすべきというものである。

第2に，個別産業についての関心がある。開発協力において，産業や企業を区別せずに広くサポートする政策を**一般的産業政策**ないし**水平的介入**という。たとえば初等教育，ビジネス環境の改善，中小企業振興，競争の促進などである。他方で，優先業種を選定し，その人材・技術・投資・輸出などを伸ばそうとする政策を**選択的産業政策**ないし**垂直的介入**という。これは，ある国が強化すべき業種は農産加工か，縫製か，ITか，自動車かといった問題に対し，その答えを市場だけに任せるのではなく，政府が民間とともに考え，時には政府が主導することを意味する。世界銀行やIMFは水平的介入は推奨するが，垂直的介入は否定する。

これに対し，日本は水平的介入と垂直的介入がともに必要と考え，その両方を支援する。たとえば，日本はアルゼンチン・ベトナム・エチオピアなど多くの途上国政府と政策対話を行ってきたが，そこでとりあげられるテーマは，外資誘致・輸出促進・民間振興・競争政策といった全業種に関わる施策に加えて，優先業種の選定とその振興のための提言を常に含んでいた。

　第3に，第2の特徴とも関連するが，実物経済への強い関心があげられる。具体的には農業や工業，あるいはそれらの個々の製品や課題に対する現状把握と問題解決への関心である。これはものづくりを得意としてきた日本にふさわしい方針といってよい。よくとりあげられる課題としては，品質向上，生産性，製品開発，物流・通関の効率化，基準・資格の策定，グローバル・バリューチェーンへの参加などがあげられる。日本の開発専門家は，国際会議で発言したり立派な報告書を執筆するのは苦手だが，そのかわり実際の生産が行われている農場や工場に入り込み，製品や機械や材料を手に取りながら現地の人たちを指導するという「**現場主義**」が顕著である。そこでは，その土地に合った品種，道路や港湾や工業団地の規格，機械設備の点検方法といった具体的事柄が重要となる。これに比べ，米国や英国などの開発協力では，担当者はプロジェクトをパソコン上で管理するものの，現場作業は業務契約を結んだNGOやコンサル企業に任せ，その報告書を読んで評価するというパターンが多い。日本のやり方は途上国の現場の工員や農民に強い印象を与えるが，途上国政府や世界へのアピールや新国際枠組みの創設といった対外発信力が弱いという問題がある。また，デジタル技術の進展が産業の形を変えつつあるいま，昔ながらの現場主義が将来にわたって有用か否かは検討に値する課題である。

第4に，各国の多様性が強調される。すなわち，日本のモデルをそのまま途上国に持ち込むのではなく，その国の現状やニーズに合わせて修正しようとする努力である。職業訓練にせよ中小企業育成にせよ，日本がもつ技術や制度が別の国にフィットするとは限らない。あるモデルは複雑すぎ，他のモデルはその国の国民気質や社会構造と合わない。日本の開発官僚や専門家は，オリジナルモデルをどのように修正すればよいかをかなり気にする。これは，日本自身が長い歴史を通じて仏教，中国の文化・制度，西洋技術などを変更を加えながら輸入してきたという経験からくるものであろう。これは，世界のベストプラクティスは1つだとして，どの国にも同じものを奨励する紋切り型（one size fits all）の支援とは対極をなす考え方である。

　以上の日本の開発協力理念が1950年代以来ほとんど変わらなかったのに対し，欧米が主導する国際援助コミュニティーでは強調されるテーマが時代とともに変遷してきた。世界銀行や**国連開発計画**（UNDP）の政策の重心は，インフラや生産設備（1960年代），教育や保健（1970年代），マクロ経済調整と自由化（1980年代），債務救済や体制移行（1990年代），貧困削減やガバナンス（2000年代），SDGsの実践および産業やインフラへの関心の復活（2010年代）と目まぐるしく移り変わった。イギリスでは，自国利益をまったく追求しない援助から国益追求への援助へと180度の転換さえ見られた。アメリカは途上国の民主主義の有無を重視しているが，2001年以降はテロとの戦いが重要目標となった。これらに対し，日本の開発協力が，その内容のユニークさに加え，時を通じて一貫していたのは驚くべきことである。

3 後発国のキャッチアップとはなにか

ここであらためて，途上国にとって**経済発展**とは何であるかという根本問題を考えたい。途上国は，現代世界を支配している理念や技術を生み出したわけではなく，それらを外から取り入れる立場にある。彼らにとって「工業化」「近代化」「西洋化」「市場化」「経済発展」といった言葉はほとんど同じ意味に使われており，それは先行諸国の技術や制度，さらには価値や文化までも自国に導入し，後発者としての追いつきを図ることにほかならない。これはこの数世紀の経済開発がそういう形式をとったということであって，長い世界史を通じてずっとそうであったわけではない。

　歴史をふりかえると，動力機械と大量の賃金労働者を用いる産業革命を初めに実現したのは，18世紀後半のイギリスであった。その後1世紀の間に，新たな生産技術と社会組織は欧米に広く波及した。欧米列強はその経済的・軍事的優位性を背景に，20世紀前半までにアジア・アフリカなどの大部分を植民地化した。一方，欧米以外の社会では工業化はなかなか進展しなかった。その中で，欧米へのキャッチアップを最初に開始した国は日本である。明治維新後の急速な制度改革と技術輸入により，日本の経済は19世紀末，あるいは遅くとも20世紀初めまでにはかなりの工業化を達成した。その後，侵略戦争と敗戦，1950〜60年代の高度成長期を経て，1970年前後には，1人当たり所得でアメリカに次ぐ世界第2位の先進国となった（第6章参照）。だが日本以外の非欧米諸国が本格的に工業化を始めるのは第2次大戦後のことで

ある。その後の東アジアのめざましい経済成長は，先進国となりうるのは欧米のみだとか，日本はその唯一の例外であるといった通念を打ち砕いた。日本以外の非欧米諸国にもキャッチアップが可能であることが証明されたのである。だがこのチャンスはすべての途上国に開かれているわけではない。

キャッチアップにおける困難

すべての国がキャッチアップできない理由の1つとして，自国社会と外来要素の相性の問題がある。経済発展を加速するために先進国から導入される技術や市場原理は，その社会には以前存在しなかったものであって，これらの外来要素がその社会に根づくかどうかは保証されていない。たとえ根づくとしても，非欧米社会はその過程において大きな変容を強いられる。

社会にはいろいろなタイプがある。定住農耕を基礎とする結束の強いムラ社会もあれば，広大な土地を移動する遊牧民の社会もある。宗教が政治・経済・文化を支配する社会もあれば，多様な民族・文化が共存する開放的な国際商業都市も存在する。これらの多様な社会に成立する経済の様式もさまざまである。経済人類学者カール・ポランニーは，「経済は社会に埋め込まれている」と述べた。すなわち，経済のあり方はその社会の性格によるのであって，農耕社会のムラの互助組織をそのまま国際商業都市にもっていくことはできない。それぞれ個性の強い途上国社会に，外来の市場経済は持ち込まれるのである。

一方，持ち込まれる側の市場経済もきわめて要求の多いシステムであって，それはどんな社会でも成立するというわけではない。市場経済が順調に発展するためには，所有権・契約の履行・経済的自由・企業組織・賃金労働者・新技術の受容・金融システム・会計制度・情報公開などがきちんと機能しなければならな

い。精神的にも，向上心・長期志向・進取の気性・起業家精神などの条件が不可欠である。これらの条件を初めから完備する途上国はおそらく存在しないし，これらを自然に生み出すようなメカニズムも途上国には内蔵されていない。それでも途上国は先進技術と市場経済の導入を欲する。より正確にいえば，途上国の政府が自国の経済発展のために，国際機関や援助国の支援を受けながら，グローバルな市場経済システムの中に自らを組み込もうとするのである。

　ここに，個性の強い社会と要求の多い市場経済の「相性」という問題が生じる。「いかなる社会にも自由放任によって市場経済が生成する」という新古典派開発経済学の想定は，多くの途上国については当てはまらない。たしかにある社会では，比較的軽微な調整によって外来の市場経済を受容できるかもしれない。しかし別の社会では，在来要素と外来要素が不適合なために市場原理が根づかず，社会の停滞や不安定を引き起こすかもしれない。勤労を貴ぶ伝統が希薄な国，宗教が社会を強く支配する国，カースト間や民族間の対立が激しい国などにおいては，国全体に市場経済を徹底することはおそらくむずかしい。

| 途上国政府の役割 |

さらに政治的には，外来要素の輸入に際して積極的に受け入れようとする革新派と自国の伝統を守ろうとする保守派の対立が生じることが多い。昔ながらの文化は人々の生活の中に血肉化しており，そう簡単に取り替えることはできない。自国社会が外国社会と異なれば異なるほど，また異文化流入が速ければ速いほど，両者の相克は激しいものとなる。自分たちは何者なのか，外来物はわれわれのよい部分を壊すのではないかといったアイデンティティ危機が生じる。社会の動揺はしばしば政治闘争の原因となる。日本でも，幕末期

に「開国派」と「尊王攘夷派」が対峙したことが知られているし，古くは飛鳥時代に仏教導入をめぐって推進派の蘇我氏と反対派の物部氏が対立した。これは日本のみならず，優勢な外来文化を輸入せねばならない社会で必ず起こる現象である。現在の途上国でも，自国の伝統と外来の事物の折り合いをどうつけるかが重要な問題となる。

　このように考えると，外来の思想や制度や技術は，入ってくるままに放っておけばよいというものではない。自国にとって有益なものを選びながら混乱のリスクを最小化する努力が必要となる。その努力をだれがするかといえば，ふつうは政府以外にありえない。政府はヒトやモノやカネの対外交流を管理する権限をもつので，それをいかに促進ないし制限するかは重要な政策事項となる。経済人類学者の前川啓治は，外国の事物をオリジナルの形ではなく，自国社会の現状に合うよう選択かつ修正しながら輸入する作業を「**翻訳的適応**」と呼んだ（図 **5-2**）。これをすることにより，異文化発の事物は自国社会の文脈や意味合いに置きなおされ，拒絶反応を減らしたうえで，よい部分を採用できる。前川は，翻訳的適応に成功した例として明治日本をあげている。だが一般に，翻訳的適応は非常に困難な事業である。途上国はそれぞれ異なるから，他国の翻訳的適応のやり方をまねてもうまくいかない。その方法は，自国の実情に合わせて各国ごとに考案されなければならない。

　さらには，経済開発が国単位で行われる大事業だとすると，その「国」が本当に 1 つの社会として統合されているかどうかも問題になる。もし国と呼ばれるものが，言語も宗教も異なり，たがいに敵意を抱く多数の民族集団や地方勢力の集合にすぎないならば，開発のために彼らの一致協力を得ることはむずかしいであろ

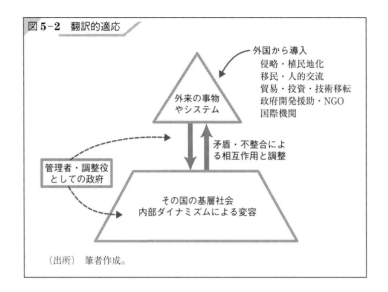

図 5-2　翻訳的適応

外来の事物
やシステム

外国から導入
侵略・植民地化
移民・人的交流
貿易・投資・技術移転
政府開発援助・NGO
国際機関

矛盾・不整合による相互作用と調整

管理者・調整役としての政府

その国の基層社会
内部ダイナミズムによる変容

（出所）　筆者作成。

う。このような場合，まず運命共同体としての「国民」と「国家」を人々の心の中につくり出す人為的工夫が必要となる。たとえば，新たな共通言語・文化・スローガンの創作，連邦制の採用，閣僚を各地域から平等に選ぶ，各地域への予算配分も平等に行うなどである。これが，「国民国家の想像と創造」と呼ばれる作業である。すなわち，自分は何々族や何々教の人間ではなく「インドネシア人」あるいは「エチオピア人」であるという意識を育てることである。そしてその実行者も，やはり政府以外には存在しない。

　こう考えると，先進国へのキャッチアップをめざす途上国の政府は多くの任務を果たさなければならないことがわかるであろう。これらをきちんと実行できるかどうかが，その国がキャッチアップに成功するか否かの分岐点となるのである。

4 開発を進めるための政治体制

東アジアを理解するためには，経済事情 や開発政策だけでなく，急速な工業化を

可能にした政治体制にも焦点を当てなければならない。過去の東アジアに特徴的だった権威主義開発体制を検討し，その現代的意義を考えてみよう。

途上国政府は社会を統合し，市場経済を育成し，その過程で発生する問題を軽減するためにさまざまな政策を適切に打ち出さなければならない。にもかかわらず，現実の途上国を見ると，多くの場合，政府自身が腐敗・無能・非効率・官僚主義・政治圧力・権力闘争といった多くの欠陥を抱えている。つまり政府は，政策の実行者であるとともに自らも改革の対象であるという二重の性格を備えている。それはあたかも，病に冒された医者のようなものである。政府が弱いから経済が停滞する。経済が停滞するから社会が混乱する。それが政府の力をますます弱める。これが，途上国が直面する最も深刻な悪循環である。そのような国に，国際機関が何十項目からなる政策リストを渡してすぐに実行しなさいといっても，できないのは当然である。何をすべきかがわからないのではない。それはほぼわかっているが，どうにも身動きがとれないのである。この苦境から脱出して開発経路に乗る方法はないだろうか。

1970年代から80年代にかけて，多くの中南米諸国は政変や軍事クーデタに見舞われ，経済は混乱した。この危機を説明するために，政治学者のサミュエル・P. ハンティントンとジョアン・

M. ネルソンは2つのジレンマモデルを提示した。その1つは，強権によって人権や民主主義を抑圧し，経済成長に突き進む「**テクノクラティック・モデル**」である。これにより生産や投資は高まるが，貧富格差が拡大する。貧困層の不満は高まり，政府はますます抑圧的になる。ついには大規模なデモや反政府運動が爆発し，社会は大混乱に陥る。もう1つのモデルは，初めから民主主義をとりいれて自由な政治参加を許す「**ポピュリスト・モデル**」である。そうすると財閥・軍・地主・農民・労働者などの利益集団が経済の分け前をめぐってせめぎあうために，極端な貧富の差は生まれにくいが，一貫した政策を打ち出せないから経済は成長しない。経済停滞のもとで，各集団はますます要求を激化させる。この混乱を収拾するために軍事クーデタが発生し，一挙に抑圧的な政治に逆戻りしてしまう。結論はきわめて悲観的である。いずれのモデルを選択するにせよ，最終的には危機に陥ってしまう。この推論が正しいならば，途上国にとって，民主主義と経済発展を同時に達成するような道はないということになる。

　ところが東アジアを見渡すと，たしかに波乱はあったけれども長期的な停滞に陥ることなく，ダイナミックな経済発展を遂げたあるいは遂げつつある国が多数存在する。彼らは，上で指摘したような政府の弱さや経済と政治の矛盾をどのように克服したのであろうか。この問いに対する東アジアの解答は，強くて賢い政府の（一時的）導入であった。

　東アジアの途上国によく見られた政治体制を，渡辺利夫は「**権威主義開発体制**」と呼ぶ。村上泰亮はより簡潔に「**開発主義**」と名づけた。一般には「**開発独裁**」という言葉が用いられることが多い。その意味するところはほとんど変わらない。渡辺の定義によると，権威主義開発体制とは，「強力な軍・政治エリートが開

発を至上目標として設定し，有能な官僚テクノクラート群に開発政策の立案・実施にあたらせ，開発の成功をもって自らの支配の正統性の根拠とするシステム」をさす。この強引ともいえる上からの導きが，「よい生活をしたい」と願う国民の心情とうまく共鳴するとき，その国は経済成長の道を歩み始める。

権威主義開発体制が満たすべき条件としては，①開発に情熱を傾ける強くて賢い国家指導者，②最高国家目標としての経済開発，③国家指導者を支え政策をきちんと実行する有能なテクノクラート（技術官僚グループ），④政権に正統性を与える経済成長の実現，⑤所得向上を歓迎し政権を支持する多くの国民，の5つがあげられる。

この体制は2種類の政策を行わなければならない（図5-3）。第1に，経済を成長させるための産業政策。すなわち教育訓練・企業支援・インフラ建設・外資誘致・技術導入などである。第2に，成長の果実を一部の特権階級に独占させることなく国民に広く分け与え，また成長が生み出す環境破壊・都市集中・交通混雑などを緩和する社会政策である。これは具体的には，農地改革・初等教育・住宅供給・中小企業支援・農村開発・少数民族支援，さらには環境保護・地方分散・交通政策などからなる。産業政策と社会政策をセットで実施することが，力強い成長を生み出し，それにともなう貧富格差の拡大をくいとめ，上述のテクノクラティック・モデルの失敗を回避するのである。

| 韓国の経験 |

ここで，権威主義開発体制の典型であった韓国と台湾を概観しておこう。

韓国は，1950年に発生した朝鮮戦争で甚大な被害を被った。当時の韓国は，北朝鮮に比べて貧しく天然資源も少なかった。政治の腐敗も甚だしかった。当時の韓国をかろうじて支えていたの

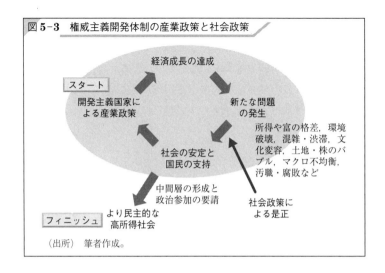

図5-3 権威主義開発体制の産業政策と社会政策

経済成長の達成

スタート

開発主義国家に
よる産業政策

新たな問題
の発生

所得や富の格差，環境
破壊，混雑・渋滞，文
化変容，土地・株のバ
ブル，マクロ不均衡，
汚職・腐敗など

社会の安定と
国民の支持

中間層の形成と
政治参加の要請

社会政策に
よる是正

フィニッシュ　より民主的な
高所得社会

（出所）　筆者作成。

はアメリカの軍事・経済援助である。韓国経済はきわめて弱体で，
この国が力強い成長をすることなどほとんど考えられなかった。

　この韓国を根本的に変えたのは，1961年の軍事クーデタで政
権を握った朴　正熙である。儒教に基づく文人政治の伝統が強か
った韓国において，経済近代化を強力に推進しうるエリートは軍
以外には存在しなかった。権力を掌握した軍は，商業をさげすむ
従来の思想を捨て，経済発展の実行部隊として経済企画院を中核
とするテクノクラート群をつくった。クーデタの翌年にはすでに
第1次経済開発5カ年計画が発表されている。1960年代の朴政
権は，政府主導のもとでチェボル（財閥）による輸出振興を強力
に推し進め，そのための技術と資金は外国に大きく依存するとい
う戦略をとった。その際，政府が配分先を決める政策金融が重要
な役割を果たした。

　1970年代になると，重化学工業化が国家目標となった。チェ
ボルもそれに応じ，自動車・鉄鋼・造船・電子といった産業が育

4　開発を進めるための政治体制　　153

成された。同時に国内で労働者の権利要求や市民的自由を求める声が高まり，対外的には北朝鮮との緊張が続き，しかも米軍の朝鮮半島への関与が減少するという事態が生じた。これらの内外危機に対し，朴政権は非常戒厳令や維新憲法を通じて，国民への締め付けをますます強化した。この緊張は，1979年に朴大統領が暗殺されるまで続く。

朴の死後，1980年には「ソウルの春」と呼ばれる民主化運動が盛り上がったが，新たに政権を握った全斗煥（チョンドゥファン）によって武力鎮圧されてしまった。その後，1988年に盧泰愚（ノ テ ウ）大統領が初めて国民によって選出され，1993年の金泳三（キムヨンサム）政権が登場して，韓国はようやく民主化の道を歩み始める。

| 台湾の経験 |

1949年末，蒋介石の率いる国民党は，中国大陸における共産党との戦いに破れて台湾に逃れた。中華人民共和国を成立させた共産党政権は「台湾解放」をスローガンに掲げていたから，国民党政権の存亡は風前のともしびのごとくであった。台湾は，強大な共産中国との対立の中で国づくりを進めざるをえず，経済力の増強がそのための最優先課題となった。

台湾の権威主義開発体制を指導したのは，蒋介石と彼をとりまく国民党エリートである。彼らは，大陸での敗北の理由が彼ら自身の無能・腐敗とそれによる民心離反にあったことを自覚した。この反省を踏まえ，彼らは経済発展を至上の国家目標とする新官僚群に生まれかわった。

改革は次々に打ち出された。汚職を厳しく取り締まり，植民地時代の日本企業は国有化された。農地改革により地主層を解体し，農民の生産意欲を高めた。アメリカの援助を受けながら投資を促進し，外資を導入し，為替レートを統一した。台湾経済は1964

年頃までに復興を終え，それ以降は工業化を軸にした高度成長期に突入していく。

　台湾政府の政府介入は韓国ほど強力ではなかった。経済成長の担い手は，巨大な財閥ではなく無数の中小企業であった。また，コメ・砂糖などの農業生産が順調に拡大し，それが工業化のための資本や外貨を提供したことも，韓国には見られない特徴であった。台湾政府は，1973 年より国有企業を主体とする重工業化計画（「十大建設」）を開始したが，その成果ははかばかしくなかった。むしろ民間活動を支えるためのインフラ整備，輸出加工区の設置，技術導入，マクロ安定などの間接措置が工業化に貢献したといえよう。

　その後台湾は，国際的孤立という新たな試練に直面する。1965 年にアメリカの援助が打ち切られ，1971 年には米中国交回復と台湾の国連脱退，翌年には日中国交回復が実現した。国際社会が中国を認知するにつれ，台湾は外交上きわめてきびしい状況に追い込まれた。この絶望的な国際政治環境が，台湾の工業化・先進国化への傾斜を加速したことは想像にかたくない。

　蒋介石の死後，1975 年に息子の蒋経国が政権を継承し，経済は引き続き順調に発展した。1980 年代になると，台湾でも民主化運動が始まる。この動きは，1988 年に成立した李登輝政権による，国民党支配のもとでのトップダウン改革によって進展する。台湾の権威主義から民主主義への移行は，韓国の場合よりも流血や弾圧は少なかったといえる。

成長後の体制溶解

権威主義開発体制は独裁の一種であるから，人権・自由選挙・議会・三権分立・少数意見の尊重といった民主主義の諸要素は抑圧されるか，あっても形骸化される。ゆえに欧米の価値基準からすると，この体制

はきわめて非民主的ということになる。ただし，独裁なら何でもよいというわけではない。権威主義開発体制は，全権力を個人に集中させたスターリンや毛沢東，あるいはラテンアメリカ型軍事独裁といった経済成長に失敗した諸体制とはまったく異なる。単に強権を振りかざす独裁ではなく，先にあげた5条件を満たす独裁でなければならない。そうしたタイプの独裁政権が比較的多く誕生したという点が，東アジアの際立った特徴といえよう。渡辺は，権威主義開発体制を生んだ国々はいずれも外からの軍事的脅威にさらされていた点を強調する。中国の圧力を受けた台湾，北朝鮮の軍事的脅威に備えた韓国がその典型であった。

　権威主義開発体制は，あらゆる社会が理想としてめざすべきモデルではない。それはある国のある時代に経済的キャッチアップのために採用される，一時的・便宜的な体制である。その意味で，民主主義とはまったく性格を異にする。それはあたかも，衛星打ち上げにおける第1段ロケットのようなものである。それは打ち上げに不可欠だが，ある高度に達して目的を果たせば切り離されなければならない。もし切り離せなければ，役目を終えた推進装置はむしろ足かせになる。韓国や台湾の「切り離し」，すなわち民主政治への移行開始は1980年代後半に起こった。渡辺は，「権威主義体制のもとでの開発戦略が成功裡に進められるならば，その帰結として，権威主義体制それ自体が『溶解する』という論理が存在している」と述べている。より詳しくいえば，経済が発展し所得が高まることにより，①会社員・専門職・学生といった民主主義を支持する人々（中間大衆）が人口比で増える，②対立を暴力ではなく議論や選挙を通じて解決しようとする態度や価値観が広まる，という2つの社会的変化が生じ，これが民主主義を希求する圧力となるのである。

だがこれらの圧力によって権威主義開発体制が必ず溶解すると考えるのは楽観的にすぎる。所得が高まり，国民がより多くの自由を求めても独裁が継続する，あるいはむしろ強化される事態は現実にありうる。中国は中所得から高所得へと進みつつあるが，政治権力の集中が揺らぐきざしは今のところ見られない。

　権威主義が自動的に解体しない理由としては，独裁者の権力へのしがみつき，国民に対する弾圧メカニズムの強化，軍による政治掌握ないし干渉，官僚機構や利益集団による抵抗などがあげられよう。大統領や首相が退任後にしばしば批判され投獄されるような国では，独裁者はますます権力を手放そうとしなくなる。ゆえに，権威主義開発体制を経済発展に最大限利用したのちに自由な社会に移行するという戦略は，その「開始」と「卒業」の双方において大きな体制変換が要求される。これらの体制転換がうまく行われるか否かが，この戦略の有効性を決める鍵となる。

| 開発独裁への批判 |

　権威主義開発体制についてはさまざまな見解がある。過去の評価をめぐっても，現在この体制から何か学びうる点があるかについても，議論は続いている。とりわけ，欧米と東アジアの開発担当者間の見解の差は大きい。欧米では，時代や各国の発展段階にかかわらず，民主主義を常に優先すべきであり，開発独裁などとんでもないという意見が多い。たとえば，開発経済学者ダニ・ロドリックは，「成長を手に入れるために民主化を遅らせるとか，民主主義はそれが可能になるまで待つべきとかいった考え方に私は賛同しない」と述べている。またノーベル賞経済学者アマルティア・センは，「自由の拡大は，それ自体が究極目標であると同時に，開発のための主要な手段でもある」と論ずる。これらは，民主主義の導入はすべての社会に要求される前提条件だという主張である。たとえ国

民が非常に貧しく産業が未発達でも，それは民主主義を採用しない言い訳にはならないというわけである。

　これに対し，政治体制としての民主主義は，経済体制としての市場メカニズムと同様，すべての社会で機能するものではないという考え方がある。市場経済を成り立たせる条件がすべての国には備わっていないことはすでに述べた。政治についても，国民の大部分が政治や政策に無関心だったり，話し合いではなくテロや武力で対立を片付けようとする態度が支配する国では，法律・人権・選挙・議会・三権分立などを形式的に導入しても本来の機能を果たさない可能性が高い。選挙は自由でも公正でもなく，議会は独裁者のいいなりになり，憲法は為政者の都合で変えられ，警察や司法は国民を圧迫する道具となってしまうリスクがある。だが経済が貧困を脱し，国民生活にゆとりがでてくると，中間大衆が形成され，人々が政治参加を要求し，暴力でなく対話と妥協で物事を解決すべきという社会規範が広く受けいれられるようになる。その時初めて，民主主義の諸制度は本来の機能を発揮しはじめる。大正デモクラシーを指導した吉野作造は，1916 年の論文で，国民がよく教育され，政治家は形のうえでは国民に奉仕しながら実質的に彼らを指導する能力がなければ，憲政の本来の姿は実現できないと説いた。

　民主主義は人類にとって普遍的価値だから，所得・歴史・社会構造にかかわらず，途上国は最初からそれを採用すべきだろうか。それとも，貧困を脱して一定所得に達するまでは，正常に機能しない形式的民主主義よりも強い政府がよいのだろうか。その場合，たとえ開発政策の強い権限は政府に与えるにしても，基本的人権，表現・移動・職業の自由，公正な選挙といった要素は死守すべきという議論はどうか。21 世紀の途上国は，東アジアの過去の政

治経験をそのままコピーできないにせよ，部分的に学べる何かはないのか。これらの問題にはいまだ結論が出ていない。

非開発的独裁政権の増加

最後に，懸念すべき1つの傾向について触れておこう。

1950〜80年代は米ソ冷戦の時代であった。当時多くの途上国はいずれの陣営にもつかない非同盟主義を標榜したものの，現実には資本主義陣営か共産主義陣営に属してその盟主から援助・貿易・軍事などの便益や庇護を得た国が多かった。どちらかに忠実な限り，国内政治についてはあまり口出しされなかった。だが1991年にソ連が崩壊すると，勝者アメリカが主唱する民主主義と市場主義を（形の上だけでも）導入しなければ国際的に認知されず，経済援助や国際機関の支援も見込めない状況となった。これが**ポスト冷戦時代**である。

だが21世紀に入り，アメリカの勢力が衰え中国が台頭してくると，途上国の方針はアメリカ一辺倒ではなくなった。「民主主義」のアメリカ，「権威主義」の中国，あるいはEU・インド・日本・BRICSなどのさまざまなリーダー国が提案する政策・制度・会議・決議にケースバイケースで参加するようになり，ある陣営に常駐することはなくなった。「自由で開かれたインド太平洋」にせよ，中国の「一帯一路」にせよ，温暖化対策にせよ，ロシアの軍事侵攻非難にせよ，自国利益に照らして個別に対応する。新たな途上国グループとして「グローバルサウス」も登場したが，これとて南の国々の間の勢力拡大のための枠組みであり，その盟主やアジェンダはさまざまであり，途上国世界が団結したとはいえない。この時代状況は，覇権候補国が増えたという意味でも，覇権国以外の各国の帰属が短期的・可変的・重層的になったという意味でも，冷戦時代とは異なる多極世界の到来を意味し

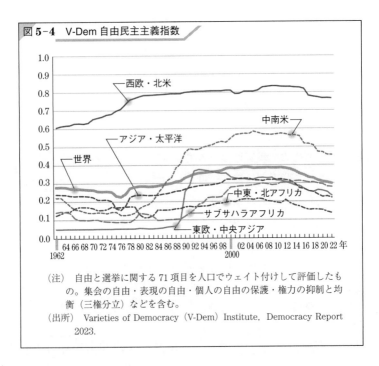

図5-4　V-Dem自由民主主義指数

（注）　自由と選挙に関する71項目を人口でウェイト付けして評価したも
　　　の。集会の自由・表現の自由・個人の自由の保護・権力の抑制と均
　　　衡（三権分立）などを含む。
（出所）　Varieties of Democracy（V-Dem）Institute, Democracy Report
　　　2023.

ているように思われる。

　この情勢下，とりわけ2010年代以降は，世界各地域で民主主
義の後退傾向がみられる（図5-4）。現代の権威主義政権は，自
己の政権維持や利益分配のために権力を行使し抑圧も行うが，国
民福祉や経済発展には関心も知識も希薄なことが多い。これは，
経済成長を最大の国家目標に掲げたかつての韓国や台湾とはまっ
たく違うタイプの独裁である。この独裁体制が将来どう変容して
いくのか，やがて政治・経済の自由化を達成できるのかは，いま
だ予測することができない。

　ノーベル賞経済学者のポール・クルーグマンは，*Foreign Affairs* 誌（1994 年 11/12 月号，邦訳『中央公論』1995 年 1 月）に「まぼろしのアジア経済」と題する挑発的な論文を掲載した。世界中の人々がアジア経済の躍進に賞賛を惜しまなかった当時，アジアの奇跡など神話にすぎないと切り捨てたのである。

　この論文の主旨は次のようなものである。経済成長には，生産性上昇による「頭脳型発展」（inspiration）と，労働と資本をひたすら投入する「汗かき型発展」（perspiration）の 2 種類がある。東アジアはたしかに高度成長を遂げたが，そのタイプは後者の汗かき型であった。すなわち，一生懸命働き，貯蓄し，投資したことは事実だけれども，生産性の上昇は見られなかった。そのような経済成長は，かつてのソ連と同じである。ソ連経済がやがて行き詰まったように，生産性の向上をともなわないアジアの経済成長も持続不可能であり，必然的に停滞に向かうであろう，というのである。

　ソ連と東アジアを同一視するような議論は荒唐無稽であるとしてとりあわなかった人々もいた。だが東アジアの多くの政府・研究機関・経済学者は，クルーグマンに対してさまざまな反論を試みた。その代表的なものを見てみよう。

　まず第 1 に，東アジア諸国の生産性上昇率が低いという点であるが，クルーグマンはラウとヤングの実証研究を引用してその証拠としている。しかし，ここで用いられている「全要素生産性」（TFP）の概念は計測がむずかしく，国によって，期間によって，計測者によって異なった結果が報告されている。ラウとヤングの推定値は大方の研究結果とかけ離れており，それをもって東アジアがすべて汗かき型であると断ずるのは早すぎる。通常の計測では，日本・台湾・韓国の高度成長期の TFP は高く，シンガポー

ル・マレーシア・タイのそれは低く出る傾向がある。クルーグマンの指摘は後者については妥当かもしれないが，前者については事実誤認である。

第2に，たとえ東アジアの経済成長が生産性よりも要素投入に依存しているとしても，それ自体立派な成果であり，なにも悲観するにはあたらない。後発国のキャッチアップとは，そもそもそういうものなのである。教育を充実し投資を活発にするだけではだめだというが，途上国世界を見渡したとき，どれだけの国がそれをなしえているだろうか。それさえできない国が，途上国問題の中核をなしている。東アジアには蓄積を行うための政策と制度と国民の努力があったということであり，このことは正当に評価されるべきである。

第3に，シンガポールは対外開放された自由経済，ソ連は自給自足を原則とする計画経済であった。シンガポール経済の担い手は民間による投資と輸出であり，そのようなダイナミズムは旧ソ連にはなかった。要するに，両経済はまったく異なる原理で運営されてきたのである。こうした根本的な経済体制の相違を無視して，統計上の類似性だけを論ずるのは不十分であろう。

第4に，「東アジアの高度成長は永遠には続かない」という点は承認できる。本章で議論したとおり，東アジアの開発体制は先進経済にキャッチアップするための一時的手段であり，その過程では年率10％に近いあるいはそれ以上の成長さえ達成できるが，所得が十分高まれば成長率は当然落ちてくる。こうした事態はすでに日本・韓国・台湾・シンガポール・中国などで起こっている。東アジアの低成長への移行はめざましい成功の結果であって，アフリカや旧ソ連が直面している停滞とは異質のものである。

ただし，以上の批判はあるにせよ，またクルーグマン本人の意図がどのようなものであったにせよ，東アジア諸国としては，彼の議論を自己反省の材料として素直に受けとめることもできよう。

これまで好調だったからといって慢心することなく，生産性上昇の不足という問題を謙虚に見つめることも大切なことである。とりわけ，長い経済停滞に陥っている日本にとってはそうである。

LITERATURE

参考文献

▶ 本章の議論をさらに展開した文献に，下の書籍がある。

大野健一［2000］，『途上国のグローバリゼーション：自立的発展は可能か』東洋経済新報社。

▶ 1990 年代に活発だった，わが国の開発援助やアジア研究の専門家による議論は，下のとおり。

石川滋［1990］，『開発経済学の基本問題』岩波書店。

石川滋編［1996］，『開発協力政策の理論的研究』アジア経済研究所。

原洋之介［1996］，『開発経済論』岩波書店。

原洋之介［1996］，『アジア・ダイナミズム：資本主義のネットワークと発展の地域性』NTT 出版。

▶ 1990 年代を中心とする，世界銀行の開発報告を，以下にあげる。

World Bank ［1991］, *World Development Report 1991: The Challenge of Development*, Oxford University Press.

World Bank ［1993］, *The East Asian Miracle: Economic Growth and Public Policy*, Oxford University Press.（邦訳は，白鳥正喜監訳・海外経済協力基金開発問題研究会訳［1994］，『東アジアの奇跡：経済成長と政府の役割』東洋経済新報社。）

Campos, Jose Edgardo, and Hilton L. Root ［1996］, *The Key to the Asian Miracle: Making Shared Growth Credible*, Brookings.

World Bank ［1997］, *World Development Report 1997: The State in a Changing World*, Oxford University Press.（邦訳は，海外経済協力基金開発問題研究会訳［1997］，『世界開発報告1997：開発における国家の役割』東洋経済新報社。）

▮▶ アジアの権威主義開発体制（開発独裁）を論じたものとして，以下の書籍がある。

村上泰亮［1992］，『反古典の政治経済学』上・下，中央公論社。

渡辺利夫［1995］，『新世紀アジアの構想』ちくま新書。

片山裕・大西裕［2006］，『アジアの政治経済・入門』有斐閣。

岩崎育夫［2009］，『アジア政治とは何か：開発・民主化・民主主義再考』中央公論新社。

第6章

日本経済の歩み

静岡県
写真提供：K@zuTa/PIXTA

　日本は，第2次大戦後の復興と高度成長を経て，東アジアの中では最も早く先進国の仲間入りを果たした。その後も日本は東アジアの先頭を行く国として成長を続け，1980年代後半のバブル期には，日本経済に対する評価はこれ以上ないくらい高まった。しかし，1990年代初頭にバブルが崩壊すると日本経済は一転して長期不況に陥った。その後2005〜06年頃にはバブル崩壊の影響から脱したものの，技術のパラダイムシフトやグローバル化を受けて台湾，韓国，中国などのアジア企業が躍進する中で，日本経済の相対的地位は低下しつつある。このような日本経済の躍進と後退はどのように理解されるのだろうか。本章では，戦後の日本経済の軌跡を振り返り，現在，日本経済が低迷している要因を探り，今後の日本経済の課題と対策について検討する。

1 戦後の日本経済の軌跡

　図6-1は，1955年からの日本の実質GDPを対数値に変換して示したものである。対数値で示している理由は，対数値のグラフの傾きは実質GDPの成長率を示し，よってグラフの線が直線になっている期間は一定の率で成長していることになり，成長のトレンドがわかりやすいからである。この図を見ると，戦後の日本経済は，成長率が比較的高かった1955年から73年頃までの期間と，成長率が低下した1974年頃から90年代初頭までの期間と，さらに成長率が低下した90年代初頭以降の期間，の3つの期間に分けられることがわかる。なお，実質GDPは，「国民経済計算」（SNA）と呼ばれる国際的な基準に基づいて作成されるが，この基準や実質化をする際の基準年が何年かに一度改定されるため，ここでは3つの系列を少し重複させる形で示している。以下では，このような日本経済の軌跡を，戦後復興期，高度成長期，1970年代，円高不況とバブル期，バブル崩壊後の長期不況期，アベノミクス期など，いくつかの期間に分けて，その時代のエピソードとともに，振り返る。

> **戦後改革とその意義**

日本の戦後復興は，連合国軍最高司令官総司令部（GHQ）の占領下で始まった。この時期の改革や政策についてはさまざまな視点や評価がありうるが，ここでは中長期的にその後の日本経済の成長に寄与したと見られる2つの改革について記しておく。

　1つは，財閥解体，農地改革，労働改革などの経済民主化政策である。これにより，戦前に存在した大きな所得格差は縮小し，

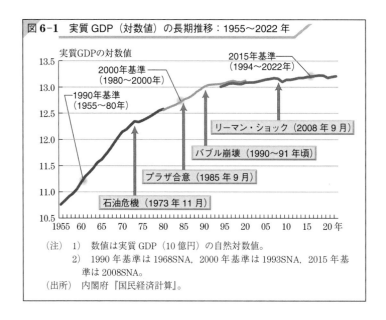

図6-1 実質GDP（対数値）の長期推移：1955〜2022年

実質GDPの対数値

2000年基準
（1980〜2000年）

2015年基準
（1994〜2022年）

1990年基準
（1955〜80年）

リーマン・ショック（2008年9月）

バブル崩壊（1990〜91年頃）

プラザ合意（1985年9月）

石油危機（1973年11月）

（注）　1）　数値は実質GDP（10億円）の自然対数値。
　　　　2）　1990年基準は1968SNA，2000年基準は1993SNA，2015年基
　　　　　　準は2008SNA。
（出所）　内閣府『国民経済計算』。

いわゆる中間層の形成が準備された。

　もう1つは，ドッジによる改革である。東西冷戦が激化してく
ると，米国は，日本をアジアにおける共産化の防波堤とするべく，
対日占領政策をそれまでの「非軍事化・経済弱体化」から「経済
復興」へと大きく舵を切った。1949年，GHQの経済顧問として
米国から派遣されたジョセフ・ドッジは，古典的な自由経済主義
の信念のもとに，インフレ等で苦しむ日本経済に対し，①総予算
の均衡，②補助金の廃止，③復興金融金庫の貸出停止，④1ドル
360円の単一為替レートの設定，⑤物資統制と価格統制の漸次廃
止，などを内容とする構造改革を断行した。これら一連の経済改
革はドッジ・ラインと呼ばれる。ドッジ・ラインは不況をもたら
したが，翌年に勃発した朝鮮戦争で米軍が日本から大量の物資を
調達したため，日本経済は息を吹き返した（朝鮮特需）。ドッジ・

ラインは中長期的観点からは，財政赤字を止めマクロ経済の安定とインフレの収束をもたらすとともに，企業のインセンティブや価格メカニズムが正しく働く環境を整備し，その後の高度成長の基盤を作ったと見ることができよう。

高度成長

1950 年代半ばから始まった高度成長期は，高成長が長期間持続した特別な時代であった。単に所得が上昇しただけでなく，生活水準の向上を実感でき，また 1968 年には GNP 規模で西ドイツを抜き資本主義圏で第 2 位の経済大国に躍進するなど，日本経済の地位が著しく向上した時代でもあった。

　高度成長の特徴をデータで確認しよう。**表 6-1** は，実質 GDP の年平均成長率とその内訳を期間別に示したものである。一般に高度成長期は 1950 年代半ばから 70 年代初頭までとされるが，この表の「1955〜70 年」が概ね高度成長期に該当する。これによると，1955〜70 年における実質 GDP 平均成長率は 9.7 ％ときわめて高かった。

　GDP のコンポーネント（支出構成要素）の中で最もダイナミックであったのは設備投資である。企業は生産を行うために工場や機械設備などの資本ストックをもたなければならないが，この資本ストックを増やす行為が設備投資である。高度成長期においては，生産したい水準に対していまだ資本ストックが十分でなかったため設備投資の増加率は非常に高く，1955〜70 年の年平均増加率は 19.1 ％であった（表 6-1 の民間企業設備）。また新たに据え付けられる機械設備には最新の技術が体化されているため，設備投資は生産性の向上，製品品質の向上，新製品の生産などに大きく貢献した。

　一方，実質 GDP の成長率に対する各コンポーネントの寄与度

表6-1　実質GDPの年平均成長率とその内訳：1955〜2022年

（単位：％）

年	1955〜70	60〜70	70〜80	80〜90	86〜90	90〜2000	00〜10	10〜22
実質GDP	9.7	10.1	2.9	4.6	5.6	1.2	0.6	0.6
民間最終消費支出	8.8 (5.4)	9.0 (5.5)	3.1 (1.8)	4.0 (2.3)	4.9 (2.7)	1.4 (0.8)	0.9 (0.5)	0.1 (0.0)
民間住宅	15.7 (0.8)	16.7 (0.9)	1.8 (0.1)	3.2 (0.2)	8.8 (0.5)	−2.3 (−0.2)	−4.0 (−0.2)	0.1 (0.0)
民間企業設備	19.1 (1.9)	16.1 (2.0)	1.8 (0.3)	8.6 (1.3)	11.9 (1.8)	−1.0 (−0.2)	−0.7 (−0.1)	1.7 (0.3)
政府最終消費支出	4.2 (0.6)	4.8 (0.6)	3.2 (0.3)	3.8 (0.6)	3.5 (0.5)	3.1 (0.5)	1.4 (0.3)	1.7 (0.3)
公的固定資本形成	12.9 (0.9)	14.2 (1.0)	3.6 (0.3)	1.1 (0.1)	4.1 (0.3)	1.9 (0.1)	−4.4 (−0.3)	−0.2 (−0.0)
財・サービスの純輸出	(−0.2)	(−0.2)	(0.2)	(0.0)	(−0.4)	(0.1)	(0.3)	(−0.1)
輸出	14.5 (0.7)	15.9 (0.8)	6.2 (0.5)	5.7 (0.4)	5.8 (0.5)	4.6 (0.4)	4.7 (0.6)	2.3 (0.4)
輸入（控除）	14.8 (−0.8)	14.5 (−0.9)	3.6 (−0.3)	6.1 (−0.4)	13.3 (−0.8)	3.7 (−0.3)	2.1 (−0.3)	2.9 (−0.5)

（注）　1)　数値は各期間の年平均伸び率。たとえば，1955〜70年は，55年を始点，70年を終点とした15年間の年平均伸び率。
　　　　2)　（　）内数値は寄与度。輸入の寄与度はマイナスで表示。
　　　　3)　1955年から1980年までのデータは1990年基準（1968SNA）。
　　　　　　1980年から2000年までのデータは2000年基準（1993SNA）。
　　　　　　2000年から2022年までのデータは2015年基準（2008SNA）。
　　　　4)　在庫品増加は除く。
（出所）　内閣府『国民経済計算』。

を見ると，民間最終消費支出（消費）の寄与度が5.4％と圧倒的に大きく，消費の伸びが成長を牽引したことがわかる（成長率9.7％のうち5.4％分が消費の寄与によるということ）。たとえば，1950年代末から60年代前半においては，「三種の神器」と呼ばれた白黒テレビ，電気冷蔵庫，電気洗濯機を中心に，家電製品が各家庭に急速に普及した。

　また，輸出から輸入を差し引いた純輸出の寄与度は若干のマイナスとなっており，高度成長が外需主導型成長ではなく，内需主

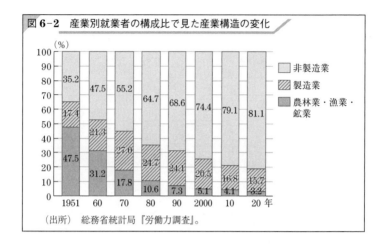

図 6-2　産業別就業者の構成比で見た産業構造の変化

（出所）　総務省統計局『労働力調査』。

導型成長であったことがわかる。しかし，純輸出の寄与度は小さいものの，貿易は，日本企業を国際市場での競争に直面させ，継続的な生産性向上の努力を促したという点で，きわめて重要な役割を果たしたと考えられる。

　以上の急速な経済成長は，産業構造の大きな変化をともなった。図 6-2 は，産業別就業者数の構成比の変化で産業構造の変化を見たものだが，1951 年から 70 年にかけて，農林業・漁業・鉱業の構成比が急速に縮小し，代わって製造業と非製造業の構成比が急拡大した。高度成長期の産業構造の変化がいかに大きいかがわかる。労働生産性（労働者 1 人が生み出す付加価値）は，農業などの第一次産業よりも製造業，非製造業の方が高いので，このような労働者の移動，すなわち産業構造の変化はそれだけで所得の増加をもたらした。製造業の中では，鉄鋼，機械，化学などの重化学工業が伸びた。また，この産業構造の変化は地域間の労働移動をともなった。若年を中心に地方圏から都市圏へ大規模な労働移動が生じ，これが世帯数の増加を通じて家電製品などの需要増を

もたらし，消費ブームの一因となった。

産業政策の役割と評価　時代は少し先に進むが，日本企業のプレゼンスが世界で急速に高まった1970年代末頃，日本経済の躍進の秘密を解明しようとする研究が，主に欧米の社会学者・政治学者によって進められた。代表例として，1979年に出版されたエズラ・ヴォーゲルの『ジャパン・アズ・ナンバーワン』があげられる。これらの研究は政府と民間企業との協調的な関係や，通商産業省（現在の経済産業省）が中心になって行った**産業政策**の役割を強調したことから，日本が成功したのは「産業政策」のおかげであるとするやや極端な見方が世界に広がった。その後，経済学者の研究によって，このような産業政策への過大評価は修正され，同時に経済学的に積極的に評価できる産業政策があることも示された。

　産業政策の代表例としては，**幼稚産業保護政策**がある。この政策は，現在は未発達であるが将来性のある産業を一時的に保護することによって長期的に自立させようとする政策である（第3，5章参照）。1950～60年代，世界的に貿易自由化が推進され競争が激化する中で，未発達だが潜在力を有すると目された日本の自動車，機械などの産業を，輸入関税などによって「一時的」に保護しようとしたことには一定の経済合理性があったものと思われる。このような保護政策は途上国では失敗するケースが多かったとされるが，日本で成功した要因としては，保護政策下においても国内で有効な競争が行われていたこと，企業がこの保護政策を一時的な政策と認識し，いずれ来る保護撤廃に備えて競争力向上の努力を怠らなかったことなどがあげられよう。

　一口に産業政策といってもさまざまな政策があり一括りの評価は困難であるが，日本が高度成長になぜ成功したのかという大き

な問題を考えるに、やはり、旺盛な企業家精神、勤勉で優秀な人的資本、競争的な環境や市場メカニズムの働きといった要因が主たる要因であり、産業政策はこれらを補完するものであったというのが基本的なコンセンサスであろう。同時に、発展途上国でしばしば見られたような極端に非効率な政府の介入がなかったことも、指摘しておくべきである。

1970 年代の混乱

1970 年代に入ると、日本経済は内外のさまざまなショックを受けて混乱した。まず 1971 年 8 月、アメリカ大統領が金とドルの交換停止等を突然テレビで発表するという「ニクソン・ショック」が起きた。先進国の為替制度は固定相場制から変動相場制へ移行し、円高が進んだ。1972 年には、金融緩和策がとられる中、首相に就任した田中角栄が工場の地方分散などを図る「日本列島改造論」を政策として展開し、全国的な土地投機ブームとインフレが起きた。

そして決定的に影響が大きかったのは 1973 年 11 月からの石油危機である。第 4 次中東戦争を機に、中東産油国が原油の減産に転じたことから、原油価格は約 4 倍に急騰した。日本は原油のほぼすべてを輸入に頼っていたが、輸入物価は急上昇し、これがそれまでの金融緩和や列島改造ブームによってすでに上昇基調にあった国内物価に波及し、1974 年の国内卸売物価、消費者物価の前年比上昇率はともに 20 ％を超えた。原油価格の上昇は、生産コストの上昇や産油国への所得移転を通じて不況をもたらし、1974 年の実質 GDP 成長率は戦後初めてマイナスを記録した。日本経済は他の先進国と同様に、インフレと不況が共存するスタグフレーションに陥ったのである。さらに 1978～79 年にイラン革命が勃発すると、世界経済は再び原油価格の高騰に見舞われた（第 2 次石油危機）。

こうした混乱が続く中，日本経済は先進国の中でいち早くこの難局から脱することができたのだが，その要因としては，適切な金融財政政策に加えて，企業の減量経営，賃金の過度な上昇を抑えた柔軟な労使関係，省エネルギー技術の開発などの要因が指摘できる。とりわけ省エネルギー技術の開発は，自動車の燃費を向上させ，その後の自動車産業の競争力向上と輸出の増加に結びついたという点で特筆すべきである。

　こうして，2度にわたる石油危機を経て，1970年代末頃から日本の製造業は国際市場でプレゼンスを高めていくことになる。後から振り返れば，日本経済はピンチをチャンスに変えたといえる。

| 円高不況とバブル景気 | 1970年代末から80年代前半にかけて，自動車，家電，機械などの日本の輸出製品は国際市場で急速にシェアを拡大したが，その結果，アメリカや欧州との間で深刻な貿易摩擦が生じるようになった。

　こうした中，1980年にアメリカ大統領に就任したロナルド・レーガンは，強いアメリカの復活をめざして**レーガノミクス**と呼ばれる経済政策を打ち出した。レーガノミクスは本来，経済の供給サイドの強化を図ろうとしたものだったが，実際には所得減税による消費の増加や軍事支出の増加によって需要拡大効果が強く発揮された。同時にインフレ対策から引き締め的金融政策がとられたため，金利は高騰した。そして金利の高騰はドル高（日本から見れば円安）をもたらした。これらの政策の結果，1983～85年にアメリカの経済成長率は高まったが，輸入も増加し，財政赤字と経常収支の赤字による「**双子の赤字**」はいっそう拡大した。つまり，アメリカのマクロ経済政策は，構造的にすでに存在したアメリカの貯蓄不足をさらに拡大させ，アメリカの経常収支赤字と

日本の経常収支黒字をいっそう大きくしてしまったと考えられる。

アメリカ当局は，拡大した経常収支赤字を何とか減らそうと，ドル高の是正と，最大の貿易赤字相手国である日本への内需拡大や市場開放の要求を強めていった。そして 1985 年 9 月，ニューヨークのプラザホテルで，米，日，西独，英，仏の 5 カ国蔵相・中央銀行総裁会議が開かれ，ドル高是正を内容とする「プラザ合意」が発表された。これを受け，各国通貨当局は協調介入を行い，円ドルレートは，1985 年 9 月の 1 ドル＝240 円台から 1986 年 7 月の 155 円前後へと想定を上回って円高が進んだ。

急激な円高の影響を受け，日本経済は輸出産業を中心に**円高不況**に陥った。製造業の輸出は日本経済の生命線であるという空気が支配的であったこともあり，日本の経済界の受け止めは深刻であった。こうした事態に対し，日本銀行は 1986 年 1 月から 87 年 2 月まで 5 回にわたり公定歩合を引き下げるという，強力な金融緩和政策を実施した。するとこの金融緩和策や他の内需拡大策を受け，円高不況は予想外に早く終わり，景気は 1986 年 11 月を底に，きわめて大型で長期の景気拡大に入っていった。この景気拡大は株価や地価など資産価格の高騰をともなったことから，「**バブル景気**」と呼ばれた。

1987 年から 90 年までの 4 年間が概ねバブル景気の期間に対応するが，この 4 年間の実質 GDP の年平均成長率は 5.6 ％と，高度成長期ほどではないにせよ，かなり高かった（表 6-1 参照）。成長を牽引したのは，消費，設備投資，住宅投資などの内需であった。アメリカの期待どおり，内需拡大によって輸入が増加し，外需（純輸出）の寄与度は期間平均でマイナスとなった。消費は，所得増と資産効果を受けて高級品志向が顕著となり，高価格・高機能の家電製品や高級車のほか，レジャー関連の支出も増えた。

設備投資は，製造業の伸びに加え，東京湾臨海部開発などの大型プロジェクトやマンション建設などで非製造業も大きく伸び，高度成長期以来の盛り上がりを見せた。

　しかし，結果的に，日銀の強力な金融緩和政策は行き過ぎた金融緩和となって，バブルを誘発した。バブルとは，合理的に説明できない資産価格の上昇を意味する。金融緩和は，1986年11月に景気が底を打った後もなお継続されたが，その理由としては，当時の不安定な国際金融情勢への配慮に加えて，基本的には円高や原油安によって物価が安定していて，日銀が公定歩合を上げる積極的な理由がなかったことが考えられる。その間，大量の資金が資産市場に流入し，株価や地価は高騰した。当初，株式投資や金融機関の不動産関連融資は，正常な期待収益や実需に基づくものであったが，資産価格の上昇とともに次第に投機的な性格を強めていった。

　しかし，金融緩和だけではバブルは起きないだろう。実体的な地価上昇の契機や異常な期待形成の要因もあったはずである。このときのバブル生成の要因としては，行き過ぎた金融緩和を第1の要因として，以下の追加的要因が指摘できる。第2の要因は，銀行の不動産関連融資への傾斜である。この背景には，高度成長期のような設備資金需要がなくなり，また金融自由化で利ざやが縮小し，利ざやの大きい不動産関連融資に傾斜せざるをえなかった銀行の苦しい事情があった。不動産関連融資は，それによる地価の上昇が担保価値を上昇させてさらなる不動産関連融資を可能にするというメカニズムで，累積的に地価を上昇させた。第3の要因は，首都圏を中心とした土地の需要増加である。これは，東京湾臨海部などの大開発プロジェクトや，産業構造の変化によるオフィスビルの需要増等によるものであり，この首都圏での実需

の増加が地価上昇の契機となった。第4の要因は，日本経済に対する自信と過信である。当時は，経済界やメディアのみならず官界や学界においても日本産業の競争力や日本的経済システムを賞賛するような論調が支配的であった。この論調は，株価や地価の上昇が異常であっても，それは日本経済の高い期待成長率を反映したものだから問題ないという都合の良い心理を醸成して，異常な期待形成を助長したと考えられる。

バブル崩壊，金融危機
と長期不況

1989年5月，物価上昇圧力を受けて，日銀はようやく金融政策を引締めに転換し，公定歩合の引き上げを開始した。また1990年3月には金融機関の不動産融資を抑制する「総量規制」が導入された。こうした金融引締政策を受けて，株価は1989年12月末をピークに，地価は90〜91年頃をピークに，急速に下落していった。これがバブルの崩壊である。

　バブル崩壊直後は，危機感は希薄で，景気後退は軽微であるという楽観的な見方が多かった。しかし，バブル崩壊は以下のメカニズムで構造的，長期的な不況をもたらした。まず，借金をして土地などの資産を購入した企業や個人は，資産価格の下落によって借金返済が困難になり，本来の設備投資や消費などの経済活動が制約された。これはバランスシート調整問題と呼ばれ，需要面から経済を悪化させた。一方，返済されない借金は，銀行など貸し手の不良債権となった。不良債権とは銀行等が企業等に貸し付けた金額（債権）のうち，返済されない部分を指す。不良債権が増えると，銀行は機能不全を起こし，最悪の場合は破綻する。銀行が破綻すれば，企業の資金繰りの支障や連鎖倒産を引き起こして経済に大きな悪影響を与える。

　不良債権問題は，抜本的な対策が打たれないまま次第に深刻化

し，ついに 1997 年 11 月，三洋証券，北海道拓殖銀行（拓銀），山一證券の破綻，という大手の金融機関を巻き込んだ金融危機にまで発展した。拓銀はリゾート開発事業への無謀な融資等から，そして山一證券は違法な損失補填等からの破綻であった。さらに 1998 年になると，3 つの長期信用銀行のうちの 2 つである日本長期信用銀行（長銀）と日本債券信用銀行（日債銀）が危機を迎えた。政府は緊急対応措置として，破綻した銀行の国有化を可能とする**「金融再生法」**を 10 月に国会で成立させ，長銀と日債銀をそれぞれ 10 月と 12 月に一時国有化して公的な管理下に置いた。この緊急的な措置により，金融システム全体の危機はかろうじて回避することができた。しかしその後も不良債権額は増え続けた。

　不良債権の増加は，「貸し渋り」と「追い貸し」という 2 つの銀行の機能不全を通じて不況を長期化させた。**貸し渋り**とは，貸せるのに貸さないという行為である。一方，**追い貸し**とは，経営再建の見込みの乏しい企業に追加的に融資をすることを指す。本来，銀行の機能は，付加価値を生み出すプロジェクトや企業に対して貸出しを行い，経済厚生や経済成長率を高めることにある。しかし，貸すべき企業に貸さない「貸し渋り」と，貸すべきでない企業に貸す「追い貸し」はこの本来の機能と真逆の行為であり，資源配分の悪化を通じて，不況を長期化させたと考えられる。

　結局，不良債権の処理は小泉純一郎政権の対策を待たなければならなかった。2002 年 10 月に策定された**金融再生プログラム**は，05 年 3 月末までに主要銀行の不良債権比率を半減させるという厳しいものであったが，景気の回復もあって目標は達成された。こうして不良債権問題は一応の決着を見た。マクロ経済的には，好調だったアメリカや中国向けの輸出が牽引する形で，景気拡大が持続し，2005〜06 年頃には企業部門の過剰雇用，過剰設備，

過剰債務が解消され，日本経済はバブル崩壊による桎梏からよう
やく解放された。

　しかし，このときの景気拡大は，労働者にとっては実感の乏し
いものであった。過剰雇用に対して企業は，リストラ，賃金の抑
制，正規雇用の新規採用減，非正規雇用の採用増で対応したため，
労働者への恩恵は少なく，新卒等の若年にとってはむしろ受難の
時代であった。また，この時期のアメリカの高成長は住宅バブル
の影響を受けたものであることがのちにリーマン・ショック（後
述）という形で判明した。

円高と海外直接投資

　ここで日本企業の海外進出に目を転じる
と，1980年代からの日本の貿易黒字の
増大，85年のプラザ合意後の急激な円高，90年代半ばの円高な
どは，日本の海外直接投資増加の契機となった。アメリカや欧州
に対しては，貿易摩擦を回避するための直接投資が増加した。一
方，相対的に賃金の低いアジア諸国に対しては，労働集約的な産
業を中心に円高によって割高となった国内の生産コストに対処す
べく，コスト志向の直接投資が増加した。国内工場の海外移転は
短期的には国内雇用を減少させる可能性があるが，一般に海外直
接投資は国際的な資源配分の効率化に資するとともに，技術移転
等を通じて投資受入国の発展に貢献すると考えられる（第2章も
参照のこと）。

リーマン・ショックと
アベノミクス

　アメリカ経済は1990年代に入ってから，
IT革命による生産性向上などで好調に
推移したが，2008年9月，住宅バブル
の崩壊により全米4位の投資銀行であるリーマン・ブラザーズ
が破綻すると（リーマン・ショック），世界同時株安をともなう世
界金融危機が発生した。日本経済は，金融面での影響は軽微であ

ったが，アメリカや欧州向けの輸出が激減し，2009年の実質GDP成長率は−5.7％と，戦後最大の落ち込みを記録した。

2011年3月には，東日本大震災が日本を襲った。

大震災からの復興が進む中，衆議院選挙での自民党勝利を経て，2012年12月に第2次安倍内閣が発足した。安倍内閣は，「大胆な金融政策」（第1の矢），「機動的な財政政策」（第2の矢），「民間投資を喚起する成長戦略」（第3の矢）からなる「3本の矢」を政策の柱として，長期化している**デフレ**（デフレーション；一般物価水準が継続的に下落すること）の克服と経済成長をめざした。デフレが経済的に良くないのは，債務が名目値で固定されているため物価の下落は債務の実質的負担を重くすること，また消費者が価格の低下を見込んで消費を先延ばしすることなどによる。これらの安倍内閣の経済政策は「**アベノミクス**」と呼ばれる。

アベノミクスの中心的な政策は，大規模な金融緩和政策であった。2013年3月，金融緩和に積極的な財務省出身の黒田東彦が日銀総裁に就任すると，異次元の金融緩和とも形容される大胆な金融緩和政策の導入を4月に決定した。それが「**量的・質的金融緩和**」政策である。これは，2年程度で2％の消費者物価上昇率の達成をめざすもので，そのために金融調節の操作目標をコールレートから**マネタリーベース**（日銀当座預金残高＋現金）に変更し，長期国債等の買い入れを増やしてマネタリーベースを2年間で2倍に増やすことを決めたものである。

ここで，この政策を理解するために，伝統的金融政策と非伝統的金融政策について簡単に解説しておこう。**伝統的金融政策**とは，短期市場金利であるコールレートを望ましい水準に誘導することによって，設備投資などの経済活動に影響を与えようとする政策である。しかし，名目金利はゼロ％までしか下げられないので，

金利がゼロ％まで下がるとこの緩和政策は限界に達する。そこで，さらに金融緩和効果を上げるために日銀が考案したのが，日銀当座預金残高を操作目標とした2001年3月導入の「**量的緩和政策**」であり，これは**非伝統的金融政策**に分類される。この政策に期待された効果の1つは，ゼロ％の金利を長期間継続させ金利の期待形成に働きかけることによって長期金利も低下させるというもので，この効果は**時間軸効果**と呼ばれる（現在は**フォワード・ガイダンス**と呼ばれる）。2013年4月からの量的・質的金融緩和は，2001年のものを拡張した非伝統的金融政策であり，時間軸効果もある程度発揮されたとされる。

　さて，このような金融緩和を中心としたアベノミクスの展開によって，日本のマクロ経済はどう変わったのだろうか。第1に，金融緩和によって円安が進行した。円ドルレートは，2012年11月平均の1ドル81円という円高水準から量的・質的金融緩和導入直後の2013年5月には1ドル約101円まで円安が進んだ。第2に，この円安を受けて輸出企業の収益が大幅に改善し，金利の低下と相まって，株価が大きく上昇した。そして第3に，金利の低下，企業収益の改善，株価の上昇により家計・企業のマインドが好転し，消費，設備投資，住宅投資などの内需が増加した。一般に円安は外需を増加させると期待されるが，近年は過去の円高等で国内工場の海外移転が進んでいて輸出はあまり伸びず，このときも内需主導型の成長となった。2013年度の実質GDP成長率は2.7％と，久しぶりに高い成長を示した。ただし，この中には消費増税前の駆け込み需要による寄与が0.7〜0.9％ポイント程度含まれることには留意が必要である。

　しかし，2014年4月に消費税率が5％から8％に引き上げられると，景気は失速した。駆け込み需要の反動の影響もあるが，

消費の落ち込みを主因として，2014年度の成長率はマイナスとなった。その後，2014年10月に，日銀は「量的・質的金融緩和の拡大」という追加的金融緩和政策を打ち出し，景気は持ち直しに向かったが，力強い回復とはならなかった。

　その後，日銀の金融政策は，2016年2月に日銀当座預金の一部にマイナス金利を適用する政策が導入され，また同年9月に「長短金利操作付き量的・質的金融緩和」（イールドカーブ・コントロール：YCC）が導入され，それまでの「量的・質的金融緩和」に修正が加えられた。これら2013年以降の一連の金融緩和政策は，ある程度の効果を発揮して，物価が継続的に下落するというデフレはなくなった。しかし，物価目標である2％の消費者物価上昇率は達成されなかった。成長率も，2013年度は比較的高かったが，その後は海外情勢の影響もあり一進一退となった。

　このような結果を生んだアベノミクスはどのように評価されるのだろうか。アベノミクスの3本の矢は，①大胆な金融政策，②機動的な財政政策，③成長戦略，からなるが，標準的な経済学に従えば，①と②は短期的な需要を喚起する政策に，③は潜在的な成長率を高める政策に対応していると考えられる。よってアベノミクスが成功するためには，①②③を同時にスタートさせ，①と②で時間を稼いでいる間に，③の効果が現れ，より高い成長軌道に乗っていくというものでなければならなかった。しかし，アベノミクスは①に大きく依存した。公共事業もある程度増やしたが，最も重要であるはずの③は全体として力不足であった。以上の結果，アベノミクスは短期の効果は発揮したものの，日本をより高い成長軌道に乗せることはできなかった。そもそも効果の高い成長戦略を作ること自体，理論的に考えて容易なことではない。しかし，日本経済の構造的な問題を深く検討する過程で見えてくる

ものもあるだろう。この点を次節以降で検討しよう。

2 日本経済低迷の要因

図**6-3**は，購買力平価で換算した日本の1人当たりGDPを，
1980〜2022年の期間で，アメリカ，イギリス，韓国，中国と比
較したものである。先進国の代表としてアメリカ，イギリスを，
アジアの代表として韓国，中国を選んだ。購買力平価とは物価を
調整して計算した為替レートで，これを用いて換算した1人当た
りGDPは生活水準等の国際比較に適しているとされる。この図
を見ると，アメリカ，イギリス，韓国と比較して，日本の1人当
たりGDPが1990年頃から低迷していることがわかる。1990年
頃からの成長鈍化は実質GDPを示した図6-1からも確認できる。
このような日本経済低迷の要因は，マクロ経済分析の観点からは，
資本蓄積の鈍化，労働投入の鈍化あるいは減少，技術進歩率の低
下の問題に求められるが，これらの問題の実態的背景として以下
のような構造的要因が指摘できよう。

> 1990年代以降の技術の
> 変化，需要シフトとグ
> ローバル化

日本経済低迷の第1の要因は，1990年
代以降の技術の変化，需要シフトとグ
ローバル化という環境変化である。1980
年代まで，日本の製造業は，長期雇用による労働者の技能熟練，
高い品質管理能力，開発部門と生産部門の間の高い調整能力など
によって，自動車，家電，精密機械，産業機械等の分野で，高い
競争力を誇っていた。とくに，部品メーカーとセットメーカーと
の間で部品設計等に関する細かい調整が必要な自動車の分野で，
日本企業は高い競争力を発揮した。

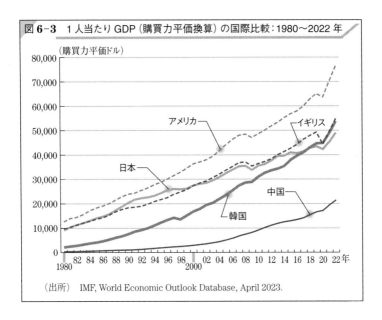

図6-3　1人当たりGDP（購買力平価換算）の国際比較：1980〜2022年

（出所）　IMF, World Economic Outlook Database, April 2023.

　しかし1990年代に入り，IT化，デジタル化の技術が進むと，「モジュラー型」と呼ばれる新たな製品設計のタイプが出現した。モジュラー型設計の製品とは，自己完結的な機能をもった個々の部品を組み合わせて作る製品のことで，1990年代後半以降のパソコンが典型的である。パソコンは単純化していうと，それぞれの機能を司るCPU，OS，ハードディスク，ディスプレイ等を組み合わせれば作れる。各部品は同一企業内で内製化する必要はなく，他社から調達すればよい。こうした部品の組み合わせだけでできる最終製品の製造は，日本企業が誇る企業内外の調整能力や高い技術力を必要としないため，日本の製造業は優位性を発揮できず，また既存の技術の蓄積は新たな技術の導入の妨げとなった。

　同時に，世界の製品市場においては，日本が競争力を有したアナログ型家電の市場が成熟期を迎え，パソコン，携帯電話，スマ

ホ（スマートフォン）などのモジュラー型の設計をもったデジタル型製品への需要シフトが起きた。上記のとおりこうした製品分野は日本の優位性を活かすことができない分野であったため，以下に述べるグローバル化を背景に台湾，韓国，中国などのアジア企業が参入し，台頭するようになった。パソコンやスマホの市場規模は大きく，これらの成長市場にうまく乗れなかった日本企業の痛手は大きかったといえる。

　中国などのアジア企業が台頭することになった背景的要因としては，**グローバル化**と**国際分業**が重要である。インターネットの普及は遠隔地間の情報伝達コストを格段に安くしたが，これによって先進国の高い技術と新興国の安価な労働力などの組み合わせが可能となり，国境を越えた生産工程の分業化が急速に進んだ。こうしてアジア企業は，製品生産の各工程を世界の最も適した場所で行うという**グローバル・バリューチェーン**の一角に組み込まれ，それを足掛かりにして発展を遂げてきたと考えられる（第1，2章参照）。

変化に対応できていない日本的雇用システム

日本経済低迷の第2の要因は，時代や環境の変化に対応できていない**日本的雇用システム**である。長期雇用や年功賃金等を特徴とする日本的雇用システムは，高度成長期から1980年代頃まではうまく機能したとされる。とりわけ製造業において，長期雇用を前提に労働者と経営側が企業内訓練を通じて**企業特殊的技能**（その企業に固有の技能）の蓄積に積極的に取り組んだことは，日本企業の競争力の向上に大きく貢献した。年功賃金は，若いときの貢献分を中高年で取り返すという「後払い賃金」の性質を有しているが，これは労働者の転職を防ぎ長期雇用を維持する仕組みとして機能した。また幅広い人事ローテーションは，企業の部

署間の情報共有や調整を円滑にして日本のものづくりの競争力に結びついたとされる。こうした雇用システムのもとで，日本企業は欧米企業へのキャッチアップに見事に成功した。

　しかし，日本的雇用システムがうまく機能していないといわれる現時点から振り返ると，かつてこのシステムが機能したのはその時代の環境に適合していたからであるということに気がつく。たとえば高度成長期においては，技術の変化のスピードはそれほど速くなく，よって先を行く欧米企業を目標に設定し，長期雇用のもとで時間をかけて企業特殊的技能を蓄積していくことは合理的であった。しかし技術の変化のスピードが速く，またグローバル化によって環境が目まぐるしく変わる今日においては，このシステムの経済合理性の前提は失われつつあるように見える。日本的雇用システムが時代や環境の変化にうまく対応できていない問題として以下の指摘ができよう。

　第1は，労働の移動に関する問題である。技術や産業構造の変化の激しい今日においては，企業間・産業間の労働移動を円滑にすることが最適な資源配分を達成するためにきわめて重要であるが，年功賃金，長期勤続者に有利な退職金税制などを含む日本的雇用システムは，必要な労働移動を妨げ，経済成長を損ねているという指摘がある。

　第2は，雇用保護（雇用保証）と非正規雇用に関する問題である。低成長で不確実性が高い今日においては，かつてのように企業がすべての正社員の終身雇用を保証し，かつ年功賃金を支払うことは事実上困難になっている。この問題に対し，1990年代半ば以降，日本企業は低賃金で雇用調整の容易な非正規雇用を増やして対応してきた。しかしこの対応策は短期的には企業利益に貢献したものの，長期的には人的資本の蓄積を妨げ供給サイドから

日本の成長力を弱めることになったと考えられる。

第3は，人材育成に関する問題である。かつては職場での OJT（On the Job Training; 上司や先輩の指導のもとで実務を通じて知識・技能を身につけること）による企業内訓練が人的資本を蓄積するうえで有効であったが，現在進行している IT 化，デジタル化といった新たな技術のもとでは，そもそも企業内に新たな技術に詳しい人材が少ないため，従来型の OJT はあまり有効でない。IT 化，デジタル化などに対応した人材育成のためには，専門化を前提としたジョブ型雇用の拡大を図るとともに，学び直しや職業訓練など，企業内外で個人が自律的に学ぶ仕組みを構築することが重要であろう。

第4は，働き方のモデルに関する問題である。男性の正社員が長時間労働で家計を支えるという働き方のモデルは，価値観が多様化し，また人口が減少し，多様な働き方が求められる今日においては，時代に適合していない。とくに子育て等の負担が重い女性にとって働きにくい就業環境は，男女間の不平等の問題とともに経済的な損失をも生んでいると考えられる。

人口減少と少子高齢化

日本経済低迷の第3の要因は，人口減少と少子高齢化という人口動態の要因である。図 **6-4** は，1950 年から 2065 年までの日本の総人口の推移と予測を5年ごとに示したものである。これを見ると，総人口は 2010 年（厳密には 2008 年）がピークであるが，生産活動に従事するとされる**生産年齢人口**（15〜64 歳人口）は，すでに 1995 年をピークに減少に転じており，今後も減少し続けることがわかる。

マクロ経済学における成長会計の手法を用いると，労働人口の動きを大まかに示す生産年齢人口（15〜64 歳人口）の減少が，供給サイドから見た実質 GDP の成長率，すなわち潜在成長率にど

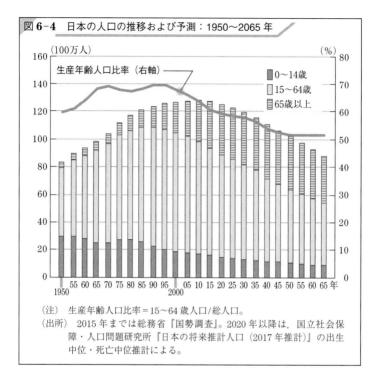

図6-4　日本の人口の推移および予測：1950〜2065年

生産年齢人口比率（右軸）

■ 0〜14歳
□ 15〜64歳
▥ 65歳以上

（注）　生産年齢人口比率＝15〜64歳人口/総人口。
（出所）　2015年までは総務省『国勢調査』。2020年以降は，国立社会保障・人口問題研究所『日本の将来推計人口（2017年推計）』の出生中位・死亡中位推計による。

の程度の影響を与えるかを大まかに捉えることができる（章末 *Column* ⑥参照）。生産年齢人口の減少率が大きいほど，潜在成長率の低下も大きくなる。非常に簡便な方法による推計では，生産年齢人口の実質GDPへの寄与度（年率）は，1960年代には1％を超え，80年代には0.6％程度あったが，95年以降はマイナスに転じ，2005年から65年までは−0.5〜−1.0％の大きさで推移すると推計される。したがって，1990年代以降の日本経済の長期低迷にこの人口動態の変化が関わっていることは明白である。また，他の条件を一定とするきわめて強い仮定のもとでの推計ではあるが，2030〜40年において潜在成長率はゼロ％近くまで低

表6-2　主要国の人口動態比較

（単位：%）

	人口増加率 （2005〜20年平均）		生産年齢人口比率	
	15〜64歳	総人口	2005年	2020年
日　本	−0.83	−0.11	66.1	59.3
アメリカ	0.49	0.73	67.3	67.6
イギリス	0.44	0.70	67.1	64.8
フランス	0.09	0.45	65.1	61.6
ドイツ	−0.19	0.06	66.8	64.4
韓　国	0.51	0.48	71.9	72.1
中　国	0.35	0.52	72.2	70.3

（注）　生産年齢人口比率＝15〜64歳人口／総人口。
（出所）　OECD.

下することも予測され，人口減少の影響は深刻といえる。そして，この日本の人口減少は国際的に見ても顕著である。**表6-2**は直近15年間（2005〜20年）の人口動態を国際比較したものだが，日本の15〜64歳人口の年平均増加率は−0.83％と主要国の中で際立って大きなマイナスとなっている。

また，総人口は年齢によって，「年少人口」(0〜14歳)，「生産年齢人口」(15〜64歳)，「老年人口」(65歳以上) の３つに区分できるが，一般に人口の年齢構成と経済成長との間には次のような関係があるとされる。まず，「**従属人口比率**」(〔年少人口＋老年人口〕／総人口) の上昇，すなわち「**生産年齢人口比率**」(生産年齢人口／総人口) の低下は，社会保障費負担増，貯蓄率の低下による投資環境の悪化，イノベーションの停滞などを通じて，経済成長に悪影響を与えると考えられる（これは**人口オーナス**と呼ばれる。オーナスonusとは重荷の意）。逆に，従属人口比率の低下，すなわち生産年齢人口比率の上昇は，経済成長に良い影響を与えるとされる（これは**人口ボーナス**と呼ばれる）。図6-4を見ると，生産年齢人口比

率は 1990 年代前半をピークに以後低下してきており，90 年代以降の経済成長率の低下にこのような少子高齢化，とくに高齢化による人口オーナスが関わっていることが示唆される。表 6-2 によると，2020 年における日本の生産年齢人口比率は 59.3 ％と主要国の中で最も低く，国際的に見ても人口オーナスの影響の大きさがうかがわれる。

3 日本経済の課題と対策

　これまでの議論を踏まえて，本章の最後に日本経済の課題と対策について検討しよう。さまざまな課題が考えられるが，ここでは主に経済成長の観点から以下の 3 つの課題を指摘して対策を検討する。

人口減少と少子化への対応

第 1 の課題は，人口減少と少子化の問題である。この問題が個人の選択の問題であることには配慮が必要だが，希望する子ども数が実現されていないという観点からは政策的な支援は正当化できる。少子化の要因は，①未婚化・非婚化，②1 夫婦当たりの子ども数減少，の 2 つの要因に分解できる。経済面に限定すると，①への対策としては，若い人の安定的な雇用・所得環境を確保することが必要であり，とりわけ非正規雇用の抜本的な見直しが急務である。②については，育児・教育コストの支援，育休制度や保育所等両立支援策の拡充，女性の就業環境の改善，夫の育児参加・家事分担などが重要である。先進国の中で日本の児童手当や育休給付額が少ないことはよく知られた事実であるが，海外ではフランスやスウェーデンなどが経済的支援や両立支

援策によって出生率を回復させた経験をもっており，これらの事例を参考に日本でも積極的な支援策を検討すべきである。

　人口減少対策については，外国人労働者や移民の受け入れの是非も重要な論点となろう。しかし，問題の重要性に比して，本格的な議論はあまり行われていないように思える。この問題も欧州など海外の経験が参考になるので，詳細な検討が望まれる。

　一方，労働人口が減る中で成長率を維持するためには，資本の増加や技術進歩の促進，あるいは労働生産性の上昇が必要である。これらは次の課題とも関連している。

雇用システムの改革

　第2の課題は，雇用システムと働き方に関するものである。これにはさまざまな論点があり，しかもそれらが相互に関連している。まず，技術などの変化のスピードが速い現在の環境下で迅速に最適な資源配分を達成するという目的からは，雇用システム全体を労働の移動がしやすい方向に変えていく必要がある。そのためには，20年超の長期勤続者に有利な現行の退職金税制など，労働移動に関して非中立的となっている制度を見直す必要がある。あわせて，就業に必要なスキルを習得させ，また最適なマッチングを可能にするために，学び直しの機会や職業訓練の拡充，職業紹介情報のいっそうの整備などが必要であろう。

　他の先進国に比べて低いとされる労働生産性を上げることも重要な課題である。日本の賃金の低迷の背景にはこの問題がある。日本の労働生産性がなぜ低いかについてはさまざまな要因が考えられ必ずしも十分に解明されていないが，マクロ経済的には，設備投資が長期にわたり低迷し（表6-1），労働者1人当たりの資本（資本装備率），および労働者1人当たりのIT資本（IT資本装備率）が伸び悩んでいること，人的資本への投資が十分でないことなど

が指摘できる。今後は，ITやAI（人工知能）の活用，デジタル化に対応した人材育成（人への投資），専門性を高めるためのジョブ型雇用，有能な若手，女性，外国人の積極的な登用や処遇などが，労働生産性を上げる有力な方策として期待される。また上記の雇用の流動化もマッチングによる適材適所を可能にして労働生産性の向上に寄与すると見込まれる。

この生産性の問題に関連して，正規雇用と非正規雇用の二極化も早急に見直す必要がある。非正規雇用は，1990年代以降に不況が長期化する中で，企業が人件費を削減し，また雇用調整のバッファーとする目的から採用を増やしてきた。この対処法は短期的には企業の利益に貢献したとされる一方で，長期的には以下のような構造的な副作用を生んでいるとの指摘がある。第1に，非正規雇用は，重要な仕事や企業内訓練の機会が限られ，スキルの向上や人的資本の蓄積を十分に図れないため労働生産性が低く，経済の供給サイドから日本の潜在成長力を弱めている。第2に，業種や職場によっては，非正規雇用による低賃金労働が資本（機械設備等）を代替し，本来進むはずの資本装備率の上昇や，技術進歩・技術導入の妨げとなっている。第3に，非正規雇用が不安定で低所得であることは，消費の低迷や非婚化・少子化の一因となっている。このような非正規雇用増加の背景には，正社員の雇用の保護を最優先にするという日本的な経営があるが，今日のような変化の激しい時代においては，もはや一企業ですべての雇用を守ることは困難であり，労働市場全体で雇用を守るという発想に切り変えていく必要がある。したがって非正規雇用問題の解決のためには，過剰な正規雇用保護の見直しとともに，労働移動のしやすい労働市場の構築が求められよう。

女性の働き方も依然として重要な課題である。表面的には日本

の女性の労働力率（人口のうち働く意思のある人口の比率，15〜64歳平均）はアメリカを上回る高い水準に達しているが，実情は，非正規雇用比率が高く，また管理職に占める女性の割合が先進国の中で最低レベルにあるなど，改善の余地は大きい。雇用システムを含め社会全体として，女性の就業環境をさらに改善させる必要がある。

> ### 財政の改革

第3の課題は，財政の改革である。日本の政府債務の対名目 GDP 比は 2020 年で 250％を超えており，先進国の中では群を抜いて悪い状況にある。日本は世界最大の貯蓄保有国であり国内での国債消化の不安は小さく，また増税の余地もあると見られることから，ただちに日本が財政破綻に陥る可能性は低いとする見方はあるものの，大震災などのリスクも抱えており，放置できる状況ではない。また財政の持続可能性に関して国民が不安をもつようになると，消費などの経済活動が委縮しさらに財政が悪化するという悪循環に陥ってしまう（すでにその影響が出ているとの指摘もある）。したがって，まずは財政の持続可能性を確保する必要があり，そのためには社会保障制度の改革，財政支出の効率化，増税を含む財源の確保を行う必要があろう。そのうえで，財政支出の中身については，少子化対策，教育，科学技術など，若い世代や将来世代を支援する支出を思い切って増やしていく必要があろう。これらは未来への投資と位置づけられ，長期的に成長に資すると期待される。

以上の3つの課題はいずれも困難な課題である。しかし，これらの課題を克服できなければ日本経済の復活はない，という強い危機意識をもって取り組むことが求められる。

　人口減少が経済成長率にどの程度の影響を与えるかは，マクロ経済学における成長会計の手法を用いて分析することができる。経済学では，生産（あるいは付加価値）は，労働，資本（機械設備等のこと），技術の3つの生産要素を用いて行われると考えられ，生産と生産要素との関係は生産関数と呼ばれる。今，標準的な生産関数を仮定し，供給サイドから見た経済全体の成長率，すなわち潜在成長率を考える。潜在成長率は好況でも不況でもない時の実質GDP成長率と考えればよい。すると，潜在成長率＝資本の寄与度＋労働の寄与度＋全要素生産性の増加率，という次式の形で成長率を分解することができる。

$$\frac{dY}{Y} = (1-\theta)\frac{dK}{K} + \theta\frac{dL}{L} + \frac{dA}{A} \qquad ①$$

　ただし，Yは実質GDP，Kは資本ストック，Lは労働，Aは全要素生産性（技術水準などを表すもの），θは労働分配率，$(1-\theta)$は資本分配率を表す。

　労働の寄与度は労働投入の貢献分，資本の寄与度は資本投入の貢献分を示し，全要素生産性の増加率には技術進歩の貢献分などが含まれる。そして標準的な生産関数を仮定すると，労働の寄与度は「労働投入の増加率 × 労働分配率」（①式の右辺の第2項）で計算できる。ここで労働投入のデータとして生産年齢人口（15～64歳）を用い，労働分配率を70％と仮定して労働の寄与度を計算すると，今後の日本の生産年齢人口の減少が潜在成長率をどれだけ低下させるかを大まかに推計することができる。国立社会保障・人口問題研究所の予測値（2017年推計）を用いて労働の寄与度を推計したものが下の表に示されている。

　これによると，たとえば，2030～40年では年平均の労働の寄与度は－0.97％となり，潜在成長率を0.97％ポイントだけ低下

表 6-3　生産年齢人口（15〜64 歳）の増加率と潜在成長率への寄与度（年平均）

（単位：％）

年	1980 〜90	1990 〜2000	2000 〜10	2010 〜20	2020 〜30	2030 〜40	2040 〜50	2050 〜60
増加率	0.88	0.03	− 0.55	− 0.98	− 0.74	− 1.39	− 1.24	− 0.95
寄与度	0.62	0.02	− 0.39	− 0.69	− 0.52	− 0.97	− 0.87	− 0.67

（注）　寄与度は増加率×0.7 で算出。生産年齢人口の 2020 年以降のデータは，国立社会保障・人口問題研究所の予測値を使用。

（出所）　総務省「国勢調査」，国立社会保障・人口問題研究所「日本の将来推計人口（2017 年推計）」の中位推計，より作成。

させることがわかる。2000〜10 年ではこれが − 0.39 ％であったので，2000〜10 年と比較して 1930〜40 年では，人口要因だけで潜在成長率が 0.58 ％ポイント（0.97 − 0.39）下がることになる。またかりに，2000〜10 年の潜在成長率が 0.6 ％であったとすると，他の条件を一定として 2030〜40 年の潜在成長率は 0.02 ％とゼロ成長に近くなる。

　一方，1 人当たり実質 GDP の成長率（＝実質 GDP 成長率−人口成長率）への人口動態の寄与度は，「生産年齢人口の増加率×0.7 −人口の増加率」（下の②式の右辺の第 2 項）であり，これは人口面の変化によってそれほど影響を受けないので，この計算によれば人口が減るだけでは生活水準はあまり変わらないといえる。しかし，現実には人口減少は少子高齢化をともなって，財政の悪化，イノベーションの停滞，地方の過疎化，国際社会におけるプレゼンスの低下などさまざまな問題を引き起こすことが懸念される。

$$\frac{dY}{Y} - \frac{dP}{P} = (1 - \theta)\frac{dK}{K} + \left(\theta\frac{dL}{L} - \frac{dP}{P}\right) + \frac{dA}{A} \qquad ②$$

　　　ただし，P は人口を示す

なお，表 6-2 のデータを用いて生産年齢人口増加率の差だけ

に注目して 2005～20 年における日米の潜在成長率の差を計算すると，約 0.9 %（（−0.83-0.49）×0.7 ＝ −0.92 ％ より）と試算される。これは小さいように見えるが，長期間累積すると影響は大きくなる。

ITERATURE

参考文献

▶ 日本経済の発展の歴史や史実については，次の文献をあげておく。

小峰隆夫 [2019]，『平成の経済』日本経済新聞出版社。

小峰隆夫編・内閣府経済社会総合研究所企画・監修 [2011]，『日本経済の記録：第 2 次石油危機への対応からバブル崩壊まで（1970 年代～1996 年)』（バブル／デフレ期の日本経済と経済政策〔歴史編〕1）佐伯印刷。

櫻井宏二郎 [2023]，『日本経済論：史実と経済学で学ぶ（第 2 版)』日本評論社。

橘木俊詔編 [2003]，『戦後日本経済を検証する』東京大学出版会。

▶ バブル期の金融や不良債権の問題については次の文献が参考になる。

福田慎一 [2015]，『「失われた 20 年」を超えて』NTT 出版。

堀内昭義 [1998]，『金融システムの未来：不良債権問題とビッグバン』岩波新書。

村松岐夫・奥野正寛編 [2002]，『平成バブルの研究（上）形成編：バブルの発生とその背景構造』東洋経済新報社。

▶ アベノミクス期の金融政策について，次はひとつの標準的な

見方を解説している。

　早川英男［2016］,『金融政策の「誤解」:"壮大な実験"の成果と限界』慶応義塾大学出版会。

⑊　レベルは高いが，金融政策を理論的に整理した最新のテキストとして次の書籍がある。

　白塚重典［2023］,『金融政策:理論と実践』慶應義塾大学出版会。

⑊　日本的雇用システムの問題点や改革の方向性については次の書籍が参考になる。

　鶴光太郎［2016］,『人材覚醒経済』日本経済新聞出版社。

⑊　日本と世界の人口問題を豊富なデータで概観したものとして次がある。

　日本経済新聞社編［2023］,『人口と世界』日経 BP 日本経済新聞出版。

第7章 中国の経済発展

中国・深圳市
写真提供：AFP＝時事

　1970年代末に改革開放に転じた中国は，その後，急速な経済成長の軌道に乗り，2010年にはGDPで日本を抜いて世界第2位の経済大国となった。この間，輸出振興や外資導入に踏み切った中国は，東アジアの生産ネットワークのハブとなり，「世界の工場」として，東アジアにとどまらず，世界のモノ・カネ・ヒトの流れを大きく変える原動力となった。本章では，まず改革開放の出発点となった社会主義計画経済期の中国の特徴を把握したのち，改革開放に転じた中国経済のパフォーマンスと成長メカニズムを検討し，高度成長の課題の克服とグローバルパワーを目指す習近平「新時代」の中国経済を展望してみよう。

　　　　　　　　　　　　　中国は日本の26倍に相当する広大な国
中国という国
　　　　　　　　　　　　　土を有するが，中西部の大部分は山岳・
砂漠の荒地である。有史以来，限られた土地に極限まで労働力を
投入することにより，中国では巨大な人口が扶養されてきた。し
かし土地の大半は地主・富農層に所有され，土地から生み出され
た富が産業資本に転ずることもなく，各地に自給自足的な経済が
併存する典型的な農業社会であった。19世紀半ば以後，中国は
帝国主義列強による半植民地的な支配を受けた。この間，上海，
天津，広州などの沿海開港都市を中心に，外国資本とならんで一
部民族資本も誕生した。産業や地域に偏りがあったものの，これ
が中国の工業化の出発点となった。

　中国共産党は反植民地主義・反封建主義を掲げて日中戦争，中
国国民党との内戦を勝ち抜き，1949年に中華人民共和国を樹立
した。建国後の中国経済は1970年代末の経済発展戦略の大転換
を境として2つの時期に大別できる。建国直後より中国は社会主
義建設に邁進したものの，イデオロギー闘争を重視する「建国の
父」・毛沢東の指導下で政治闘争が繰り返され，経済発展の顕著
な成果を残すことはできなかった。1978年末の中国共産党11期
3中全会では，建国後の毛沢東の誤りを指摘したうえで，工作の
重点を階級闘争から経済建設へと転換した。経済改革と対外開放
を二本柱とする改革開放路線への転換，つまり改革開放後，中国
経済は高度成長の軌道に乗り，2010年にはGDPで日本を抜いて
世界第2位の経済大国に躍り出た。

　中華人民共和国は中国共産党が指導する国家である。行政（国
務院），立法（人民代表大会），司法（人民法院）の三権分立は機能
的には存在するが，重要な決定や政策はすべて共産党の大会で承
認され，イデオロギー的に正当化される必要がある。中国共産党

は原則として5年ごとに党大会を開催し，その後は，少なくとも1年に1度は中央委員会総会が開催される。たとえば，11期3中全会とは，第11回党大会（11全大会）の3回目の中央委員会総会を意味する。党大会直後の1中全会で共産党指導部の人事が決定され，2中全会での国務院の人事を経て，経済改革などの重要な決定や政策は3中全会で打ち出されることが多い。

1 改革開放への道程

ソ連型経済モデルの導入

建国直後，中国では土地改革が実施され，中華帝国以来の地主制度は消滅した。外国資産は接収され，通貨や度量衡の統一が図られるなど，国民経済の形成に向けての動きが進められた。この間，中国は朝鮮戦争に参戦し，戦後の冷戦構造の中，ソ連を中心とする東側の陣営に属した。1953年から始まる第1次5カ年計画では，ソ連の援助のもとに重工業化を中心とする**ソ連型経済モデル**が導入された。ソ連型経済モデルは，生産手段の公有制，集中的意思決定，計画的経済調整，行政命令に基づく命令経済などに特徴づけられる。

またソ連型経済モデルでは，農業余剰を工業部門に移転させる強蓄積メカニズムによる資本蓄積がなされた。すなわち，政府が農家から低価格で農産物を買い上げ，工業製品（消費財・農業投入財）を農家に高価格で販売することによって発生した超過利潤が財政部門を通して重工業に投入された。この超過利潤の国家独占を確保するためには，農産品，工業製品の生産・流通ルートを社会主義改造する必要があった。とくに農産物を漏れなく徴収し，

農家を効果的に管理するために農業の集団化が進められた。

大躍進と文化大革命　第1次5カ年計画の実施にともない，毛沢東はソ連型経済モデルに対する不満を募らせていった。重工業の優先発展が進められる中，人民生活に直結する農業・軽工業，地方・中小企業の立ち遅れは明白であった。人民の自発的積極性が軽視されたまま，官僚主義が跋扈する傾向に対して，革命闘争を先導してきた毛沢東は厳しい批判を開始し，1950年代末に熱狂的な大増産運動である**大躍進**を発動した。「15年でイギリスを追い越す」とのスローガンのもとに，大躍進では分権的な経済管理体制がとられ，工業では鉄鋼生産，農業では食糧生産が強調された。そのため簡易な溶鉱炉（「土法高炉」）により鍋・釜を溶かしてまで増産を図ろうとした製鉄・製鋼運動，高度に集団化された人民公社に基づく食糧増産運動などが展開された。しかし現実を無視した増産運動は，使い物にならない屑鉄の山と数千万人の餓死者を招来し，大躍進は悲劇的な結末を迎えた。

　毛沢東は1962年に社会主義建設において経験不足があったと自己批判し，政治指導の第一線から退いた。その後，劉少奇・鄧小平主導のもとで，経済管理体制の再集権化，人民公社の過度な集団化の修正，物的刺激（自留地，副業，自由市場）の復活といった調整政策がとられ，中国経済は危機的状況を乗り切った。しかし毛沢東は一連の調整政策を「資本主義の道を歩む修正主義」であると批判し，林彪を中心とする人民解放軍の支持のもとに，1966年には紅衛兵と呼ばれる学生・若者を動員して劉少奇・鄧小平指導部を攻撃させた。こうして勃発した**文化大革命**（文革）は，やがて熾烈な権力闘争，さらには内戦の様相を呈した。1960年代末には人民解放軍の介入により秩序回復がなされ，中国全土は

軍事管制下に置かれた。

「4つの近代化」とポスト毛沢東

1970年代の中国は文革の混乱から脱したものの, 文革派と実務派との路線闘争は続いた。前者の代表は毛沢東夫人・江青を中心とする「四人組」であり, 文革で台頭した指導者である。一方, 後者は建国以来総理を務めてきた周恩来, 文革での失脚後に復活した鄧小平らのベテラン指導者であり,「4つの近代化」(工業, 農業, 国防, 科学技術)を主張していた。当時中国は中ソ関係の悪化を背景として, アメリカとの関係改善に乗り出した(米中接近)。これを契機に「4つの近代化」をめざす中国は, 西側諸国から石油化学, 鉄鋼などのプラント導入に踏み切った。しかし「四人組」はこれを外国を崇拝し, 外国に従属する「洋奴哲学」として厳しく批判した。しかし1976年9月に毛沢東が死去すると, 後ろ盾をなくした「四人組」は同年10月に逮捕された。

　毛沢東の後継者・華国鋒は, 文革中に台頭した指導者であったが, 海外から導入した設備・技術に依存して, 立ち遅れた経済の飛躍的発展を図ろうとした。しかし支払い外貨の裏づけもない計画はたちまち破綻し, 華国鋒は「洋躍進」(外国に依存した重工業発展)により混乱をもたらしたとして失脚した。こうして鄧小平の政治的指導権が確立し, 文革による荒廃からの復興をめざして, 改革開放路線が展開されることとなった。

2　改革開放の展開

経済改革の始動

中国の1人当たり食糧生産量は, 大躍進直前の1950年代後半から改革開放に転

じる70年代後半までの20余年間はほぼゼロ成長，1人当たり食糧消費量にいたっては若干減少した。この厳然たる事実に直面して，経済改革は農業部門の改革から着手された。

　農業改革は農家の所得を改善するために，1979年の農産物買い上げ価格の引き上げから始まった。これに続いて，農家の生産意欲をさらに高めるために，農家が政府と請負契約を結び，収穫の余剰分を自由に売却できる生産請負制度が導入された。こうして中国農村では自営農化が進み，農業集団化を象徴した人民公社は解体され，人民公社とそれを構成した生産大隊・生産隊に代わって，伝統的な基層行政単位である郷・鎮・村が復活した。人民公社に属していた社隊企業は，郷や鎮が経営する**郷鎮企業**となり，工業を中心とする中小企業群を形成した。農業改革により農家の所得は，非農業所得を中心に大幅に改善した。

　一連の農業改革は不利な農工間関係に据え置かれてきた農業部門の条件改善に向けての動きでもあった。換言すると，農業改革以後，工業部門は部門内での資本蓄積が求められることになった。しかし農業改革と比べると，工業部門の改革は複雑であり，その影響が多岐に及ぶことから，長期にわたる取り組みがなされてきた。出発点はミクロな経済主体である企業の改革である。国有企業を中心とする計画経済下の企業は，行政機関の付属機関として，生産・財務・人事などの自主権を有しておらず，市場動向・需要とは無関係なまま，主管部門が立案した経済計画に基づいて生産活動を続けていた。また企業は生産活動にとどまらず，教育・福祉・政治活動などの行政事務や社会サービスの提供主体でもあった。しかも国有企業に見られる無責任体質を抱え，最終的な赤字は政府が補塡するような放漫経営が続けられた。ここから企業自主権の拡大，企業ガバナンスの確立，経営と所有の分離を主要課

題とする国有企業改革が展開されるようになった。

経済改革の展開

中国の経済改革は，生産拡大と成長促進，つまり，分配可能資源の「パイ」を大きくする改革として始まった。しかも経済改革前の資産の再分配をともなう改革を慎重に回避し，資産の増分のみを対象とする「増量改革」であった。それを特定地域・企業で実験し，効果があると普及を全国・全部門に進める方式がとられ，不確実性やリスクの分散，ルール形成のための時間的余裕が設けられた。結果として，既得権益層の抵抗を最小化することも可能であった。高い経済パフォーマンスを記録した中国の**漸進主義的改革**は，低成長と失業に苦しんだ旧ソ連・東欧諸国の急進主義（ビッグバン）的改革と好対照をなした。

　しかしながら，既存の資産に手を付けない改革，経済改革前後の新旧両制度の併存を許容する漸進主義的改革では，たとえば，公定価格と市場価格の間における超過利潤（レント）の発生が不可避となる。また開放的な市場メカニズムと部門・地域限定の「実験」との乖離も無視できない。そして何よりも経済成長が鈍化すると，つまり「パイ」の拡大が滞ると，漸進主義の効用そのものが低減し，改革の効果自体が自覚しにくくなるという限界を抱えていた。

　計画経済のもつ硬直性とその制度的残滓ゆえに，改革開放後のマクロ経済管理は困難をきわめた。そもそも計画経済期のマクロ経済の管理方法としては，引き締めと緩和，あるいは集権化と分権化といった政策手段しかなかった。しかし経済秩序を回復するために集権化すると経済は硬直化し，経済活性化のために分権化すると経済は混乱する（「一統就死，一放就乱」）という特異な「景気循環」が繰り返されてきた。しかも計画経済的な縦割りと中国

の伝統的な地域主義に分断された非分業社会が，マクロ経済管理をさらに困難にした。こうした課題を克服するために，財政，金融，行政分野の制度改革が進められた。

　経済改革は硬直化した経済管理体制の活性化・効率化をめざして，市場調節機能を導入することから始まった。しかし1993年に「社会主義市場経済体制の構築に関する決定」が採択される頃には，市場経済の制度化そのものが中心的課題となり，経済改革の目的に明確な変化が認められるようになった。経済改革の重点分野も生産部門からマクロ経済管理に移行し，ルール形成や法制化が課題となった。さらに国有企業改革の進展により失業者や一時帰休者など，経済改革の「敗者」が生み出された。こうして経済改革の焦点は，企業を単位とする社会制度の改革，行財政改革，社会保障改革，土地・住宅制度改革など，いわば各論へと派生していくこととなった。

対外貿易の改革

かつて中華帝国の時代には，中国は広大な領内に豊富な物産を有する（「地大物博」）ことから，対外貿易は不要であるとされた。改革開放前の中国でも，伝統的な対内志向に加えて，一国社会主義論，中ソ対立後の「自力更生」論の影響もあり，積極的な対外開放は認められなかった。計画経済のもとでは，輸入は国内供給不足を補塡するための補助的手段，輸出は供給不足物資を輸入するための外貨稼得手段にすぎなかったのである。

　改革開放前の中国では，対外貿易は対外貿易部（当時）傘下に貿易商品の大分類に基づいて縦割りで設立された国有外貿公司の独占事業であった。たとえば，紡織工業部傘下の生産企業の製品と原料は，対外貿易部傘下の中国紡織品進出口総公司が担当するなど，生産部門ごとに外貿公司が設けられていた。しかし対外貿

易は過大評価された固定為替レートのもとで実施された。経済改革にともない国内物価が上昇する中，輸出外貨稼得コスト，すなわち輸出で1ドルを稼得するのに必要な人民元建てコストは上昇を続け，国際価格とかけ離れた低価格に据え置かれたエネルギーと建材部門を除いて，これら外貿公司は輸出をすればするほど人民元建ての赤字が拡大する事態に陥っていた。外貿公司の赤字解消は対外貿易改革の当面の課題でもあり，その後段階的に実施された人民元レートの切り下げは中国企業の輸出環境を大幅に改善した。

　また対外貿易は，外貨獲得，技術導入，雇用拡大といった効果に加えて，競争導入や需要拡大など，市場志向型経済改革の推進要因でもあった。興味深いことに，対外開放の進展にともない，中国の学術界では，自由貿易を唱えたイギリスの経済学者デヴィッド・リカードの復活も見受けられた。そして何よりも，同じ中華系の香港，台湾，シンガポールなどのめざましい輸出志向型経済成長に，中国が大きな刺激を受けたことはいうまでもない。

| 外国資本の導入 |

対外開放のもうひとつの狙いである外資導入は，改革開放路線への転換を画した11期3中全会にさかのぼることができる。同会議では，当時の広東省書記の習仲勲（習近平の実父）から，同省の自主権の拡大要求がなされた。1979年7月に中共中央・国務院は広東・福建両省に特殊政策・弾力措置の実施を認めた。ここで経済運営や財政の自主権拡大の一環として，**経済特区**の試行が認められ，広東省の深圳，珠海，汕頭，福建省の厦門に外資の受け皿である経済特区が設けられた。これら4つの経済特区は，いずれも世界に広がる**華僑・華人**の郷里であり，華僑・華人資本は初期の外資導入の主たる担い手となった。

その後，中国では経済特区に続いて，経済技術開発区，上海浦東新区，内陸開放都市，辺境経済合作区，保税区，輸出加工区，自由貿易試験区などの対外開放地区が設けられた。これら対外開放地区は，外資の受け皿，保税貿易（関税徴収が留保された貿易）の振興に加えて，先進技術・経営ノウハウの導入と国内波及，市場経済の実験を設置の目的としている。

中国の外資導入では，当初は債務負担のない直接投資が選好されたが，国際機関や外国政府の長期・低利資金，また外国金融・資本市場での資金調達も効果的に活用された。なかでも，世界銀行の借款と日本の政府開発援助（ODA）の一環として実施された**円借款**は，改革開放初期の経済建設において重要な役割を果たした。

3 高度成長の原動力

農村工業化の展開

改革開放後の高度成長の原動力として，まず農村工業化を指摘しておく必要がある。改革開放後，中国の産業構造には劇的な変化が見られる。GDP生産構成を見ると，改革開放に転じた段階で，すでに中国は工業社会であるかのような印象を受ける。しかし就業構成を見ると，当時の中国は圧倒的な農業社会であった（**図7-1**）。ここから当時の中国では，農工間の1人当たり生産高，つまり労働生産性にきわめて大きな格差があったことがわかる。農業部門の低い労働生産性は，同部門に滞留した巨大な余剰労働力に起因する。

一方，人民公社の解体後，中国の農村には労働集約的産業を中心に膨大な数の中小企業群が誕生した。非農業部門による農業労

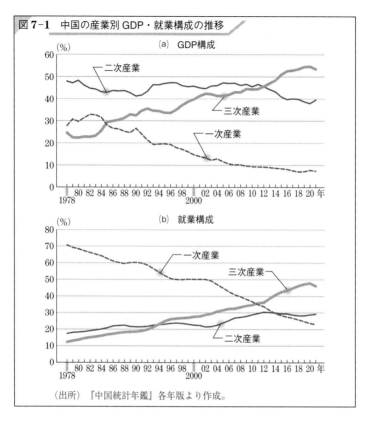

図 7-1　中国の産業別 GDP・就業構成の推移

(a)　GDP構成

二次産業

三次産業

一次産業

80 82 84 86 88 90 92 94 96 98 02 04 06 08 10 12 14 16 18 20 年
1978　　　　　　　　　　　　　　　　2000

(b)　就業構成

一次産業

三次産業

二次産業

80 82 84 86 88 90 92 94 96 98 02 04 06 08 10 12 14 16 18 20 年
1978　　　　　　　　　　　　　　　　2000

（出所）『中国統計年鑑』各年版より作成。

働力の吸収を通して，中国の農工部門はともに高い成長を達成することとなった。農工間の労働移動は農業部門から工業を中心とする非農業部門へ，また省レベルの境界を越えて全国規模に広がった。農村労働力のサンプル調査に基づくと，1999 年の非農業就業は 1 億 107 万人にのぼる（**表 7-1**）。うち工業部門は 3841 万人と全体の 38.0 ％を占める。また地元の郷・鎮で離農した労働者は 4903 万人，残りの 5204 万人（50.1 ％）は地元を離れた労働者となる（地元以外で農業に就業した 191 万人を含む）。なかでも広

表 7-1　農村労働力の非農業就業状況（1999 年）

（単位：万人）

	郷・鎮内	県　内	省　内	省　外	国　外	合　計
農　　業	0	56	56	79	0	191
工　　業	2,007	473	421	935	5	3,841
建　築　業	457	312	356	453	2	1,580
運　輸　業	324	156	88	37	0	604
通　信　業	17	9	5	6	0	37
商　　業	549	192	223	153	1	1,117
サービス業	533	207	235	322	2	1,299
文　　教	524	72	28	15	0	638
そ　の　他	492	109	84	115	1	800
合　　計	4,903	1,582	1,497	2,115	10	10,107

(注)　1)　労働和社会保障部培訓就業司・国家統計局農村社会経済調査総
　　　　　隊「中国農村労働力就業及流動状況（1999）」の比率を 1999 年の
　　　　　農村労働力総数に乗じて実数化したもの。
　　　2)　非農業就業とは，地元の郷・鎮内で農業以外の業種に就業して
　　　　　6 カ月以上の労働者数，および郷・鎮外で 6 カ月以上就業している
　　　　　労働者数を指す。
(出所)　丸川知雄［2002］,『シリーズ現代中国経済 3　労働市場の地殻変
　　　　動』名古屋大学出版会，53 頁。

東省は内陸の四川省や湖南省の出稼ぎ労働力（「農民工」）を大量
に吸収し，いち早く経済的離陸を実現した。こうして**ルイス型の
二重経済論**（第 1 章 *Column* ①参照）が指摘する「無制限の労働供
給」は，人手不足（「民工荒」）が顕在化する 2000 年代半ばまで継
続した。豊富，勤勉，廉価な労働力は，外資の中国進出でも最大
の誘因となった。

　　　　　　　　　　　　中国の高度成長の原動力として，農村工
　外資導入の進展　　業化とともに指摘すべきは外資導入であ
る。農村工業化との関連でいえば，外資導入は新たな雇用機会を
創出する契機となった。初期の外資導入の主要形態は「三来（来
料加工，来様加工，来件装配）一補（持ち込み材料加工，サンプル加工，
部品組立と補償貿易）」と呼ばれる**加工貿易**であった。多くの場合，

郷鎮レベルの政府が土地を提供するだけで，機械設備や工場建屋にいたるまで外資側が準備したために，外見上は100％外資企業と区別がつかなかった。その後は法人格を有する中国内資および外資系企業が保税措置のもとに加工貿易に従事することとなり，1990～2000年代の中国の対外貿易は，貿易形態では加工貿易，貿易主体では外資系企業が輸出入の過半を占めた。商務部によると，加工貿易がピークに達した2000年代半ばの加工貿易の直接雇用は，第2次産業の約2割に相当する3000万～4000万人，加工貿易関連産業の就業者は5000万～6000万人に達した。

　外資系企業は中国経済において一定の地位を確立し，ピークを迎えたリーマン・ショック前年の2007年に，外資系企業は工業部門の①生産額の31.5％，②資産の27.3％，③売上高の31.4％，④利潤の27.7％，⑤雇用の29.9％を占めた。また固定資産投資に占める外資系企業の比率は，いまだ資金調達源が限られていた1994年に17.1％のピークを迎えている。しかし当時，コンピュータ，自動車，化学繊維などの先進産業では，外資系企業が生産額，資産，売上高，利潤，雇用の3～5割を占めている。外資系企業の役割に着目した研究によると，地元取引企業とその従業員の消費支出まで含めると，2009～13年に外資系企業は中国のGDPの3分の1，雇用の27％を占めたという。

　輸出拡大と外資導入により，中国経済は2つのギャップ（貯蓄・外貨不足）を克服した。中国の経済成長は対中投資を呼び込み，対中投資企業が輸出を拡大し，輸出が経済成長を押し上げ，高い経済成長がさらなる対中投資を呼び込むという**直接投資＝貿易連鎖**（FDI＝Trade Nexus）が中国の高度成長の一翼を担ったのである。

「世界の工場」の誕生

　中国の改革開放とほぼ同時に進行した製造業の世界における革命的な変化も，中

国の高度成長を側面から支援した。今日の工業製品の多くは，た
とえば，パソコンの演算機能はCPU，記憶機能はメモリといっ
た具合に，自己完結的機能をもち，標準化されたモジュール・部
品を寄せ集めた設計・構造となっている。そのためモジュール・
部品を事後的に組み合わせることにより，ハイテク製品の製造が
可能となっている（第4，6章参照）。

　世界の製造業におけるこのような変化は，**フラグメンテーショ
ン**と呼ばれる国境を越えた生産工程・作業間分業を可能にした
（第2章参照）。モジュラー型の工業製品は，技術を要する工程，
人手を要する工程など，それぞれの工程ごとに生産要素の集約度
を考慮して最適立地での生産が可能となる。しかも工程・作業ご
とに割り振られた生産拠点間のサービス・リンク・コストは，通
信・物流革命によりほぼ下限レベルに達している。このような工
程・作業を担う数多くの生産拠点が，中国をハブとする東アジア
の生産ネットワークの形成をうながしたのである。

　こうして上海を中心とする華東の長江デルタ地区や深圳・広州
を中心とする華南の珠江デルタ地区では，域内で部品・パーツが
調達できるIT機器などの**産業集積**が形成された。産業集積の形
成により，たとえば，技能の集約・共有，補助産業の勃興，部
品・パーツ調達の効率化，労働力の調達，取引先探索のサーチコ
ストの低減などのメリットを享受することが可能となった（**マー
シャルの外部経済効果**）。

　「世界の工場」・中国経済の台頭は，東アジアの国際経済秩序に
も変化をもたらした。東アジアの経済発展は，これまで比較優位
に基づく「雁行形態」的発展（flying geese）として説明されてき
た（第1章参照）。しかし経営資源の一括移転を可能とする直接投
資の増加にともない，中国では先進国とほとんど時差なく新製品

の生産に着手できるようになった。中国経済の台頭は，「雁行形態」を突き崩すような「かえる跳び」(leapfrogging) 的発展の格好の事例といえよう（第4章）。ただし，中国が外国技術・管理ノウハウを吸収・消化する能力を十分に備えていたことが，急速なキャッチアップの前提条件となる。

4 成長方式の転換

高度成長の終焉　　改革開放後，1978～2020年に中国経済は年平均9.2％の高度成長を実現した。改革開放直後には，建国以来30年間抑圧されてきた消費に火がつき，消費主導の高度成長が実現した。しかし1990年代初めまでの中国経済は「不足の経済」であり，内需の急激な拡大は大幅な貿易赤字をもたらした。しかもこの頃の中国は財政金融政策を通じた間接的マクロ運営の手段を持ち合わせていなかったために，過熱経済を引き締める手段は投資・輸入を行政的に削減するほかなく，成長率は激しい振幅を繰り返した（図7-2）。

1990年代半ば以降，中国経済は貯蓄超過となり，マクロ経済管理に資する財政，金融，為替管理の制度化が進められた。もっとも，2003～07年に5年連続の2桁成長を実現したのち，2010年代に入ると，中国の経済成長率は5～6％に低下した。

成長パターンの転換をうながしたのは，中国経済の生産性・効率の趨勢的な劣化である。改革開放期の高度成長は，投入量の拡大による「粗放型成長」(汗かき型発展)により実現された（第5章 *Column* ⑤参照）。しかし投資資源に限界がある以上，この成長パターンを追求し続けることは不可能である。しかも「粗放型成

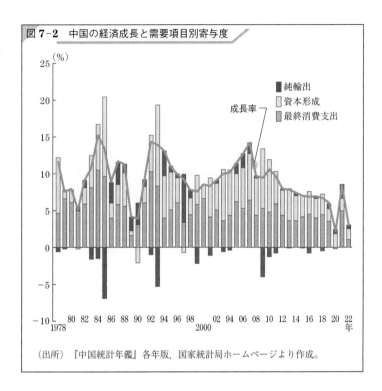

図7-2　中国の経済成長と需要項目別寄与度

（凡例）
■ 純輸出
□ 資本形成
▨ 最終消費支出

成長率

（出所）　『中国統計年鑑』各年版，国家統計局ホームページより作成。

長」で相対的に高い成長率をめざせば，さらなる投資が求められ，結果として投資効率は大幅に悪化する。中国の投資効率の推移を見れば，この傾向は明らかである（図7-3）。

　もっとも，投資効率の劣化は，中国の経済・産業構造に問題があるとしても，従来の外延的成長パターンの余地がもはやなくなってきたと見る方が適切であろう。改革開放後，中国では既存産業の効率化を図るというよりも，むしろ新規分野の開拓が追求されてきた。しかし高度成長を実現した後の中国経済では，生産性の上昇や経済効率の改善をより重視する「集約型成長」への転換が求められている。

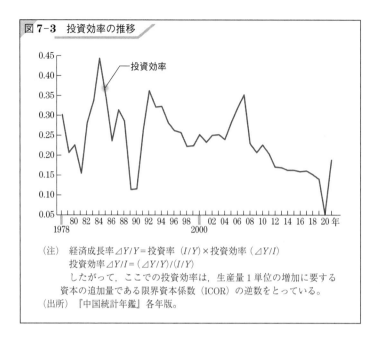

図7-3 投資効率の推移

(注) 経済成長率 $\triangle Y/Y$ ＝投資率 (I/Y) ×投資効率 $(\triangle Y/I)$
投資効率 $\triangle Y/I$ ＝ $(\triangle Y/Y)/(I/Y)$
したがって，ここでの投資効率は，生産量1単位の増加に要する
資本の追加量である限界資本係数（ICOR）の逆数をとっている。
(出所) 『中国統計年鑑』各年版。

<u>イノベーションの振興</u>　「集約型成長」では，研究開発（R&D），商品化，支援サービスなどにおける「自主創新」（イノベーション）が不可欠である。改革開放四半世紀を経た頃から，中国は世界最大の工業製品の生産・輸出国であるにもかかわらず，外国企業に対するコア部品や特許使用料の支払いを控除すると，中国企業が手にする付加価値はきわめて限定的であるとの指摘・批判が相次いだ。2005年の「国家中長期科学技術発展計画要綱（2006～20年）」は，中国の高付加価値志向，R&Dや知的財産権を重視する姿勢を反映している。2010年には，イノベーションが重視される産業部門として，「戦略的新興産業」の7部門（エネルギー効率改善・環境技術，次世代情報技術，バイオ，先端装置製造，新エネルギー，新素材，新エネルギー車）が選択され，

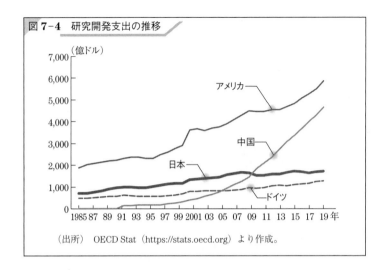

図 7-4　研究開発支出の推移

（億ドル）

アメリカ

中国

日本

ドイツ

1985 87 89 91 93 95 97 99 2001 03 05 07 09 11 13 15 17 19年

（出所）　OECD Stat（https://stats.oecd.org）より作成。

政策上の優先分野が明らかにされた。

　2014 年に入ると，李克強総理（当時）が「大衆創業・万衆創新」を提唱し，これを契機に国をあげてのイノベーションの振興，スタートアップの奨励がなされた。これに合わせて 2015 年には中国版「インダストリー 4.0」の「中国製造 2025」が発表され，①2025 年までに製造強国の仲間入りを果たす，②2035 年までに中国の製造業を世界の製造強国陣営の中等レベルにまで到達させる，③2049 年の中華人民共和国建国 100 周年には製造大国としての地位を固め，総合力で世界の製造強国のトップクラスに立つという長期目標が明らかにされた。しかし「中国製造 2025」の排他的ともいえる国産化志向や政府補助金を中心に据えた産業政策は，アメリカをはじめとする諸外国の反発を呼んだ。もっとも，国をあげてのイノベーションの振興により，たとえば，R&D（研究開発）や国際特許出願の分野において，中国は世界のトップレベルに達するなど，すでにその初歩的な成果が見られる（図 7-4，7-

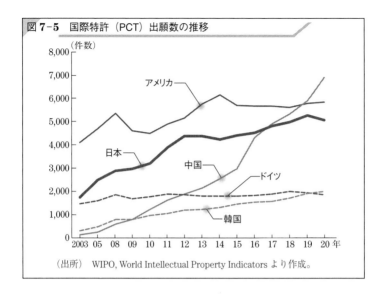

図7-5 国際特許（PCT）出願数の推移

（件数）

アメリカ

日本

中国

ドイツ

韓国

2003 05 08 09 10 11 12 13 14 15 16 17 18 19 20 年

（出所）　WIPO, World Intellectual Property Indicators より作成。

5）。

グローバル・インバランスへの対応

2001年末に中国は世界貿易機関（WTO）に加盟した。まずWTOへの加入条件をクリアする作業は，中国の市場志向型の経済改革の追い風となった。またWTO加盟は中国の対外開放に計りしれない効果をもたらした。中国の輸出環境は好転し，投資環境はさらに改善され，中国は世界最大の輸出国となり，アメリカとならぶ世界屈指の直接投資受入国となった。もっとも貿易・経常黒字の拡大，また輸出志向型の対中投資の増加により，中国経済は経常収支と資本収支の「**双子の黒字**」に直面し，過剰流動性が指摘されるようになった。過剰投資・生産のもとで，労働コスト，地価，資源価格，為替レートは急騰し，為替レートを安定させるために繰り返された為替介入により外貨準備も急増した。

大規模な貿易黒字に直面しても，中国の輸出振興の姿勢に大き

な変化は見られなかった。もっとも，2012年の国務院「輸入の強化，対外貿易の均衡発展の促進に関する指導意見」では，消費水準の改善や貿易摩擦の減少など，輸入拡大のメリット，輸入促進が強調されるようになった。しかし為替レートについては，人民元の切り上げよりも，対外投資の振興が選択された。2000年代に入ると，中国では投資の「引進来」（対内導入）と同時に，「走出去」（対外進出）が奨励された。さらに輸出志向型の加工貿易の奨励策が廃止され，環境汚染，エネルギー消費，付加価値，技術水準などに基づき対中投資を選別する姿勢が強まった。

　中国が「双子の黒字」を計上すると，2000年以降顕著となった世界的な経常収支の不均衡，すなわち**グローバル・インバランス**の原因を中国に求める見方が強まった。なかでも中国の最大の輸出市場であるアメリカとの間では，深刻な貿易摩擦が生じた。2018年にトランプ政権が通商法301条に基づく対中追加関税を発動すると，貿易摩擦は制裁・報復の相互応酬が繰り返される貿易戦争へとエスカレートした。

5 「新時代」の中国経済

「一帯一路」構想と自由貿易試験区　　中国はWTO加盟後，そのメリットを最大限享受してきた。一方，戦後の国際通商秩序を構築してきたアメリカからは，中国はWTO加盟時の約束を十分に履行しておらず，中国経済は産業政策や政府補助金を駆使した国家資本主義であるとの批判が繰り返されている。

　1970年代の米中接近・国交正常化以後，アメリカは冷戦期の

対中封じ込め戦略を取り下げ，中国を国際社会に取り込むことにより，その国内体制の変化をうながそうとする**関与政策**をとってきた。中国の WTO 加盟後，オバマ米政権は対中包囲網的な性格を有する「環太平洋パートナーシップ」(TPP) の形成を通して，中国の国内改革をうながした。TPP は WTO を上回る自由化（WTO プラス），WTO にない自由化（WTO エクストラ）を含む高水準の自由化を追求しており，中国にとって参加のハードルはきわめて高かった。しかし TPP 不参加により，中国が貿易上の不利益（**貿易転換効果**）を被ることも明白であった。

そこで中国は 2013 年に次のような独自路線を選択した。1 つは，「**一帯一路**」構想の展開である。これはアジアとヨーロッパを陸路と海路で結ぶ交通網の建設・整備を目的として，中国の経済協力と利益確保とをセットで打ち出した経済圏構想であり，アメリカとの衝突を回避する「西進」戦略に基づいている。もう 1 つは，**自由貿易試験区**の設置である。投資参入前での内国民待遇や禁止項目だけを列挙したネガティブリスト方式の導入など，国内の一部にさらなる貿易・投資の自由化，経済運営の効率化を図る地区を設ける試みである。

「一帯一路」構想により，中国と「一帯一路」沿線国との経済関係は緊密化した。「一帯一路」沿線国は 2022 年に中国の対外貿易の 32.9 ％，対外投資の 17.9 ％，対外請負工事の 54.8 ％を占める。しかし中国の経済協力・対外援助の増加にともない，債務返済が停滞した途上国の権益が担保として中国に取得されるなど，「債務のわな」に陥る国々が続出した。またプロジェクトは中国企業主導で進み，現地雇用も限定的なまま，環境への配慮も欠いているといった批判が相次いだ。これに対して中国は「質の高い一帯一路」への軌道修正を試みている。

また自由貿易試験区は2021年までに全国21カ所に設置されている。国土面積の1000分の1未満にすぎない21カ所の自由貿易試験区ではあるが，2022年に中国の対内投資の18.1％，対外貿易の17.8％を占めている。自由貿易試験区は，対外開放に加えて，政府機能・管理方式の転換，法制度の整備，試験区内改革の国内への波及も設置目的とされており，すでに試験区内では製造業の参入制限は撤廃され，電子商取引分野などでは，試験区内の特別措置を用いた新たなビジネスも展開されている。

米中貿易戦争と「双循環」発展戦略

　2017年に誕生したトランプ米政権は，大統領選挙時から対中批判を繰り返し，翌18年には1974年通商法301条調査に基づき4次に及ぶ対中追加関税を発動した。米中両国の制裁・報復の応酬となった米中貿易戦争は，地政学的対立ともあいまって，安全保障に直結する技術覇権をめぐる競争へと発展した。アメリカの対中関与政策はトランプ政権により否定され，強硬的な対中政策はバイデン政権にも継承された。

　保護主義が台頭し，世界経済が低迷し，グローバル市場が萎縮した国際環境にあって，2020年に中国では，国内大循環を主体とし，国内と国際の2つの循環が相互に促進しあう新たな発展戦略として「双循環」発展戦略が打ち出された。厳しい国際環境の中，中国の巨大な国内市場の優位性を十分に活かすことを提起したものである。これまで中国が対外開放で求めてきた「両頭在外」（市場と資源を国外に求める）からの転換でもある。ただし，イノベーション主導型成長を追求する中，先端技術や現代サービス導入のための国際大循環は維持されることになる。

　対外開放は引き続き積極的に展開されている。2020年11月に中国は自国にとって初のメガFTAである「地域的な包括的経済

連携」(RCEP) に署名し，2021 年 9 月と 11 月にはアメリカ抜きのTPP11・「環太平洋パートナーシップに関する包括的・先進的な協定」(CPTPP) と「デジタル経済連携協定」(DEPA) への加入を申請した。さらに中国は国連や WTO などの既存の国際機関の改革，「一帯一路」構想に加えて 2021 年 9 月の国連総会で習近平国家主席が提唱した「グローバル開発構想」(開発優先，人間中心，包摂，イノベーション主導型開発，人間と自然との共生，結果志向の行動の 6 つの基本理念の堅持) の展開，さらにサイバー，深海，宇宙などの形成過程にある新規国際レジームの形成など，グローバル・ガバナンスへの積極的な関与を強めている。

6 課題と挑戦

　2017 年 10 月の 19 全大会では，2020 年に「全面的小康（いくらか余裕のある）社会」を建設し，2035 年に「社会主義現代化」を基本的に実現し，2050 年には「社会主義現代化強国」を建設するとの奮闘目標が設定された。2020 年の 19 期 5 中全会で採択された「第 14 次 5 カ年計画（2021〜25 年）と 2035 年長期目標綱要」では，2035 年に 1 人当たり GDP を中等先進国の水準に到達させるという具体的な長期目標が設けられた。とはいえ，中国経済は次のような課題と挑戦に直面している。

<u>**過剰債務の削減**</u>　2017 年末の中央経済工作会議では，①重大リスクの防止・解消，②的確な貧困脱却，③環境汚染の防止の「三大堅塁攻略戦」に取り組むことが表明された。なかでも①は金融市場のシステミック・リスクと表裏一体の重大問題である。中国はリーマン・ショック直後に 4 兆

元の景気対策を打ち出し，世界に先駆けて景気回復を実現した。しかしこの過程で発生した過剰債務は中国経済の重荷となっている。債務削減に焦点を据えた構造改革は，その後の米中貿易戦争やコロナ禍により事実上先送りされたが，その一環として2021年に導入された不動産向け融資の総量規制は，結果として，景気浮揚の牽引（けんいん）役を担ってきた不動産の市況を悪化させ，コロナ禍の中，金融緩和を余儀なくされた。貧困・環境対策やカーボン・ニュートラル政策が一定の成果をあげているのに対して，債務削減はいまだ中国経済にとって重大なリスク要因となっている。

国有経済の優位

中国経済では，国有経済は今なお重要な存在である。政府が支配する経済資源は，国有企業に優先的に割り振られ，その特殊な地位と政府の支援のもとに不公平な競争環境が温存されており，重厚長大産業や運輸・通信業などはいまだ国有企業の寡占下にある。中国でも独占禁止法は整備され，競争政策は機能しているとはいえ，大型国有企業間の合併・統合は黙認されるなど，国有企業は今なお超法規的な存在として扱われることが多い。また収益性を度外視した国有企業の事業拡大は，過剰生産能力を生み出し，民業を圧迫している。雇用維持の観点から補助金に依存して生き延びているゾンビ企業が存在する一方で，基幹産業に携わる民間企業を国有化する動きも見られる。国有経済の過大なプレゼンスのもとで，内需転換やイノベーションを進めていくことは必ずしも容易ではない。そのため，経済改革の究極的な課題として，所有制改革の行方に着目せざるをえないのである。

格差是正と社会安全網の整備

改革開放期の高度成長は大きな所得・資産格差を生み出した。21世紀に入り，ジニ係数（第4章）の拡大傾向は鈍化し

たものの，国際的に見ても，中国には大きな経済格差が存在する。その是正策でもある社会保障体制の改革は，1990年代末の国有企業改革にともなう失業・一時帰休者の大量出現に始まる。ここから「五険一金」(養老，医療，労災，出産，失業保険と住宅積立金)と呼ばれる社会保険の整備が始まり，すでに都市住民の加入は一巡し，基本サービスが提供されている。しかし中国の急激な少子高齢化は，社会安全網の制度設計をかなり困難にしている。国家統計局によると，2022年末時点の中国の人口は前年比85万人減と61年ぶりに減少に転じた。中国は2021年に65歳以上の人口が全人口の14％を超える「高齢社会」となった。国連の2019年人口予測よりも5年早い「高齢社会」への到達である。中国は2016年に一人っ子政策を正式に廃止したが，少子高齢化傾向に歯止めをかけるまでにはいたっていない。

「共同富裕」への道

習近平総書記は2021年2月に「貧困脱却堅塁攻略戦」の全面的勝利を宣言し，同年7月の中国共産党「建党100年」に「小康社会の実現」を宣言した。そして翌8月には今世紀半ばの「共同富裕」の実現が提起された。「共同富裕」に関して，不法所得の取り締まり強化，格差拡大につながる産業への規制の強化(不動産開発業，学習支援業，IT産業など)，高額所得者による寄付などが注目されており，その社会主義的な側面が強調される傾向がある。しかし「共同富裕」では，まず中間層の形成がめざされている。同時に，所得と消費の乖離縮小(＝消費振興)，基本・包括的な生活保障(＝消費性向の上昇)，人的資本の改善(＝生産性の上昇・「質」の向上)が掲げられている。さらに「殺富済貧」(富裕化を否定して貧困を救済する)や「福祉のわな」(悪平等化)も否定されている。3期目という異例の続投により，習近平政権は米中貿易戦争，コロナ禍，ウ

クライナ危機の影響を克服しつつ，「共同富裕」という長期目標の実現に取り組んでいるのである。

Column ⑦　習近平路線の特徴

　2022年10月の中国共産党第20回大会において習近平総書記は，3期目を迎えた習近平政権の基本方針を報告した。これまで改革開放期の基本方針とされてきた鄧小平路線と比較すると，習近平路線の特徴はより鮮明となる。ちなみに，習近平総書記の前任者である江沢民と胡錦濤の総書記就任は，いずれも鄧小平の指名によるものであり，江沢民・胡錦濤政権は基本的に鄧小平路線の延長線上に位置する。

　たとえば，経済成長に関しては，鄧小平路線は文化大革命により破綻状態にあった経済の建て直しを喫緊の課題としていたことから，まずは高度成長による経済規模（パイ）の拡大をめざした。一方，高度成長の終焉を迎えて誕生した習近平政権では，高度成長の負の局面を排除した中程度の成長が選好され，「革新・協調・グリーン・開放・共有」の発展理念に基づく「質の高い発展」の追求が強調されている。

　このような相違は分配面でも顕著である。鄧小平路線では，文革時代の極端な「平均主義」（悪平等）が否定され，「先富論」（先に豊かになれる者を富ませ，落伍した者を助ける）に基づき格差拡大が容認された。しかし現実には「先富論」の後半部分「落伍した者を助ける」はほとんど顧みられることなく，改革開放期の中国では格差拡大が進行した。このような背景のもとに，習近平政権はまず貧困撲滅を優先課題とし，その実現を宣言した後，「共同富裕」の実現に踏み出したのである。

　経済改革のあり方に関しても，鄧小平路線では資源配分における市場の役割が重視され，市場化を目的とした経済改革が推進さ

れた。経済改革の主体となる企業改革では，国有企業にもまして民営企業の発展が優先された（「国退民進」）。一方，習近平路線では，資源配分における政府の役割が再度強調されることになる。とりわけ産業政策が重視され，「自立自強」の中国をめざす方針が明らかにされている。したがって，ここでの主役は国有企業となり，その育成・競争力の強化が振興される一方で，巨大化した一部民営企業に対しては規制の強化が図られている。

　経済改革に接合されてきた対外開放でも，鄧小平路線が資源と市場を海外に求め（「両頭在外」），貿易自由化を通してグローバル経済との一体化をめざしたのに対して，国際経済（「国際大循環」）への依存度を減らし，国内巨大市場に依存する「国内大循環」を主体とする「双循環戦略」を追求する方針を明らかにしている。このような変化にともない，中国の世界貿易機関（WTO）や自由貿易協定（FTA）などに対する姿勢にも微調整が図られつつある。

　習近平は総書記就任後，まず反腐敗闘争を通して政治上のライバルを排除していった。同時に，各種プロジェクトチーム（「小組」）を立ち上げ，それらを共産党内の正式な委員会に昇格させることにより，従来の政府の機能を徐々に包摂し，長老指導者の介入を排除するような意思決定過程を形成し，権力の集中を図ってきた。この過程を通して，習近平は「全党の核心としての地位」を獲得し，また党規約にその指導思想（「習近平による新時代の中国の特色ある社会主義思想」）を盛り込むことにより，「偉大な指導者」への道を歩んできた。

　しかしながら，習近平総書記の一強体制の確立により，中国と中国経済に対する不確実性はむしろ高まったともいえる。最高指導部を側近で固めた習近平政権では，基本的にトップダウン型の意思決定が行われ，政策の揺れ幅の拡大と同時に軌道修正の選択

幅の限定化が予想される。また安定と秩序が強調される習近平路線では，政策手段として統制・管理が優先される傾向にある。これは高度成長の終焉を迎えた中国が最も重視するイノベーションとは対極に位置するような政策措置であり，独創性や創造性が求められる革新的活動の制約にならないかが懸念されるところである。さらに不確実性を高めている要因は，習近平総書記の続投により，2期10年の任期，あるいは68歳になれば引退するという権力継承の暗黙のルールが全面否定され，ポスト習近平の展望を著しく不透明なものとしたことである。

LITERATURE

参考文献

▶ 中国の経済発展に関する包括的な入門書として，次の書籍がある。

丸川知雄［2021］，『現代中国経済（新版）』有斐閣。

南亮進・牧野文夫編［2016］，『中国経済入門（第4版）：高度成長の終焉と安定成長への途』日本評論社。

梶谷懐・藤井大輔編［2018］，『現代中国経済論（第2版）』ミネルヴァ書房。

Cai, Fang（蔡昉）［2016］, *China's Economic Growth Prospects: From Demographic Dividend to Reform Dividend*, Social Sciences Academic Press.（丸川知雄監訳［2019］，『現代中国経済入門：人口ボーナスから改革ボーナスへ』東京大学出版会）

Kroeber, Arthur R.［2020］, *China's Economy: What Everyone Needs to Know*, Second Edition, Oxford University Press.（東

　　方雅美訳［2023］，『チャイナ・エコノミー（第 2 版）　異形の
　　超大国と世界へのインパクト：そのファクトとロジック』白
　　桃書房）

▶　習近平時代の経済発展については，次の書籍がある。
　　三浦有史［2023］，『脱「中国依存」は可能か：中国経済の虚実』
　　中央公論新社。

▶　毛沢東時代の中国経済の分析としては，次の書籍がある。
　　中兼和津次編［2021］，『毛沢東時代の経済：改革開放の源流を
　　さぐる』名古屋大学出版会。

▶　開発経済学の観点からの中国経済の分析として，次の書籍が
　　ある。
　　中兼和津次［2012］，『開発経済学と現代中国』名古屋大学出版
　　会。

▶　産業発展の観点からの中国経済の分析として，次の書籍がある。
　　伊藤亜聖［2015］，『現代中国の産業集積：「世界の工場」とボト
　　ムアップ型経済発展』名古屋大学出版会。

▶　対外経済分野における主要な争点の分析として，次の書籍が
　　ある。
　　大橋英夫［2020］，『チャイナ・ショックの経済学：米中貿易戦
　　争の検証』勁草書房。
　　関志雄［2020］，『未完の人民元改革：国際通貨への道』文眞堂。

第8章 東アジアの先進経済

シンガポール金融街とコンテナターミナル
写真：筆者撮影

■ 20世紀後半の東アジアにおいて，日本に続いてめざましい経済発展を遂げたのは，韓国・台湾・シンガポール・香港の4つの経済である。このうちシンガポールと香港は，地方や農村をもたないコンパクトな都市経済である。急成長をしていた頃，これらの4経済は新興工業経済（NIEs: Newly Industrializing Economies）と呼ばれていた。持続的な成長の結果，彼らはすでに途上国を卒業し，高度成長期も終わり，いまや成熟社会としてさまざまな課題に直面している。それらは日本が抱える課題（第6章）と共通なものも多い。

227

1 先進経済の特徴と相違点

東アジア先進経済の特徴

東アジアの先進経済を個別に見る前に，彼らの特徴および相違点を大まかに検討しておこう。数字にあらわれる特徴として，次の点が指摘できる（**表8-1**）。

　まず4経済とも，1960年代頃から数十年にわたって高成長を続け，現在の1人当たり所得は高いレベルに達している。その過程では，GDPに占める投資や輸出の比率に上昇が見られ，すなわちこれらが成長の牽引役であったことが推察される。高い投資率の背景には高い貯蓄率があった。都市経済であるシンガポールと香港の所得水準はすでに多くの欧米諸国を上回っており，非常に裕福な経済といえる。この2経済は，国内市場が小さいこと，中継貿易港であったことから当初よりGDP比で輸出が100％を超えており，日韓台などとは経済構造が異なっている。いまやこれらの経済は，日本の長期低迷ほど極端ではないが，高所得レベルで成長率は鈍化している。

　産業構造の変化をGDPに占める一次産品と製造業の構成比で見てみよう。韓国と台湾では，農林水産業のシェア低下とともに製造業のシェアが上昇した。いわゆる「**経済構造転換**」（農業から工業へのシフト）が急速に進行したのである。シンガポールと香港では，狭小な国土を反映して農業の比重は当初より無視できるほど小さかった。シンガポールでは，製造業のシェアは上昇したが，金融や国際ビジネス拠点などのハイテクサービス機能も堅調である。かつて香港では輸出向けの製造業が重要な役割を果たし

表8-1 東アジア先進経済の基礎データ

		韓 国	台 湾	シンガポール	香 港	日 本（参考）
経済成長率（%／年）	1961～1980	7.1	10.4	9.1	8.5	7.0
	1981～2000	7.4	7.4	7.4	5.3	2.9
	2001～2020	3.1	3.6	4.4	2.8	0.5
1人当たりGDP（米ドル）	1960	158	163	428	424	475
	1980	1,715	2,389	4,928	5,700	9,463
	2000	12,257	14,908	23,852	25,757	39,169
	2020	31,721	28,549	60,730	46,108	39,918
名目GDPの支出構成比（%）	国内総投資	1960	11	…	11	18	34
		1980	32	31	46	35	32
		2000	33	27	35	28	17
		2020	32	24	23	19	25
	財・サービスの輸出	1960	3	…	163	82	11
		1980	34	53	207	90	14
		2000	34	52	188	126	11
		2020	36	58	225	176	16
名目GDPの産業構成比（%）	農林水産業	1960	37	33	4	4	13
		1980	15	9	1	1	4
		2000	4	2	0	0	2
		2020	2	2	0	0	1
	製造業	1960	14	17	12	26	34
		1980	29	34	29	24	29
		2000	26	25	26	5	23
		2020	25	32	20	1	20

（出所）　経済成長率と1人当たりGDPは世界銀行，World Bank Database。名目GDPの構成比はアジア開発銀行，Key Economic Indicators。ただし1980年以前のデータはこれらの年次印刷物に基づく。台湾の成長率と所得は中華民国統計資訊網（National Statistics, ROC）の「国民所得及経済成長」による。各データベースは2023年4月12日にアクセス。

たが，すでにその時代は終了し，サービス中心の高所得経済となっている。

| 経済発展の諸要因 |

次に経済発展，とりわけその初期段階を支えた諸要因について考えてみると，以下の点が指摘できる（表8-2）。

表8-2　東アジア先進経済の発展の特徴

		韓　国	台　湾	シンガポール	香　港
初期条件	政治・対外状況	北朝鮮の脅威	中国との対立	マレーシア連邦からの離脱	中国の共産化
	労働者以外の資源	ほぼゼロ	農業基盤	中継貿易港としての伝統	中国からの企業家
	人口(1960年)	3600万人	1100万人	200万人	300万人
経済開発に対する政府のコミットメント		強い：トップダウン型で資源配分に介入	比較的弱い：インフラ整備・輸出加工区など	強い：貯蓄・労働市場にも介入	不介入主義：民間のためのインフラは整備
初期の工業化戦略		輸入代替(1960年代前半)→輸出志向(60年代後半)	輸入代替(1950年代)→輸出志向(60年代後半)	輸入代替(1960年代前半)→輸出志向(60年代後半)	輸出志向(1950年代より)
成長を牽引した企業		財閥系大企業	中小企業，政府系企業	外資企業，政府系企業	中小企業

　第1に，香港を除く3経済では，開発に対する強い意志と政策手段をもった権威主義開発体制が存在した（第5章）。この背景には，第2次大戦後にこれらの経済が置かれた厳しい政治的および経済的状況がある。すなわち，韓国は北朝鮮の脅威，台湾は中国との対立，シンガポールはマレーシア連邦からの離脱という，それぞれ国家存亡の危機に直面していた。彼らは，これらの困難に立ち向かうためには経済力の強化が最重要と考えた。その実現のために強力な指導者のもとに優秀な官僚組織が形成され，政府の積極的な**政策介入**が行われた。これとは対照的に，香港では**不介入主義**がとられた。

　ただし詳しく検討すると，韓国・台湾・シンガポールの間にも政府介入の程度に差が見られる。この差は，彼らが置かれた政治的経済的環境のみならず，初期条件としての天然資源量や民間部

門の発達程度とも関連している。たとえば，韓国は労働力以外の資源はきわめて乏しく，かつ民間部門も未発達だった。これに対し，台湾では農業が比較的順調だったことに加え，民間部門も韓国より進んでいた。これらの初期条件を反映して，韓国では政府指導のもとに重化学工業化を含む強力な産業介入が行われたのに対し，台湾の産業政策は特定産業を強力に育成するというほど強いものではなかった。政府による産業介入については肯定的な評価がある一方で，特定産業を選択しての振興策には否定的な見方もある（第5章）。

第2に，天然資源や生産要素（土地・労働・資本）の観点からは，韓国・台湾・シンガポール・香港は程度の差はあれ，総じて物理的資源に乏しく，頼れるのは人的資源のみという状況からスタートした。彼らが輸出できそうな商品は，一次産品やエネルギーではなく**労働集約型の工業製品**であり，ゆえにそうした産業を育て競争力をつけていく必要に迫られていた。

第3に，政策シフトのタイミングを検討しよう。工業化の初期段階では**輸入代替**（これまで輸入していた食品・日用品などの軽工業品を国内生産に置き換える）から輸出志向へと移行していくのが普通である。東アジアの先進経済でもこのシフトが見られた。ただし香港だけは，不介入主義と国内市場の狭さから，輸入代替工業化は採用されなかった。またシンガポールでも国内市場の狭さから，輸入代替工業化の期間はきわめて短かった。第9，10章で検討するASEAN諸国と比べると，これらの先進経済では一般に輸入代替の期間が短く，早めに**輸出志向工業化**に転換したといえる。これは，彼らには輸出できる一次産品がほとんどなく，外貨獲得のために工業品輸出を迫られたからである。保護主義による非効率化を招きやすい輸入代替に比べて，輸出志向は工業化のた

めには優れた戦略である。厳しい国際競争の中で輸出努力を強いられることは国内産業の発展に貢献し，また世界市場の広さは**規模の経済**（大量生産によるコストダウン）を追求できるという利点を有している（章末 *Column* ⑧参照）。

　第4に，これらの経済の国内民間部門はかなりダイナミックであり，技術吸収も速く，ゆえに中所得のわなに陥らずに高所得に到達できた。これも ASEAN 諸国（シンガポールを除く）とは異なる点である。現在多くの途上国では若者の大量失業が大きな社会問題になっているが，上記4経済の場合，成長の勢いが非常に強かったため比較的早期に労働過剰から労働不足に移行した。

　どのような民間企業が経済成長を支えたかは各経済で異なる。韓国では，チェボルと呼ばれるサムスン，LG，デーウなどの財閥系大企業が重化学・機械・電子工業を推進し，政府は彼らを強力に支援するとともに成果も厳しく要求した。一方，台湾では工業化初期の輸出を担ったのは多数の中小企業であった。香港では不介入主義のもとで，台湾と同様，中小企業の活躍が目立った。シンガポールでは，外資企業や政府系企業のプレゼンスが大きいという特徴が見られた。

　第5に，**直接投資**（外国企業による生産拠点の構築）については積極的に受け入れる場合が多かった。直接投資は，経営ノウハウ・資本・技術・市場などの経営資源をパッケージとして持ち込んでくれる。だが，それらの技術や知識を模倣ないし習得できるか否かは，受入国の企業能力に依存する。東アジアの先進経済はこの点で高い国内能力をもっていたといえる。なお韓国では外国企業の進出自体は歓迎されず，海外からの技術と資金の導入に力点が置かれた。韓国は，外国の企業活動に頼ることなく自国の技術と知識を急速に高めたのである。

以下，各経済の経験を見ていこう。

2 韓 国

経済成長の歩み

20世紀前半，日本が植民地支配していた頃の朝鮮半島は「北工南農」であった。工業は北部に集中し，南部は主に農業地帯であった。第2次大戦後に米ソ冷戦が始まると，1948年に朝鮮半島は南北に分断されてしまう。これは南部（韓国）にとり，工業化のための大きなハンディとなった。さらに1950～53年の朝鮮戦争により，韓国は大きな打撃を被った。このように韓国の開発の初期条件はきわめて厳しいものであった。この困難のなかで重要な役割を果たしたのはアメリカの経済援助である。それは戦災からの復興を助け，繊維・食品などの消費財産業の発展にも貢献した。だが原材料・部品・機械などの供給は未発達であり，それらの輸入は貿易赤字を招いた。当時の李承晩政権は不正や弾圧を行ったが，経済発展の糸口をつかむことはできなかった。その頃の韓国は鉱産物も工業基盤もなく，政府官僚は相当に腐敗しており，アメリカにかろうじて支えられているだけの，将来発展する見込みはない国と考えられていた。

この状況を一変させたのは，1961年の軍事クーデタによって登場した朴正熙政権である。朴大統領は強い開発意志をもち，官主導型の経済発展をめざした。これは国民の「もっとよい生活をしたい」という要求に応えるものでもあった。開発の司令塔として経済企画院が設立され，1962年に第1次5カ年計画，67年に第2次5カ年計画が策定された。当初は農業再建と国内資源の

活用が意識されたが，試行錯誤の結果，外国借款および技術導入による輸出工業化という戦略が形成されていった。労働力しかない韓国は，投資のための資金や技術は海外に頼らざるをえなかった。また機械設備や部品を輸入するためには輸出で外貨を稼がなければならなかった。開発計画を遂行するための支援措置として輸出補助金，企業の輸出実績に応じた輸入割当，為替レートの一本化と切り下げ，低金利の政策金融，優遇税制などが導入された。

この結果，1960年代半ばから，韓国の輸出は繊維・履物などの労働集約型軽工業品を中心に急増していった。これは，日本などから輸入した中間財・資本財を国内の安い労働力で組立・加工し，完成品を輸出するという**加工貿易型産業**であった。1960年代半ばからは輸入数量制限の廃止をはじめとする貿易自由化も徐々に進められた。

だが，こうした産業構造のままでは生産基盤は狭く脆弱で，貿易赤字も解消されない。そこで1970年代になると，経済的自立のために，輸入に頼っていた部品・機械を国産で置き換えようとする努力が始まった。1973年には重化学工業化が宣言され，同年に完工した浦項総合製鉄所はその象徴となった。強力な政府支援のもとで推進されたこの政策は，鉄鋼・石油化学・造船などの新たな産業を創り出し，1960年代から続く輸出振興とともに，韓国の高度成長に寄与した。やがて韓国は，軽工業品とともに重化学製品も輸出する国となる（**複線型工業化**）。1970年に270ドルだった1人当たり所得は，1977年に1000ドルを超えた。

このような強引ともいえる上からの重工業化については，産業構造の高度化に成功したという積極的評価がある一方，資源配分の効率性を損ねた，あるいは政府介入のコストは非常に高かったとするネガティブな見方もある。さらに経済の急成長は，過剰設

備・所得不平等・財閥系大企業と中小企業の格差などの新たな問題を生み出した。1979年には，第2次石油危機の勃発や朴大統領暗殺により，韓国は政治的動乱と経済不況の時期を迎える。

この混乱の中，軍出身の全斗煥が政権を掌握する。全政権は，経済的には成長至上主義から市場重視へ，官主導から民主導へといった政策修正を開始した。対外債務の増加や世界的な高金利の中，マクロ経済運営の努力によって，1980年代半ばまでに成長・物価・国際収支の問題の悪化を何とか食い止めることができた。一方，政治的には非常戒厳令を敷き，民主化運動や野党指導者の逮捕・抑圧を行った。1980年5月には，軍が学生・市民の抗議を弾圧し多数の犠牲者を出すという光州事件が起こった。1980年代後半に韓国の経済パフォーマンスは好調に転じた。ドル安・原油安・国際金利安という「三低現象」の恩恵を受け，半導体・自動車などの輸出が増加し，国際収支の黒字化に成功した。

1997年末に発生したアジア通貨危機は，韓国経済を直撃した。この危機は，銀行借り入れを中心とする短期対外債務が不良債権や外貨不足をめぐる懸念によって韓国から急激に流出し，通貨暴落を引き起こしたものである（第3章参照）。これを乗り切るために韓国はIMF融資を要請したが，その条件として財政金融の引き締めや構造調整が要求され，これが深刻な不況を招いた。この危機は，これまでの官主導の開発を見直し，規制緩和や市場重視の考え方を導入する機会ともなった。

経済の成熟と政治の展開

歴史的に見ると，経済成長は1960年代に年平均9.5％，70年代に9.3％，80年代に10.0％であり，韓国は長期の高成長を維持したが，90年代には7.1％，2000年代は4.7％，2010年代は2.6％と低下した。ただし低下は急ではなく，徐々

に進行したといえる。その間に韓国は高所得の技術先進国へと成熟していった。とりわけ半導体メモリー・スマホ・有機ELといったハイテク電子機器では，日本をはるかに追い越して世界市場で中国との競争を繰り広げている。また自動車・家電・鉄鋼・造船などでも高い競争力を保っている。近年の輸出先は，日米市場のシェアが低下し，中国市場への依存（約25％）が高まってきた。なお，電子政府についても韓国は日本よりはるかに進んでおり，各種の登録，税申告・納税，公共サービス申請などの行政手続きは窓口や紙を介することなく，デジタルで行うことができる。

　政治面では，1988年に初めて国民の直接投票によって盧泰愚ノテウ大統領が選出され，韓国の民主化が開始された。ただしその後は，政権がかわるたびに経済政策（規制緩和・大企業優遇・法人税など）や外交政策（北朝鮮政策・対中政策・日米韓連携など）の方針が大きく揺れ動き，また退任後の多くの大統領が逮捕・収監されたり，自殺するといった傾向が見られる。

韓国が直面する社会問題

高度成長期を終了し，低成長型先進国となった韓国は多くの社会問題に直面している。それらは日本の課題と共通するものも多い。まず急速な少子高齢化の進行がある。2019年の高齢化率（65歳以上の人口）は，韓国が14.9％で日本が28.4％だが，2050年までには日本を追い越すと予測されている。一方，女性1人当たりの出生率（合計特殊出生率）は，2020年に韓国が0.84，日本が1.34とすでに日本を大きく下回る。若者が結婚や出産をしない理由としては，雇用不安に加えて教育費・住居費の高さが指摘されている。若者の失業率は10％を超えており，日本よりも高い。大企業は雇用調整のためにパートなどの非正規雇用を増やしており，非正規のワーカーは正規の5〜6割の賃金しか受け

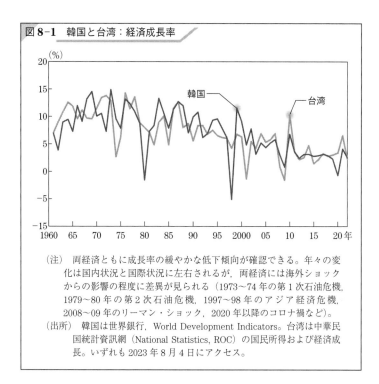

図 8-1 韓国と台湾：経済成長率

（注）　両経済ともに成長率の緩やかな低下傾向が確認できる。年々の変化は国内状況と国際状況に左右されるが，両経済には海外ショックからの影響の程度に差異が見られる（1973〜74 年の第 1 次石油危機，1979〜80 年の第 2 次石油危機，1997〜98 年のアジア経済危機，2008〜09 年のリーマン・ショック，2020 年以降のコロナ禍など）。

（出所）　韓国は世界銀行，World Development Indicators。台湾は中華民国統計資訊網（National Statistics, ROC）の国民所得および経済成長。いずれも 2023 年 8 月 4 日にアクセス。

取れない。

　日本でも大企業と中小企業に格差があるが，韓国の格差はより大きい。若者は財閥や大企業に就職することを切望し，中小企業に行きたがらない。2018 年には，サムスン電子 1 社だけで韓国企業全体の 4 分の 1 の純利益を稼いだ。日本にも大企業は多いが，これほど極端な勝ち組はない。政府は負債比率や相互出資に関しては財閥を規制してきたが，オーナーが直接間接に多数の系列企業を所有するという韓国型財閥支配は崩れていない。一方，中小企業は低賃金であり，とくに中高年の賃金が低い。

　大学進学率は 7 割程度と，OECD 諸国で最高の水準である。大

学間の序列がはっきりしており，前述のとおり学生は大企業志向なので，受験競争は非常に激しい。また塾や習い事のコストも日本より高くなっている。公的年金や医療保険については，制度が日本より若く，受給者割合も給付水準も日本より低いため大きな財政負担にはなっていないが，そのかわり国民に対して十分な保障ができていないという問題がある。年金を受け取れない高齢者が多く，働き続けないと生活できないという状況は，老人にとって厳しい世界である。日韓はともに自殺死亡率が高いが，近年は韓国の方が高くなっている（2016年に10万人当たり24.6）。とくに70歳代では，韓国の自殺死亡率は日本の2.7倍と，他年齢に比して突出している。

　韓国のハイテク製品は世界市場を席巻しているが，半世紀以上前から指摘されている輸入依存体質（製品をつくるために多くの原材料・部品・機械を輸入せねばならない）は現在も完全に解消されたとはいえない。日本を含む他国の技術を自前の技術で置き換える努力はこれからも続くことになる。

3 台 湾

| 経済成長の歩み | 台湾の工業化の歩みは韓国と共通の部分もあるが，異なる部分もある。

　現在の台湾政権は，第2次大戦後，中国大陸で共産党との戦いに敗れた蒋介石率いる国民党が，1949年に台湾に移動して支配を行うという形でスタートした。開発のための初期条件は比較的恵まれたものだった。第1に，国民党支配のもとで政治の安定が確保された。国民党は，大陸での失敗を反省し，官僚の汚職腐敗

を撲滅すると同時に有能なテクノクラートを配置して，政策の実績をあげることに努力を傾注した。第2に，農業が順調だったことがあげられる。1949年から農地改革が実施され，地主が所有していた土地は農民に払い下げられた。これによる自作農の増加と生産意欲の高まりは，茶・砂糖・コメを中心とする農業の生産増加と生産性向上に結びついた。農業の発展は，アメリカからの物資援助とともに，インフレの緩和に貢献した。さらに農業生産の長期的効果として，食糧輸入の減少や輸出による外貨獲得は，来るべき工業化のための資金を供給することとなった。第3に，大企業が強く中小企業が弱かった韓国と比べると，台湾の中小企業はかなり活発であり，開発の初期段階から生産や輸出の推進役を担うことができた。

　初期の工業化政策は，保護関税や輸入制限を用いて，繊維をはじめとする軽工業消費財の国内生産を奨励するというものだった（第1次輸入代替）。だが，国内市場が狭かったためこの戦略は間もなく限界に達する。また需要が大きいにもかかわらず国内で生産できない品目も多かった。さらにアメリカの援助停止も加わり，1960年代になると，台湾は輸入に必要となる外貨獲得のため，農業以外の輸出産業を育成せねばならなくなった（輸出志向工業化）。政府は複数為替レートの一本化と切り下げを行い，輸出業者に対して低金利融資・輸出戻し税制・投資奨励措置・外資導入などの措置を講じた。1965年に高雄に開設された輸出加工区は世界初の試みであり（アイルランドが先という説もあるが，本格的な輸出加工区は台湾が初），その成功により，輸出加工区は東アジアで広く採用される政策となった。1960年代後半の台湾の輸出品は，まだ繊維が主力であったが，電子電機部品やプラスチックが加わった。

1970年代になると，重化学や工業素材の振興が課題となる。輸出は順調に拡大してきたが，その生産に必要な原材料や中間財は輸入せざるをえなかった。また急激な経済成長のなかで，インフラ不足が強く認識された。これに対し，政府は「十大項目建設計画」(1973～77年) を策定し，本格的な重化学工業化とインフラ建設に乗り出した (第2次輸入代替)。推進すべき重化学分野として鉄鋼・造船・石油化学の3項目が選ばれ，これらを生産する国営企業が設立された (なお，日本や韓国では重化学は民間企業が担った)。インフラ建設は高速道路・鉄道・空港・港湾などの7項目が対象となり，これらの整備は将来の工業化の基盤を提供した。韓国と同様，輸出志向工業化と重化学工業化は同時進行したのである。

　1980年代に入ると，さまざまな外的ショックの中で，台湾はいっそうの競争力強化と産業構造の高度化を迫られる。1979年の第2次オイルショックがもたらした原油高と世界不況は台湾経済に打撃を与えた。加えて台湾ドルの増価，賃金上昇，先進国における保護主義の高まり，ASEANの追い上げなどを受けて，1980年代前半に台湾製品の国際競争力は低下傾向をたどった。これに対し，政府は産業のレベルアップのために情報技術・バイオテクノロジー・電気機械といったハイテク部門をターゲットとして，企業の研究開発を奨励するとともに，金融財政面での支援を提供した。1980年代後半になると，この政策に加え，円高による日本の国際競争力の低下や日本をはじめとする先進国からの積極的な直接投資もあいまって，電子・コンピュータが台湾の主力輸出産業としての地位を確立した。これらの政策を指揮し成功に導いたのは，優秀で強い権限をもった経済部 (日本の経済産業省に対応) のテクノクラートたちである。

1990年代から2000年代にかけて，台湾はPC組立・集積回路・メモリチップ・液晶ディスプレイなどの電子ハード分野において世界に冠たる生産国となった。これらの製品は台湾だけでなく，中国を含む海外でも生産された。2009年時点の台湾メーカーの世界シェアは，マザーボードとノートパソコンがいずれも96％，サーバーが89％，無線LAN通信設備が81％，ケーブルモデムが79％など，圧倒的であった。ただしこの多くは台湾ブランドでの販売ではなく，外国企業のための代理生産である。これを **EMS**（Electronics Manufacturing Service）という。経済成長の担い手としては，従来の中小企業に加えて，以上の電子製品を生産する民間大企業として，TSMC（半導体），UMC（半導体），鴻海（EMS，別名Foxconn）などが登場した。民間部門の成熟により，政策司令塔としての経済部の貢献はいまだ大きいものの，以前ほど絶大な影響力はもたなくなった。

　台湾も韓国と同様に電子政府を推進しており，とくにコロナ禍期の公共サービス提供は注目に値するものだった。プログラマー出身のデジタル大臣オードリー・タン氏は，ICTを駆使して全国民へのマスク配布，効果的な接触追跡アプリ，国民への情報提供，政策決定への国民参加（デジタル民主主義）を展開し，内外から広い支持と賞賛を得た。ファックスや手作業に頼り，有効な情報やアプリを迅速に打ち出せなかった日本政府のコロナ対策とは対照的であった。

台湾のこれからの課題　　このように，ICTとりわけそのハード機器生産で世界トップの地位を確立して先進経済となった台湾だが，将来に向けてはいくつかの課題が待ち受けている。

　前述のとおり，台湾は中国大陸で敗北したかつての外部者（国

民党）により統治されてきた。政府は，中華民国（台湾政権）こそが中国全土の正統な統治者であり，やがてその支配を取り返すという主張をしてきた。だが中台の現状に照らせば，これは非現実的な目標である。実現できないプロパガンダを維持するよりも，中華民国は台湾の人々によって選ばれ，彼らのために政策を行う国家であるという，現実に沿った路線を支持する声があがっている。

　台湾の存立にとり，中国との関係を適切にマネージすることがきわめて重要である。台湾は「繁栄と自立のジレンマ」に直面してきた。巨大な中国との交流は経済発展にとって不可欠だが，交流が進みすぎると台湾経済は巨大な中国に呑み込まれかねない。中台交流を積極的に推進するか，抑制するかは台湾の歴代政権にとって大きな問題であった。李登輝政権（国民党，1988～2000年）や陳水扁政権（民進党，2000～08年）は中国を警戒し距離を置いたが，馬英九政権（国民党，2008～16年）は対中接近を図り両岸交流を推進した。蔡英文政権（民進党，2016～24年）は，中国の軍事的脅威や香港弾圧を背景に，対中警戒に軸足を戻した。台湾では，政府が対中融和ないし対抗のいずれかに傾きすぎ，より中庸を望む民心と乖離して，総統選挙の際に政権交代が起こることがしばしばある。韓国も北朝鮮の軍事的脅威にさらされているが，北朝鮮は経済的には遅れた小国である。台湾が対峙する中国は経済・政治・技術・軍事のすべてにおいて超大国であり，その圧力をうけながら国づくりを進めるのは容易ではない。最近では台湾有事への懸念から，台湾企業が工場を海外に分散して建設する動きも見られる。

　産業構造の課題としては，多角化とイノベーションが求められる。台湾は半導体や電子製品の生産で世界をリードしてきたが，

いまやこの分野は中国・韓国あるいは一部の ASEAN からの追い上げが激しく，台湾の地位は安泰とはいえない。また好不況の波が激しい電子機器輸出への依存は不安定である。ゆえに，既存産業の強化とともに，新たな先端分野の開拓が望まれる。

　さらに社会面では，成熟経済となった台湾には（程度の差はあるが）日韓と同様に少子高齢化，労働者不足，所得・賃金格差，非正規雇用などの問題が山積している。2000 年代半ばから 10 年代半ばにかけて，台湾の不動産価格は急上昇した。これは中国を含む海外からの投資資金の流入がもたらしたといわれている。同時に，世界的なリーマン・ショックの影響で，2008〜09 年をピークに失業率や所得格差は悪化した。これに対し政府は奢侈税・証券取引所得税・不動産税制などを導入したものの，目に見える格差の縮小にはいたっていない。

4 シンガポール

経済成長の歩み　シンガポールはマレー半島の先端にある，赤道直下の淡路島ほどの島である。国内には経済成長を支えるべき天然資源も市場規模もなく，多くのものを外国に頼らねば生活も産業も成り立たない。国民は 4 分の 3 が華人（中華系）で，マレー系，インド系と続く。かつてシンガポールは「世界最悪のスラム」と呼ばれるほど貧しかったが，いまや世界最高レベルの富裕国となった。このめざましい開発成果は，狭い国土という制約のもとで，リー・クワンユーという 1 人の傑出したリーダーが創作したものだった。独立から半世紀以上が過ぎ，建国の父リー・クワンユーも 2015 年に死去した今，小

さな先進国シンガポールは新たな時代を迎えつつある。

　かつて未開地だったシンガポールは，1819 年にイギリス人ラッフルズ卿に「発見」され，まもなく英領植民地に組み入れられて**貿易中継港**としての発展の歴史を歩み始める。第 2 次大戦中の 1942～45 年には日本に占領され，陸軍による軍政が敷かれた。戦後，1959 年にはイギリスから内政自治権を与えられる。単独で存続できないシンガポールは，1963 年に資源と市場を求めてマレーシアとの合併を試みたが（マレーシア連邦），華人の進出を脅威とみなすマレーシアとの間に亀裂が生じ，シンガポールは 1965 年にマレーシア連邦から追放される形で分離独立した。

　当時シンガポール経済がもっていた利点は，地理的に恵まれた港，中継貿易が養った自由経済の伝統，イギリスが残した制度やインフラ，英語の使用などであった。一方，困難は，狭い国土，天然資源の不在，限られた労働力，小さな市場などであった。以上の条件のもとで，シンガポールは貿易や外資に対して開放的で，同時に外国に大きく依存せねばならない発展の道を歩むこととなった。

　シンガポールがまずめざしたのは中継貿易依存からの脱却，すなわち国内に製造業を興して工業国となることであった。そのために，企業家・投資家を支援する経済開発庁（EDB: Economic Development Board）が 1961 年に設立される。だが 1965 年のマレーシアからの分離独立は，隣国市場の喪失により輸入代替をむずかしくした。一方で人口増による失業問題が発生していた。そこで輸出志向の工業化と雇用創出が求められたが，それを担える現地企業はまだ育っていなかった。そこで政府は外資企業誘致戦略を打ち出し，工業団地の整備，労働組合関連法の整備，投資奨励策などを積極的に進めた。この時期は世界貿易が急拡大し，多国籍

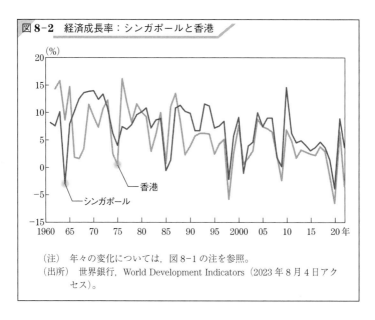

図8-2　経済成長率：シンガポールと香港

(注)　年々の変化については，図8-1の注を参照。
(出所)　世界銀行，World Development Indicators（2023年8月4日アクセス）。

企業が国際展開を活発化した時期と重なっており，シンガポールの政治安定・良質な労働力・整備されたインフラは外資にとって大きな魅力だった。石油精製・石油化学・電気機械・輸送機械を含む，労働集約型と資本集約型の外資がともに到来し，シンガポールは比較的短期間で中継貿易からの脱却と輸出志向工業化に成功する。これを実現したのは主に外資企業だったが，シンガポール自身がつくった政府系企業も重要な役割を果たした。

　1970年代初めになると失業問題は解消され，労働市場はむしろ需要超過に変わった。政府は，人手不足が引き起こす賃金上昇は投資を阻害するとして，1972年に全国賃金評議会（NWC: National Wages Council）を創設し，賃金の抑制を指導した。しかし労働力不足は解消されなかったため，マレーシアなどからの出稼ぎ労働者が大量に流入した。政府は，低廉な外国人労働力の存在が

産業構造の高度化を妨げることを懸念した。そこで賃金政策を一転し，1979年から3年間にわたり賃金を毎年20％ほど人為的に引き上げた。その目的は，労働集約型で付加価値の低い産業を締め出し，資本・技術集約型で付加価値の高い産業への構造転換をうながすためであった。局面変化に迅速に対応する大胆な政策転換は，シンガポール政府の特徴である。

1980年代前半になると，世界不況によりシンガポール経済も停滞した。1985年には初のマイナス成長を経験する。これに対し政府は賃金の凍結，法人税・所得税の減免，積極財政，公的企業の民営化を打ち出した。また成長戦略を再検討し，工業製品輸出基地に加えて国際的な**金融・物流・ビジネス機能のハブ**となるための優遇措置を導入した。これらに加え，1980年代後半には世界経済の回復，外資企業進出の加速，日本の協力を得て実施された生産性運動などがあいまって，経済は順調に拡大し始める。

1990年代には，**知識集約型産業**への優遇が拡大された。とりわけ多国籍企業の誘致に力を入れ，アジアで事業展開する多くの外国企業がシンガポールに地域統括本部を置くようになった。この戦略の成功により，製造業と並んで金融・サービス部門が経済を支える二本柱となった。シンガポールは，1990～97年（アジア経済危機の直前まで）に年平均8.6％という高成長を記録した。また近隣のマレーシアのジョホール州，インドネシアのバタム島・ビンタン島の土地・労働・資源とシンガポールの経営・技術・資本を結合しようとする「成長のトライアングル」構想が提唱された。

21世紀に入ると，シンガポールは成長著しい中国やASEANの新興諸国との貿易・投資関係を深め，開放政策を徹底し，多くの国々と自由貿易協定や経済連携協定を結び，観光客の受け入れ

も積極的に行った。同時に，国内に残された低生産性部門（高齢者・ローテクサービス・外国人労働者など）の改善に取り組んだ。アジア経済危機（1997〜98年），IT不況（2000年代初め），リーマン・ショック（2008年）などの国際的な困難には，シンガポール経済は悪影響を受けたものの，政策対応が適切だったためそれほど深刻なダメージにはいたっていない。

　このように，貧しい小島から出発したシンガポールは，中継貿易基地，製造業輸出，国際ビジネスハブへと構造転換を遂げ，めざましい経済成長と高所得を達成した。2022年の1人当たり所得は8万2808ドルであり，これは日本の2.4倍強にあたる（世銀データ）。ビジネス環境や国際競争力の国際比較においても，長年シンガポールは世界一ないしそれに近い地位を占め続けてきた。これらを可能にした要因としては，リー・クワンユー（首相1959〜90年，以後2011年まで上級相・内閣顧問）の卓越した指導力と実行力がまずあげられる。加えて，クリーンで有能なテクノクラート，強力で比較的適切な政府介入，地域統合・グローバル化への積極的参加，状況変化への迅速かつ大胆な政策転換などが重要である。途上国政府がやることはだいたい失敗するという「常識」とは真逆に，シンガポール政府は優秀かつ実践的で，民間を効果的に指導し，すばらしい開発成果をあげてきた。

　政府内に効果的な実行組織をいくつももち，それらを駆使して政策を実行したことも特筆に値する。すでにあげた経済開発庁（EDB）や全国賃金評議会（NWC）のほか，開発金融を担うシンガポール開発銀行（DBS），工業団地を造成したジュロン開発公社（JTC），政府系ファンドのテマセク・ホールディングス，貯蓄動員のための中央積立基金（CPF），住宅開発委員会（HDB），日本からカイゼンを学んだ国家生産性委員会（NPB）などがあげられ

る。シンガポールの役人は概して若く，優秀かつ柔軟で，英語を速く話し，競争社会のプレッシャーの中で成果を出し，汚職や形式主義とは無縁のダイナミックな人たちである。しかも非常な高給取りでもある。

シンガポールの歩んできた道のりは，韓国や台湾と同様，開発成果を出すことによって国民の支持をとりつける権威主義開発体制の典型であった（第5章）。大胆かつ迅速に政策を転換できたのも，リー・クワンユー首相率いる人民行動党（PAP）の支配力が強固で，反対勢力もなく，即決が可能だった面が大きい。だが韓国と台湾が1980年代に中所得程度で民主化移行を開始したのに比べ，すでに超高所得を達成したシンガポールが民主化・多様化へと進まないのは不思議である。政府が生活の隅々にまで口出しすることに戸惑いを感じている国民もいるが（交通ルールや健康・教育のアドバイスはともかく，婚活やトイレ使用の指導までした），過去の経済政策の正しさは否定できないために，反政府感情は高まらないようである。

シンガポールが抱える将来の不確実性

それでも，国民を導いてくれた厳父リー・クワンユーが2015年に亡くなり，非常に豊かな時代しか知らない若者が増えた今，後継首相たちがトップダウンの政策運営をいつまで続けられるかは不明である。2010年代以降，選挙におけるPAPの圧倒的優位は盤石とはいえなくなってきた。また他の高所得国と同様，シンガポールは労働力不足や外国人労働者受け入れをめぐる問題にも直面している。少子高齢化の程度については日本より厳しい。この背景には，超学歴社会および超競争社会の中での女性の高学歴化・晩婚化があり，子どもを養い教育する時間的・精神的負担が重くなっているという現状がある。きわめて豊かな都市

国家シンガポールが抱える課題は，日本を含む多くの先進国にとっても示唆的である。

5 香　港

| 経済成長の歩み |

香港もシンガポールと同様，もとイギリス領で，中継貿易から発展を開始した小経済である。だがその後の香港は，巨大な中国の存在や政府の不介入主義により，シンガポールとは異なる道をたどった。

　イギリスと清朝中国によるアヘン戦争の結果，中国は敗北し，香港は 1842 年の南京条約でイギリスに割譲された。それ以来，香港はイギリスと中国との中継貿易港として繁栄した。第 2 次世界大戦後，共産党が 1949 年に中華人民共和国を建国すると，1951 年に国連は戦略物資の対中輸出禁止を決定した。これにより，香港は中継貿易の拠り所としていた中国市場を失い，中継貿易以外の生き残り戦略を迫られることになった。だがその反面，中国の共産化は自由な経済地域としての香港の稀少価値を高めた。上海などの中国本土や東南アジアからも，労働者・企業家・資本が自由な経済活動を求めて香港に流入した。これらの人々や資金は，中継貿易時代に蓄積された社会・産業インフラと結びついて，次に来るべき段階，すなわち繊維を中心とする軽工業の発展基盤を準備した。

　韓国・台湾・シンガポールの場合は輸入代替から工業化を始めたが，香港は初めから輸出志向だった。これは，国内市場の狭さおよび政府介入がなかったことに起因する。最初に興ったのは繊維産業だった。その基盤は，上海の綿紡績企業家が経営・技術・

熟練工などをセットで香港に持ち込んだことによって形成された。1950年代には繊維製品が東南アジア・イギリス・アメリカなどに輸出された。1950年代後半になると，おもちゃ・造花などのプラスチック製品も生産されるようになった。とりわけアメリカ向けのホンコン・フラワーの輸出は爆発的に増加した。これらの**労働集約型軽工業品**の輸出は，世界経済の拡大と貿易自由化の流れに乗り，欧米向けを中心に順調に拡大していった。1960年代半ばにはテレビの輸出が開始され，70年代には電卓・集積回路などの電子製品が加わった。これらの電子製品は，その後のおもちゃの電子化にも大きく貢献した。このように1950年代から70年代にかけて，香港は比較優位をもつ労働集約型製品の輸出によって成長した。なお韓国・台湾・シンガポールとは異なり，香港では政府介入がなかったため，重化学工業は興らなかった。

　1980年代に入ると，香港は経済発展が成功した結果としての労働力不足と工業用地不足，およびそれらが引き起こす賃金や地価の高騰に直面した。他方で中国では開放政策のもと，積極的な外資導入が始まりつつあった。そこで香港製造業は，労働力や土地が豊富だった隣接する中国広東省に進出を開始する。香港と広東省それぞれの利点を活かして，大量の労働を用いる生産・加工を広東省で行い，世界への窓口だった香港から完成品を輸出する「委託加工」方式が採用された。すなわち香港は貿易通過地となり，自身が生産した製品ではなく，中国から持ち込んだ繊維・おもちゃ・ローテク電気製品などをそのまま輸出するようになった。

　同時に香港から中国への原材料・中間製品および完成品の輸出も活発化し，香港にとって中国は純輸出ベースで最大の輸出先となった。こうして香港と中国の経済は，貿易と委託加工生産を通じて緊密に結ばれるようになった。当然ながら，委託加工方式に

よる中国への生産移管は香港製造業の縮小（空洞化）をもたらした。1990年代半ばの香港のGDPに占める製造業の比率はすでに1割弱しかなく，香港経済は金融を中心とするサービス業に大きく軸足を移していった。

　上述のとおり，香港政府は経済に対する不介入スタンスをとり，特定産業を指導育成したり輸出成果を求めたりはしなかった。その結果，大規模な初期投資を要する重化学工業は創出されなかったが，かわりに自由な経済環境でのみ機能しうる国際金融センターが自然発生し，力強く育った。ただし，香港政府が何の役割も果たさなかったわけではない。個別産業への介入は行わなかったが，マクロ経済安定・インフラ建設・金融市場の整備などを通じて，政府は民間活動の基盤を適切に提供したといえる。

香港の中国化

1997年7月に香港はイギリスから中国に返還され，中国の特別行政区として再スタートした。香港は返還後もすぐには中国と一体とならず，高度な自治が認められ，法治主義・民主主義・自由な経済活動などが50年間保証されるという「一国二制度」が適用された。当時，将来の方向性について2つの見解があった。1つは，香港経済の自由と活力が中国の経済近代化を加速させるというシナリオであり（中国の香港化），もう1つは，中国の政治的圧力のもとで香港経済が勢いを失っていくというシナリオである（香港の中国化）。香港はアジアの金融センターとして機能していたが，国際資本は自由で信頼できる市場を好むことから，香港が中国化されればこの機能は衰退ないし消滅することが予想された。

　一国二制度のルールはしばらく有効に機能し，香港の国際金融機能は保たれていた。だが，中国の習近平政権は，香港への統制や干渉を徐々に強めていった。これに反発する香港市民や学生は，

2012年の反国民教育運動（中国への愛国心を強制する教育への抗議），14年の雨傘運動（行政長官選挙への干渉に対する高校生・大学生の抗議），16年の香港独立運動（選挙で「本土派」〔香港派〕が「親中派」に勝利）などで抵抗した。高まる独立運動や民主化要求に対し，中国は次第に強硬手段を用いるようになった。2019年に始まった大規模な反政府デモに対し，中国はデモを非合法とし，香港に国家安全法を適用してデモを鎮圧した。この法律は，中国からの分離独立・テロ行為・外国勢力との交流などを禁止し，違反者を最大で終身刑に処することができる。さらに中国は香港の選挙制度を変更し，2021年の立法会選挙では民主派が完全に排除され，中国に忠誠な香港政府の支配が確立した。

これらの動きは香港の自由と独立を脅かすものとして国際社会から非難を浴びているが，中国政府は香港は中国の内政問題であるとして外からの批判を受けいれず，香港への強い支配を変更する兆しはない。上記2つのシナリオのうち，「香港の中国化」が実現したわけである。その理由としては，習近平政権の政策方針に加え，中国経済があまりにも巨大化し香港との規模格差が極端になったため，香港が中国を変えるというシナリオが現実性を失ったこともあげられよう。

Column ⑧　輸出志向工業化 vs. 輸入代替工業化

　輸出志向工業化とは，工業製品の輸出により工業化を図ることである。これに対し輸入代替工業化とは，これまで輸入していた工業製品を国内生産に切り替えることによって工業化を図ることである。2つの工業化に共通な政策手段としては補助金・優遇税制・政策金融などがある。輸入代替工業化ではそれに加えて，保

護関税・輸入数量制限・割高な為替レート・国内製品価格の人為的引き上げといった政策がとられる。

　本来この2つの工業化は二者択一ではなく，同時進行できるはずのものである。ある産業については輸出志向工業化を図り，別の産業については輸入代替工業化を図るという「複線的な工業化」は可能だし，実際に行われてきた。ただし歴史を振り返ってみると，ある国のある時期にはいずれかのパターンが支配的であることが多かった。2つの工業化にはそれぞれどんなメリットとデメリットがあるのだろうか。

　まず輸出志向工業化には，次のようなメリットがあげられる。第1に，世界市場における厳しい競争を通じて，自国の企業や産業に効率性向上の努力や国際レベルの経営・技術の習得をうながす。第2に，価格の歪みが生じにくい開放経済においては，その国の比較優位（得意な分野）に沿った資源配分が達成される。ただし，低付加価値品目（一次産品・軽工業品など）の輸出からより資本や技術を要するハイテク品目の輸出に移行したい国では，静学的比較優位（いま自国が競争力をもつ分野）に逆らってでも新産業を興す政策がとられることがある。第3に，製品市場が国内から世界へと拡大し，規模の経済（大量生産によるコスト低下）を享受できる。第4に，輸出がもたらす外貨は国際収支の制約を緩和し，工業生産に必要な原材料や資本財などの輸入を容易にする。

　すなわち輸出志向工業化には，世界市場に組み込まれることによって市場メカニズムのよい点を導入できるという開放経済の論理と，政府が産業育成に必要な外貨や技術を求めて輸出を促進するという政策介入的な論理の両面がある。

　他方，デメリットとしては海外における景気動向，価格・金利変動，政治情勢，テロ・戦争，保護主義などにより，輸出ひいて

は自国経済全体が打撃を受けるリスクがある。ゆえに輸出志向工業化が順調に進むための条件としては，自国政策の改善に加えて，世界に自由貿易体制が確立され，開放的で安定したビジネス環境が存在し，大きな外的ショックが少ないことが必要となる。

次に輸入代替工業化のメリットとデメリットを見ると，上記を裏返したものが多い。すなわちメリットとしては，第1に，海外情勢にあまり依存せず工業化を進められる。第2に，貿易にかかる費用・時間や関税・輸入障壁の存在があるために，企業にとっては輸出するより保護された国内で販売する方が楽であり，工業化も容易である。第3に，民族資本（現地企業）を育成できる。一方，デメリットとしては，国際競争からの隔離や国内産業の過保護により企業の規律と努力が失われる，比較優位に反した分野を無理に振興すれば資源配分がゆがめられる，国内市場が大きくない場合は規模の経済を享受できないなどがあげられる。とくに，強いナショナリズムのもとで自国製品やブランドを推進する際には合理性を欠いた政策が行われがちであり，目標を達成できないばかりか資源や国家予算を無駄に費やすリスクが高い。

ある時は，輸出依存は海外情勢に左右されるので国内向けの産業をもっと育てるべきだという議論が巻き起こる。他方で，国際競争力をつけるためには輸出産業をもっと育てるべきという逆の議論もある。だが一方の論理だけで押し通すことはできないであろう。工業化は，これら両面のバランスをとりながら進める必要がある。

第2次大戦後，多くの途上国は輸入代替工業化を推進した。その背景には民族主義の高まり，社会主義計画の影響，さらには一次産品を輸出し続けても交易条件（一次産品価格／工業製品価格の比）が将来的に悪化するという「輸出ペシミズム」があった。だが当時の輸入代替工業化の波は，上述したデメリット，とりわ

け企業の規律喪失および合理性を欠く産業政策によって，総じて失敗に終わったとされている。とくにラテンアメリカにおける輸入代替工業化は，長年にわたり非効率と経済停滞を招いた。

これに対し本章で検討した東アジアの先進経済では，（香港を除いて）生活物資や日用品の輸入代替政策が最初行われたものの，比較的早い段階でそれから卒業し，輸出志向工業化に路線変更した。それ以降，力強い輸出の継続がこれらの経済に高成長をもたらした。彼らはさらに次の段階として，輸出製品の生産に必要な鉄鋼・石油化学などの素材や中間部品を国内で生産するという，第2次輸入代替（重化学工業化）へと進んでいった。東アジアの成功は，天然資源に乏しく加工貿易に依存せざるをえなかったという事情もあるが，より決定的な理由として，現地企業が技術や競争力を急速に高めうる能力を備えていたこと，政府が既得権益の圧力に屈することなく工業化のための正しい政策決断ができたことがあげられる。逆に，企業の学習能力・技術吸収力が低い国あるいは政治圧力で政策が簡単にゆがめられる国では，東アジアのような，輸出志向と輸入代替の2つの工業化を並行的かつ動態的に進める戦略はむずかしいだろう。

輸出志向と輸入代替のバランスを決めるうえで重要な要素をもう2つあげておこう。その1つは，すでに本章でも議論されたが，国内市場の大きさである。国内市場が小さければ生産しても市場はすぐ充足され，また規模の経済も働かない。ゆえに大きな市場を必要とする産業は育たない。もう1つは，競争の有無である。輸出志向の場合，世界のトップ企業と互角に戦わなければ生き残れないから競争の要素は非常にあるが，もともと自国企業は強くないので負けてしまう可能性はかなり高い。逆に輸入代替の場合は，保護を乱発して国内企業を過度に甘やかすリスクが高く，生産性や品質が犠牲となりがちである。

ただし最後の弱点は，輸入代替工業化に必然的にともなうものではない。1960 年代の日本では自動車をはじめとする重要産業が保護されたが，各企業は保護を一時的なものと認識し，日本政府がすでに世界に宣言した貿易自由化のスケジュールは動かせないものとして，その期限に間に合うよう競争力向上に努めた。また，国内のライバル企業間の競争も激しかったので，日本企業は品質・生産性・コストをめぐる努力に手を抜くことはできなかった。ラテンアメリカと比較したとき，日本や本章で見た東アジア先進経済の経験は，政策の巧拙によって輸入代替工業化がまったく異なる結果を生むことを示している。

LITERATURE

参考文献

▸　韓国・台湾については次が参考になる。

　　高安雄一 [2020]，『解説 韓国経済』学文社。　…60 のテーマと 6 つのコラムが見開き 2 ページでデータとともに説明されている。

　　松田康博・清水麗編著 [2018]，『現代台湾の政治経済と中台関係』晃洋書房。　…馬英九政権期を中心に，中台関係のさまざまな側面が分析されている。

▸　シンガポールについては次が参考になる。

　　トラン・ヴァン・トゥ編著 [2016]，『ASEAN 経済新時代と日本：各国経済と地域の新展開』文眞堂，の該当章。

第**9**章 | *ASEAN の先行経済*

タイ・バンコク街角のヒンズー神の祠
写真：筆者撮影

　ASEAN（Association of South-East Asian Nations：東南ア
ジア諸国連合）は1967年に創設された地域組織である（第3
章）。現在の加盟国は10カ国であり，そのうち都市国家シンガ
ポールおよび石油・天然ガスを産する小国ブルネイは，すでに
高所得である。残りの8カ国は，前章でとりあげた韓国・台湾・
シンガポール・香港とはかなり異なる経済発展の様相を示して
いる。さらにその中でも，すでに中所得に達しているマレーシ
ア・タイ・インドネシア・フィリピン・ベトナム，および工業
化において最後発のカンボジア・ミャンマー・ラオスでは，経
済成果や政策課題にかなり明瞭な違いが見られる。本章は，
ASEAN先行経済としてのマレーシア・タイ・インドネシア・フ
ィリピンに焦点を当てる。

1 経済発展の特徴と比較

ASEAN4 の特徴

マレーシア・タイ・インドネシア・フィリピンは ASEAN 発足時からの加盟国であり，ASEAN4 とも呼ばれる。これらの国は，のちに加盟したベトナム・カンボジア・ラオスよりも ASEAN 経験が長い。各国を個別に検討する前に，それらの国々の特徴を大きくつかんでおこう。基本的な数字からは，次のような指摘ができる（**表 9-1**）。

　まず成長の長期トレンドを見ると，これらの国々は 1960 年代以降，比較的順調に成長してきたといえる。2022 年時点で，マレーシアとタイは上位中所得，インドネシアとフィリピンは低位中所得に達している。ただし過去の日本・韓国・台湾が年 7 ％以上，ときに 10 ％を超す高成長を何十年も維持し，高所得に達してからスローダウンしたのと比べると，これらの国々の経済パフォーマンスはやや見劣りがする。彼らの長期的な成長率は 5〜7 ％程度だったが（表 9-1），これは日韓台より低い。さらに問題なのは，高所得に達する前にすでに成長率が鈍化している点である。これはマレーシアとタイに顕著である。インドネシアの成長率は長期的にそれほど低下していないが，そもそも成長率があまり高くない。フィリピンは戦後初期の工業化開始こそ早かったが，保護政策や非効率のためにその後は低成長に陥り，20 世紀末には東アジアのダイナミズムから取り残されてしまった。ただし近年は成長がやや上向いている。

　次に成長の牽引役を検討すると，GDP の支出構成比では，20世紀後半に国内投資や輸出の上昇が確認できる。GDP の産業構

表 9-1　ASEAN 先行経済の基礎データ

		マレーシア	タ　イ	インドネシア	フィリピン
経済成長率（%/年）	1961〜1980	7.4	7.5	5.6	5.4
	1981〜2000	6.5	6.1	4.7	2.4
	2001〜2020	4.3	3.4	4.9	4.7
1人当たりGDP（米ドル）	1960	245	104	…	264
	1980	1,853	707	489	761
	2000	4,088	2,004	771	1,074
	2020	10,161	6,991	3,894	3,224
名目GDPの支出構成比（%）	国内総投資 1960	14	16	8	16
	1980	22	29	24	29
	2000	27	23	22	16
	2020	20	24	32	17
	財・サービスの輸出 1960	54	17	13	11
	1980	58	24	33	24
	2000	120	66	41	43
	2020	61	52	17	25
名目GDPの産業構成比（%）	農林水産業 1960	37	40	54	26
	1980	22	23	24	25
	2000	8	9	16	14
	2020	8	9	14	10
	製造業 1960	9	13	8	20
	1980	21	22	13	26
	2000	31	28	28	25
	2020	22	26	20	18

（出所）　経済成長率と1人当たりGDPは世界銀行，World Bank Database。
　　　　名目GDPの各構成比はアジア開発銀行，Key Economic Indicators。
　　　　各データベースとも2023年4月12日にアクセス。

成比では，フィリピンを除き，農業比率の急速な低下と製造業の上昇が見られる。投資や輸出を特徴とする工業化が経済成長のエンジンであったことがわかる。この点は，前章の先進経済と同じである。ただし先進経済と比べると，ASEAN4では農業の比率は低下したものの，その絶対水準は高めである。工業化の進展にもかかわらず，これらの国々にとって農村や農業の重要性はまだかなり高いといえる。

表9-2　ASEAN 先行経済の発展の特徴

		マレーシア	タ イ	インドネシア	フィリピン
初期条件	産業構造	モノカルチャー（ゴム・スズなど）	モノカルチャー（コメなど）	モノカルチャー（ゴム・コーヒーなど）	モノカルチャー（砂糖・ココナッツなど）
	人口（1960年）	800万人	2,600万人	9,600万人	2,800万人
経済開発に対する政府のコミットメント		比較的強い：民族政策・外資導入	弱い：インフラ整備・マクロ経済安定	比較的強い：フルセット工業化	非有効：保護政策の長期化・権益化
初期の工業化戦略		輸入代替（1960年代前半）→輸出志向（70年代）	輸入代替（1960年代前半）→輸出志向（80年代）	輸入代替（1960年代）→輸出志向（80年代）	輸入代替（1950年代）→輸出志向（80年代）
成長を牽引した企業		中華系資本，国有企業，外資企業	中華系資本，外資企業	中華系資本，国有企業，外資企業	アメリカを中心とする外資企業

経済発展の特徴と要因

次に，これらの数字をもたらした経済発展の特徴や要因について考えてみよう（表9-2）。

第1の特徴として，これらの国々は長い間欧米の植民地として支配された，あるいは植民地ではなかったが構造的に欧米経済圏に組み込まれていた（タイの場合）という歴史的事実があげられる。この経験は各国にさまざまな影響を及ぼした。まず，宗主国の政策により，彼らは少数の一次産品を生産する**モノカルチャー経済**となった。タイはコメ，マレーシアはゴムとスズ，インドネシアはゴムやコーヒー，フィリピンは砂糖やココナッツに特化した。ゆえに第2次大戦後の独立以降は，モノカルチャー経済からの脱却のための工業化が開発目標となった。次に，過去の植民地支配の心理的な影響としてナショナリズムが醸成された。植民地時代

が長く，激しい独立闘争を経験したインドネシアではとりわけ民族主義的志向が強く，経済政策もこの影響を受けた。植民地支配が残したもう1つの負の遺産は民族問題である。マレーシアでは，植民地時代に人為的に導入された民族間格差を是正するために，マレー人優先政策を展開することとなった。

第2に，工業化において各国政府は一定の役割を果たしたが，その役割の強さや内容は国によって異なる。ナショナリズムが強い大国インドネシアでは，初期の政府介入は強力であり，多くの産業をフルセットで育成するという遠大な目標が掲げられた。一方，植民地支配を直接受けず，華僑による商業活動が活発だったタイでは政府介入は比較的弱かった。マレーシアでは，政府はマレー人優先政策やインフラ整備では積極的に介入したが，国内市場がかなり小さいため，貿易や外資誘致などの対外政策では基本的に自由市場を尊重しながら政策を展開した。政治や官僚の制度能力が低かったフィリピンでは，国内産業保護が長期化する中で，政権，特権階級および一部の企業の間に利権関係が形成され，資源配分の効率性は大きく損なわれた。とくにマルコス政権期の後半は，独裁体制の悪い面が現れた例といえる。

第3に，韓国や台湾と比べると，総じてASEAN4は天然資源に恵まれていたため，労働集約型産業のみならず，天然資源の開発と輸出にも頼ることができた。このことが経済発展にとってプラスかマイナスかは一概にいえない（章末 *Column* ⑨参照）。資源輸出による外貨収入は工業化資金に充当できるし，国際収支にもよい影響を与える。他方で，限られた国内労働が資源部門にとられてしまうこと，および資源輸出がもたらす自国通貨高は，製造業の発展をむずかしくする（「オランダ病」あるいは「資源の呪い」）。加えて政治的・心理的にも，資源利権をめぐる争い，拝金主義，

汚職の蔓延（まんえん）はその国の政策関心を工業化努力からそらしてしまう。また資源の国際価格変動により、自国の景気・財政・国際収支などが不可抗力の荒波にさらされるリスクも大きい。

　第4に、これらの国では**輸入代替工業化**から**輸出志向工業化**への転換が比較的遅かった。この転換は、国内市場が小さなマレーシアでは1970年代と早かったが、他の国では1980年代であった。この理由としては、天然資源や一次産品の存在により外貨不足が深刻でなかったこと、ナショナリズムが強かったこと、インドネシアにおいては国内市場が大きかったことがあげられる。ナショナリズムが強い国には自国産業を育てたいという要求があり、自国産業保護が広範かつ長期にわたって続くことになる。たとえばフィリピンでは、1960年代に始まった輸入代替工業化のための保護は長い間維持された。1980年代にはタイ・インドネシア・フィリピンが輸出志向工業化に転じたが、その理由としては、80年代前半の世界不況と一次産品価格の低迷により輸出振興・対外開放・規制緩和などの構造改革に着手せざるをえなかったこと、および80年代後半の円高により日系企業が多数の工場をASEANに建設し、また韓国・台湾の賃金上昇がそれらの国からの投資を呼び寄せたことがあげられる。この意味で、1980年代はASEANの経済発展にとって大きな転機となった。

　第5に、ASEAN4の国内企業は国際競争力や技術吸収力があまり強くなかった。そのためマレーシアやタイは、自国企業だけでは十分な工業化ができず、1960年代から積極的な**外資誘致政策**をとった。1980年代後半以降のASEAN4諸国の経済成長は外資主導型といってよく、外国企業の流入や活動が彼らの工業化に大きな影響を及ぼした。この状況は、自国企業が工業化の主役だった韓国や台湾とは異なっている。また韓国・台湾・シンガポー

ル・香港が中所得にとどまることなく，むしろそこで成長を加速して高所得に達したのに比べ，ASEAN4 諸国は低位中所得ないし高位中所得で成長が鈍化している。さらには，工業化が十分進展する前に**脱工業化**（製造業のウェイトの低下）が起こっている。これらの国々の政府もこうした状況に気づいており，**中所得のわな**に対する危機感を抱いている。なお各国の外資流入（**図 9-1**）や**早すぎる脱工業化**を示すグラフ（**図 9-2**）は個別国の節で掲げるので，それらも参照してほしい。

2　マレーシア

> **多民族国家としての歴史**

マレーシアの民族構成は，マレー系 70 %（先住民 15 % を含む），中華系 23 %，インド系 7 % となっている。この多民族国家という性格がマレーシアの経済運営に大きな影響を及ぼしてきた。これを理解するには歴史をさかのぼらなければならない。

　16 世紀以降，ポルトガルやオランダの商業的支配を受けたマレーシアは，19 世紀後半にイギリスの植民地に組み入れられた。マレーシアは天然資源は豊富だが人口が希薄だったため，イギリスは労働力として中国およびインドから大量の移民を導入した。この結果，マレー人＝農業，華人＝貿易・商業・スズ鉱山，インド人＝ゴム農園という民族別の職業固定化が進み，もとからの住民でイスラム教を信じるマレー人が近代化から取り残されるという経済構造ができあがった。またイギリスは，マレーシアをスズと天然ゴムに特化した典型的なモノカルチャー経済に作り上げた。第 2 次大戦後，マレーシアは 1957 年にイギリスから完全

に独立する。それ以来，モノカルチャー経済からの脱却と民族間の格差是正（マレー人の経済的地位向上）が重要な政策課題となった。

創始産業の振興　世界銀行調査団は，独立直後のマレーシアに経済多様化と輸入代替工業化を提言した。これを踏まえ，1958 年には創始産業条例（Pioneer Industries Ordinance）が制定され，マレーシアは本格的に工業化に着手した。この条例は，国内企業・外資企業を問わず，法人所得税減免を中心とするインセンティブにより投資を促進するものであり，この政策の骨格は，追加修正されながらも今日まで維持されている。同時に輸入関税も導入されたが，マレーシアの国内保護の程度は他の途上国に比べ小さいものであった。また政府は港湾・電力などのインフラ整備に努めた。以上の政策は内外企業の投資や生産拡大に寄与し，消費財を中心とする輸入代替型工業化が進行した。しかしながら，60 年代後半になると狭い国内市場は充足され，輸入代替工業化にかわる新路線が必要となった。

ブミプトラ政策　1969 年には，総選挙結果をめぐって華人とマレー人の民族衝突事件が発生し，銃撃や放火により 200 人近い死者を出した。この事件はマレーシアにとってトラウマとなり，以後の経済政策の基調を決めることとなった。すなわち，経済弱者であるマレー人にさまざまな優遇策が導入された。1971 年の新経済政策（NEP: New Economic Policy）では，1990 年までにマレー人の株式所有率を 30 ％以上に引き上げることが決定された。また公営企業には，マレー人の企業家育成という目的が与えられた。強力な輸入保護が採用されなかった背景には，保護で利益を受けるのは主として華人であるという事情もあった。外資導入も，華人資本に依存せず工業化を進め

るという意味があった。これら一連のマレー人に対するアファーマティブ・アクションは,「ブミプトラ（土着の民）政策」と呼ばれている。他方で, 経済力をもちながら, 政治においてもブミプトラ政策によっても排除される立場の華人には不満が残ることとなった。マレーシアは, この民族的緊張の中で進まざるをえなくなる。

輸出志向工業化への転換

輸入代替工業化の限界を踏まえ, 1960年代後半以降, マレーシア政府は輸出促進に着手した。1968年の投資奨励法は, 輸出産業を中心に特定分野を指定し各種の優遇措置が導入された。1971年の自由貿易区法では, 自由貿易区が12カ所に設置され, あわせて輸出加工区も創設された（後者は台湾の輸出加工区の影響といわれる）。自由貿易区では, 輸出入免税や時限的な法人所得税減免などの優遇が提供され, これはマレーシアの低賃金や政治的安定とあいまって, 多くの外資企業をひきつけた。とくに電子電機産業においては, 投資奨励法に特別奨励措置が加えられたことにより, 日米の半導体企業の進出をうながした。1970年代末には, シンガポールが労働集約型産業の淘汰を目的に賃金を強制的に引き上げたことを受けて, アメリカの半導体メーカーがマレーシアに生産拠点を移した。こうして, マレーシアは半導体輸出において日本・アメリカに次ぐ世界第3位の地位を築くにいたった。

　かくして1970年代のマレーシアは, 輸出志向工業化による高成長を持続した。だが他国と同様, 外資企業に依存する工業化は原材料・機械の輸入増, 貿易赤字, 国内企業との連携の欠如といった産業基盤の脆弱性を抱えていた。また成長の結果としての賃金上昇は, 労働集約型産業が永続することを困難にした。以上を

背景に，1980年代のマレーシアは重化学工業化に取り組むこととなった。これを強力に推進したのは，1981年に政権についたマハティール（首相在任1981～2003年，2018～20年）である。1980年にはマレーシア重工業公社（HICOM）が設立され，鉄鋼・自動車・石油化学などの育成が行われた。またマハティールは，日本や韓国をモデルとして国づくりを進めるという「**ルックイースト政策**」を提唱した（ただし，近年のマハティールは日本にさまざまな苦言を呈している）。

　しかし1980年代前半は世界的な景気低迷期であり，重化学工業化の計画は進捗しなかった。この不況の中，政府はブミプトラ政策を一時的に後退させ，公営企業の民営化，外資規制の緩和，輸出促進などの経済活性化を行った。1980年代半ばは，日本や台湾が円高や賃金上昇のために海外への生産移転を活発化した時期でもあった。マレーシア政府はこれを「歴史的日本機会」と呼び，積極的に日本企業の誘致を図った。マレーシアへの直接投資は，1987年頃から日本や台湾を中心に急速に増加した。これ以降，海外からの投資に牽引（けんいん）された経済成長が1990年代にかけて続くことになる。

　重化学工業の中でもとくに期待を集めた自動車では，国産ブランド車を生産するため，日本の三菱グループの協力のもと，1983年にプロトン社が設立された（出資比率：HICOM70％，三菱自動車15％，三菱商事15％）。自動車部品を国内で生産するための育成策も導入された。だが，その後のプロトン社の業績は必ずしもかんばしいものではなかった。政府の保護と優遇に守られて，一時プロトン車は国内市場の4分の3を占めるまでに売り上げを伸ばした。だが21世紀に入ると，輸入自由化の進行や外資・国内メーカーの追い上げを受けて徐々にシェアを落とし，経営は

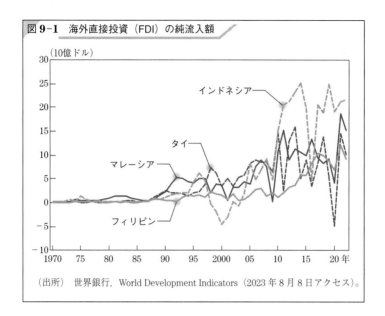

図9-1　海外直接投資（FDI）の純流入額

（出所）　世界銀行，World Development Indicators（2023年8月8日アクセス）。

赤字化した。世界の主要市場に輸出するほどの競争力は生まれず，三菱自動車との技術提携は解消され，2017年以降は中国の吉利汽車の資本支援を受けることとなった。マレーシアの国産車戦略は，外国ブランド車を多く招致して自動車産業を築いたタイのやり方とは異なっている（次節）。

　しかし全体的に見ると，マレーシア経済は急速な工業化に成功したといえる。天然資源に恵まれたマレーシアは，ゴムに加えてパーム油・石油・天然ガス・木材（現在はなし）などの一次産品も輸出してきたが，現在輸出の約7割を占めるのは製造業製品であり，その中でも電子電機が重要である。マレーシア官僚は総じて優秀で，英語やプレゼンもうまく，省内で昇進するには内部試験と面接をうけなければならない。国際貿易産業省（MITI）も，その傘下組織で投資・貿易・中小企業・生産性などを受け持つ多

くの実施機関も有能である。多くの国家目標や政策文書が重層的に打ち出され，その内容はかなり広範かつ複雑だが，官僚たちはそれらの政策をきちんと実行に移せる（多くの途上国では政策は決定されても実施されないことが多い）。1991年には，「2020年までに先進国になる」という長期目標 Vision 2020 が掲げられた。1人当たり所得で見る限り，この目標は達成できていないがかなり近づいたようである（2020年のマレーシアの1人当たり所得1万320ドル，世銀による同年の高所得国の基準は1万2695ドル以上）。

だが課題もある。21世紀に入ると，投

高位中所得のわな

資・生産性・競争力などの指標が停滞するようになった。2008年の世銀報告は，マレーシア経済のパフォーマンスは中くらいであり，知識やイノベーションを欠き，中所得のわなに陥っているという手厳しい判断を示した。GDPに占める製造業のシェアは，2000年に31％のピークを打ったあと低下して，2021年には24％であった。スズとゴムのモノカルチャーからは脱却したが，今は外資が生産する電子電機に頼る輸出構造となっている。マレーシア現地企業の競争力は長年の政策支援にもかかわらず，かなり低い。マレーシアでは技術や競争力を十分高める前に製造業が縮小し，**サービス経済化**が進んでいるのである。これは「**高位中所得のわな**」の典型パターンといってよい。所得は高まったが，先進国と比肩する産業競争力はまだついていない。

マレー人の地位向上については，長く続いた経済成長とブミプトラ政策のおかげで民族間の所得格差にはかなりの改善が見られる。マレー人・中国人・インド人の1人当たり所得比は，1970年には 1：2.29：1.77 だったが，2019年には 1：1.40：1.16 と大幅に縮小した。ただし，マレー人が優遇・保護されるだけでは

なく，彼ら自身が価値を創造し，国際競争力をつけ，経済成長の主役となるところまでは十分いたっていない。

3 タイ

タイは 1855 年にイギリスと締結したボーリング条約により関税自主権や治外法権を失ったが，反面，多角的外交や英仏植民地の間という地政学的理由により，植民地となることを免れた。ただし，同条約が 3 ％という低い関税率を強制したことや，イギリスを中心とする貿易体制や資本主義経済に組み込まれたことで，タイはコメの輸出に特化した「ライス・エコノミー」に長らくとどまることとなる。

第 2 次大戦後，ピブン首相は「タイ人によるタイ経済」をめざし，外資や華僑の活動を制限したうえで国営企業による工業化を図ったが，国営企業の非効率性のために，彼の国家主導型開発は成果をあげなかった。そこで 1958 年に政権を握ったサリット首相は，世界銀行調査団の提言も踏まえ，市場重視・民間主導の工業化を打ち出した。留学経験のあるテクノクラートを採用し，1960 年には産業投資奨励法，61 年には第 1 次経済社会開発計画（5 カ年計画）が策定された。「開発の時代」の到来である。サリット首相は輸入代替工業化をめざしたが，関税や輸入制限を通じる国内保護の程度はそれほど強いものではなく，同時に外国投資も積極的に受け入れた。政府の役割はインフラ整備などに限定された。民間活動の尊重と弱い政策介入という組み合わせは当時の東アジアには珍しいものであったが，この政策スタンスは現在も基

本的に踏襲されている。

1960 年代の輸入代替工業化は，外国資本の参加を得て，繊維・家電などの消費財を中心に一応の成功をおさめたが，狭い国内市場はやがて充足され，また割高な為替レートのもとで貿易収支は悪化した。そこで 1971 年の第 3 次経済社会開発計画では輸出振興がうたわれた。だが，実際に打ち出された政策は輸出促進には不十分であり，むしろ消費財の関税を引き上げるなど保護は強化された。この結果，1970 年代の輸出志向工業化は成功しなかった。

オイルショックを経て製造業の拡大　1970 年代末の世界的な第 2 次オイルショックは，石油価格の高騰やその後の一次産品価格の低下をもたらし，タイ経済に打撃を与えた。厳しい状況の中，タイの工業化政策はより輸出促進的で市場経済を活用する方向への転換を迫られた。輸出志向型外資の誘致，為替の切り下げ，輸入関税の引き下げなどにより，保護や貿易制限の緩和が行われた。財政赤字削減を通じるマクロ経済安定化も図られたが，1980 年代前半から半ばにかけては世界同時不況の影響を受け，貿易赤字や対外債務はむしろ増大した。タイ経済にとって困難な時期であった。

ところが 1980 年代後半になると，状況は一転する。これは他の ASEAN4 諸国も同じだが，円高進行を受けて日本企業の対 ASEAN 直接投資が急増し，台湾や韓国の賃金上昇によりそれらの国からも投資が流入し，外資によって輸出競争力をもつ製造業基盤が急速にタイに形成された。世界景気の好転も手伝い，電子部品を中心に輸出が拡大し，1988 年からの 3 年間は 2 桁台の高成長を記録した。また日本の協力で建設された巨大国家プロジェクト「東部臨海工業地帯」が 1980 年代末に完成し，港湾・道路網・工業団地・石油化学プラントなどが動き始めた。電子・自動

車・重化学などの順調な拡大は、タイ製造業の厚みを着実に増していった。同時に、電子機器・自動車などの製造に使う部品を、輸入ではなくできるだけ国内生産するための官民の努力が始まった（これを**裾野産業の育成**という）。1990年代前半のタイ経済は絶好調だった。

アジア通貨危機
だがこの状況は長くは続かなかった。東アジアは短期民間資本の激しい動きによって、1997〜98年にアジア通貨危機に見舞われた（第3章）。タイは韓国・インドネシアとともに、通貨暴落と内需激減により最も甚大なダメージを被った国の1つとなった。同時にこの危機は、タイ経済の構造的弱点に政府が真剣に取り組む機会ともなった。1998年には生産性・技術・技能・中小企業・マーケティング・農村開発・外資・環境保護を柱とする産業再編計画が決定され、実施に向けて年次計画が策定された。日本・世界銀行・アジア開発銀行はこれを支援した。とりわけ日本は中小企業振興・企業診断・自動車部品の分野で協力した。

タイの産業と日本企業との関係
タイの自動車産業は、途上国工業化の成功例といえる。マレーシアとは異なり、タイは自国ブランド車をつくろうとせず、外国メーカーとの共同作業によってこの産業を育てた。協力相手の多くは日本のメーカーである。タイ政府は自動車産業の規制を徐々に廃し、投資インセンティブを整備し、産業人材や国内部品生産（裾野産業育成）に努力してきた。ピックアップトラックを主力製品とし、のちに小型車（エコカー）を追加した。2022年時点でタイは世界第10位の自動車生産国（年産188万台）であり、完成車や部品の輸出も活発である。なお日本車が市場を席巻する状況はタイに限らず、東南アジアや東部アフリカでもよく見られ

る。ただし，自動車技術がCASE（コネクテッド・自動運転・シェアリング・電動化）に向けて進化する今，日本車の優位が将来も続くという保証はない。

　タイ経済のもう1つの特徴は，製造業以外の産業も健闘してきたという点である。農業は，コメを筆頭にチキン・シーフード・フルーツ・花などが輸出に貢献してきた。このため，タイは**新興農業関連工業国**（**NAIC**: Newly Agro-Industrializing Country）とも呼ばれてきた。また観光やメディカルツーリズム（治療のための滞在）も活発である。

　日本企業の存在感の大きさと親日派の多さはインドネシアやベトナムにも見られ，タイに限ったことではないが，タイはとりわけ産業面で日本から学び，ともに歩もうとする姿勢が強い国である。タイ工業省では日本を熟知した官僚が，日本と協力しながら長年自動車や裾野産業を育ててきた。民間においても，日本の理工系大学に留学した人々がタイに帰国後1973年に立ち上げたNPOの泰日経済技術振興協会（TPA）が，日本語教育・テキスト出版・技術コース・企業支援などに半世紀もの間従事してきた。さらにTPAは，2007年に日本型ものづくりを教える私立大学，泰日工業大学（TNI）さえ創設した。一方，日本の官民もタイにはさまざまな産業協力をしてきた。アジア通貨危機・洪水・テロ・軍事クーデタなどの困難が起こっても，タイから退出する日系企業はほとんどなかった。

近年の政策と政治状況

タイは高位中所得国であり，2022年の1人当たり所得は6909ドルである（世銀データ）。産業基盤も広がり，自動車・電子・農産品・観光などで国際競争力をもつ。タイ政府は2015年に投資政策を大幅に改定し，製造業一般ではなく，ハイテクや価値をもたらす投資のみ

にインセンティブを与えることにした。同時にイノベーション・生産性・サービス貿易・東部経済回廊の開発を優先課題として掲げた。現在の産業政策スローガンは，バイオ・循環型・グリーンである。これらは，中所得のわなを回避し，現段階からさらにステップアップするために必要な政策ということができよう。

　他方でタイは，政治的にはかなり不安定な国である。クーデタや政変が多く，王党派（国王・官僚・軍・バンコク富裕層などの保守派・既得権益層）と平民派（貧しい農民・都市下層民など）の対立は根深く，歴史も長い。1960年代にサリット首相が始めたトップダウン型で自由経済に基づく開発戦略はその後の経済運営の基調となったが，そのもとで貧富格差や地方格差が解消されることはなかった。2001年に政権についたタクシン首相は，タイで初めて貧困層を支持基盤とする政策を打ち出した。これは一方で農民や貧民の政治的覚醒をもたらし，他方で王党派と平民派の激しい対立を引き起こすこととなった。この対立は現在も続いている。

> ### 経済成果と残された課題

まとめると，タイは多くの経済ショックや政治不安定に見舞われたにもかかわらず，長い目で見れば工業化と所得向上を実現してきた。またベトナムなどとともに，中国から政治的あるいは経済的理由により脱出する外資企業の受け皿国としても機能している（チャイナ・プラス・ワン）。経済成長のおかげで労働不足に陥っており，工場が工員を集めるのは容易ではない。解決策として，ミャンマーから労働者を招いたり，ミャンマーやカンボジアとの国境付近に工業団地が建設されている（タイ・プラス・ワン）。

　だが残された課題も多い。政治的対立についてはすでに述べた。それと関連するが，第4章で紹介したとおり，タイ国内の

地域間格差が縮小していない。首都バンコクには高層ビルが林立し，人々の暮らしは先進国と変わらないように見えるが，東北農村部は成長からかなり取り残されている。またバンコクへの一極集中は激しい交通渋滞をもたらしており，鉄道・地下鉄・高速道路の建設速度が追いついていない。また産業的にも，タイは高付加価値のハイテク産業をめざしているが，それを従来のような外資依存型ではなく，現地企業の強化で達成する必要があろう。

なお1997～98年のアジア通貨危機当時，欧米の多くの論者は東アジア型開発モデルの終焉を宣言したが，いま振り返るとこの危機は，その後のリーマン・ショックなども考え合わせると，アジア経済の構造的欠陥よりは，むしろ欧米型の国際金融資本の不安定性を象徴するものだった。これらの経済危機に甚大な被害を受けながらも，タイを含めた東アジアの長期トレンドは変わらず，一時的な後退の後，各国は元の成長経路に戻っている。

4 インドネシア

他国にはない特徴　インドネシアはASEANの大国である。周辺国にはないインドネシアのいくつかの特徴が，この国の経済開発にプラスとマイナスの影響を及ぼしてきた。

第1の特徴は，人口が多いことである（2022年時点で2.76億人）。巨大な国内市場をもつことは，マレーシアやタイなどと異なり，輸入代替工業化戦略がかなり長く維持できることを意味している。また国の大きさはASEANおよび世界における政治的発言力の源泉ともなる。

第2に，石油・天然ガス・金属鉱物・ゴム・コーヒーなどの天然資源が豊富である。一次産品の輸出は工業化に必要な資金を提供する一方で，資源収入への過度の期待は政府の非効率・放漫財政・対外債務危機などを招くリスク，資源の価格変動が景気循環や政策サイクルを引き起こす可能性，一次産品依存が工業化を阻害するリスク（章末 *Column* ⑨参照）などの負の影響も考えられる。実際，インドネシアではこれらの現象が発生している。

　なお，これら2つの特徴，すなわち大きな国内市場と豊富な天然資源は，インドネシアに外資企業をひきつける強力な理由となっている。

　第3に，長いオランダによる植民地時代や独立のための武力闘争を経験したインドネシアには，強いナショナリズムが形成された。そこでは，プリブミ（土着の住民）優先政策，**フルセット主義**と呼ばれる広範な輸入代替，自由化にしばしば逆行する諸規制の導入といった，自国中心的で大胆な政策が多数打ち出されている。

　第4に，政府の行政・調整能力やガバナンスが弱く，これがビジネス環境の悪さ，汚職の蔓延（まんえん），さらには政策・法令の整合性や予測可能性のなさを生み出している。ゆえに，インドネシアは大きな市場と豊富な資源をもつにもかかわらず，また政府が大きな開発目標を掲げるにもかかわらず，諸計画が具体化されず，実施も遅いという状況を引き起こしている。

　以上の性格をもつインドネシアの経済発展の歴史と現状を見てみよう。

経済発展の歴史とスハルト政権　1945年に独立を宣言し，1949年にそれを実質的に達成したインドネシアのスカルノ政権は，民族主義の高揚のもとで，オランダなどの欧米が所有していた基幹産業を次々に国有化し，

経済の「インドネシア化」を図った。しかし国営企業の生産効率は悪く，財政悪化とインフレ高進の中で，経済は1960年代半ばまで停滞した。

1966年に政権を握ったスハルトは，外交政策を資本主義寄りに修正し，マクロ経済の安定を図りながら，産業面では内外の民間企業を主体とする輸入代替工業化に着手した。消費財の最終工程および基礎産業が輸入代替の対象として選ばれ，これらを保護・育成するために高率の輸入関税，直接投資の積極的受け入れ，内外投資の優遇措置などが導入された。その際に，民族主義的発想と大きな国内市場を前提に多くの分野が輸入代替可能と判断され，経済合理性を無視した政策が採用されがちであった。その結果，輸入品よりも国産品の価格が高いという「**ハイコスト・エコノミー**」が出現した。またこれと並行して政府は国有企業を設立し，鉄鋼・アルミ精錬などの育成を図った。1967年に制定された外国投資法は，輸入代替工業化のための外資の積極的誘致が目的であったが，1970年頃から外資政策はしだいに選別的・制限的色彩を強くしていった。

1970年代後半になると，世界的な石油価格高騰をうけて産油国インドネシアの財政は潤い，政府の投資や政策介入は積極化した。政府は石油精製・パルプ・セメントなどの資本集約型ないし資源集約型産業への投資を増やした。また，消費財に加えて原材料・中間製品などの輸入代替を開始した。戦略的産業と位置づけられた自動車では，完成車の輸入禁止などの強力な措置により，外資にインドネシアに来て自動車を組み立てさせるという政策は1970年代半ばに完了していた。1976年からは，さらに自動車部品の輸入代替を進めるために国産部品使用の義務づけを導入したが，需要低迷により期待された効果はあがらなかった。その間，

外資政策は選別的・制限的方向に進んでいった。

　1980 年代前半には，世界経済と石油価格の低迷を受けて，石油輸出に依存するインドネシア経済は減速した。これらの世界的要因のほか，資源輸出がもたらす割高な為替レートや価格の高い国産品使用の強制などの問題があった。危機感を強めた政府は1980 年代半ばから経済統制を緩め，為替レートの切り下げ，輸出企業に国産部品使用を義務づけていたローカル・コンテント法の廃止，関税引き下げ，外資規制の緩和などの一連の規制緩和や構造調整を実施した。これらは石油依存からの脱却と非石油輸出の促進をめざすものであった。この結果，輸出企業には原材料・部品のコスト高が軽減され，工業製品の輸出環境は大幅に改善された。またこの時期は，日本の円高や台湾・韓国の賃金上昇を背景に，これらの国が ASEAN への生産移転を開始した時期でもあり，外資優遇策や輸出振興策も手伝って，外資による家電製品や履物などの労働集約型製品の輸出が急増した。1980 年代後半から 90 年代半ばにかけて，労働集約型工業製品の輸出の伸びに支えられたインドネシア経済は成長軌道に乗り，製造業が生み出す付加価値も増加した。

　ところが1997〜98 年のアジア通貨危機は，インドネシア経済に大きな打撃を与えた。この危機は長く続いたスハルト政権の支配を終了させ，その後の頻繁な政権交代や爆弾テロの勃発はインドネシアのカントリー・リスクを高めた。2001〜02 年には強力な地方分権化が断行され，政治的には地方自治が進んだが，他方で各州の財政力や政策能力の差の問題が浮上し，全国で施行すべき政策（教育・保健・職業訓練・中小企業振興など）が各州で等しく実施できないなどの問題も発生している。

　21 世紀に入ると，インドネシア経済は危機から回復し徐々に

成長を取り戻した。2010 年には G20 のメンバーにもなった。だが 2010 年代になると，成長は加速せずむしろ減速し，経常収支の黒字も赤字基調にかわり，対外債務は増加して通貨ルピアは減価した。

残された開発課題

このように，インドネシア経済は資源価格の波や国際経済危機の影響を受けて，好況と不況を繰り返してきた。政策的には，好況時は大胆で非現実的な産業振興に走り，不況時は市場重視・規制緩和に戻るというパターンが見られた。換言すれば，資源ブームに沸く時期に豊富な資金を活用して長期的な成長力を形成することに成功していない。なぜインドネシアは安定的な高度成長軌道に乗れないのだろうか。ここでは，インドネシアに残された開発課題をいくつか指摘しておきたい。これらは最近発生したというよりも，歴史を通じて解決できなかった弱点という性格が強い。

第 1 に，工業競争力の全般的不足が見られる。インドネシアの輸出は現在でも原油・天然ガス・石炭・非鉄金属鉱・エビなどの一次産品中心で，これは資源国だから当然かもしれない。だが肝心の製造業輸出が伸びておらず，その品目もローテクにとどまる点は問題である。自動車生産台数はタイと競い合うほど大きいが，大部分が国内販売であり，タイのように自動車輸出国として台頭してはいない。早すぎる脱工業化（高所得に達する前に製造業の GDP シェアが低下すること）は ASEAN4 で共通に見られる現象だが（**図 9-2**），インドネシアの場合，かなり低い所得でそれが起こっており，製造業の縮小スピードも速いことが指摘できる。

第 2 に，中国の台頭がインドネシアの不振を招いている。中国の輸出は 21 世紀に入って急拡大し，世界中がその影響を多かれ少なかれ受けた。とくにインドネシアは，製造業の輸出品目が衣

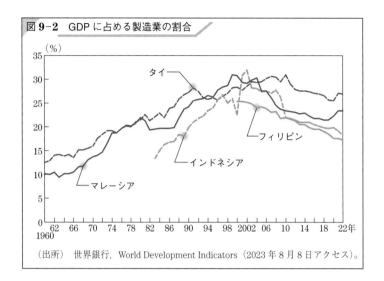

図9-2 GDPに占める製造業の割合

（出所）　世界銀行，World Development Indicators（2023年8月8日アクセス）。

類・通信機器・オフィス機器・電子機器などで中国と類似しているため，中国の輸出攻勢によって国内産業がダメージを受けやすい。インドネシアの対中貿易は常に赤字であり，これまで輸出していた労働集約型製品が中国からの輸入に置き換わるといった状況が続いている。

　第3に，インフラ整備の遅れが指摘される。激しい渋滞はバンコクやマニラでも見られるが，ジャカルタの道路・港湾における混雑や遅延はとくに甚だしい。日本の援助で2019年にようやく最初の地下鉄が開通し，ジャカルタのバスサービスも改善されつつあるが，巨大都市の交通問題は何十年も前にわかっていたことであり，建設が遅すぎるといえよう。また1万7千超の島々からなるインドネシアは島ごとの格差が大きく，経済活動はジャワ島に集中している。格差緩和には地方活性化や産業再配置が必要だが，それには地方インフラや島嶼間の交通インフラを整備する

必要がある。2022年にインドネシアは，首都をジャカルタからカリマンタン島のヌサントラに移転する計画を発表した。これも，ジャカルタへの一極集中と島嶼間格差への対策と考えられる。

第4に，政府の政策能力が弱い。インドネシアの政策能力は，シンガポール・台湾・韓国はもちろん，マレーシアやタイと比較しても深刻な問題を抱えている。国際比較では，世界ガバナンス指標で188カ国中109位（世銀，2020年），腐敗認識指数で180カ国中110位（トランスペアランシー・インターナショナル，2022年），ビジネス環境指数で190カ国中73位（世銀，2020年）とインドネシアの評価は低い。内外の投資家は，民間との対話なしに法律や規制が突然施行され内容も不合理なこと，投資インセンティブがほとんど提供されないことを訴えている。とりわけ，自由化に逆行する保護や規制が次々と打ち出されるのは大きな問題である。2009年の新鉱業法や契約におけるインドネシア語要求，2011年のルピアによる通貨取引要求，あるいは外資の商業銀行参加に関する一連の規制は，世界の自由化趨勢に逆行するのみならず，その内容がきわめてあいまいで企業を困惑させるものであった。

5 フィリピン

| 経済ダイナミズムに乗れなかったフィリピン

フィリピンの開発課題は次のように要約できる。第2次大戦直後のフィリピンは，東南アジアで最も工業化し所得も相対的に高い国だった。当時の1人当たり所得は，マレーシア・タイはもちろん，韓国・台湾・シンガポールさえしのいでいた。フィリピン国民は英語が流暢で，独立の達成や民主主義の導入も早

く，緑の革命（高収量品種や化学肥料の導入による穀物増産）にも成功した。だがその後，20世紀後半に東アジアが見せためざましい成長にフィリピンは乗り遅れてしまった。「アジアの病人」とさえいわれ，いまやフィリピンは上記各国に所得で抜かれ，後塵を拝している。近年は成長力回復の兆しも見られるが，これが持続的なものかどうかは注視していく必要がある。なぜフィリピン経済は，はじめは東アジアの他国に先んじていたのに，その後長らく低迷したのか。その原因と解決法を知ることが，フィリピンを考える重要なポイントとなる。

植民地からの独立とアメリカ主導の工業化

フィリピンは16世紀以来，スペインによる長い植民地時代を経て，19世紀末にアメリカの統治下に入った。アメリカ植民地時代（1898〜1946年）には宗主国の貿易構造に組み込まれ，当初はマニラ麻，のちには砂糖・ココナッツなどをアメリカに輸出し工業製品を輸入するというモノカルチャー型経済構造ができあがった。その後アメリカは，1929年の世界大恐慌を機に，現地の地主層や中国系商人の協力を得て，紡績や製紙などの工業をフィリピンで進展させた。アメリカは貿易相手国として圧倒的で，第2次大戦期にはフィリピンの輸出の78.4％，輸入の66.4％が対米取引だった。

　第2次大戦後まもなく独立を達成したフィリピンだが，アメリカの経済的影響は強く残った。1946年の比米通商法（通称ベル通商法，後にラウレル=ラングレー協定として1974年まで存続）は，アメリカ企業の内国民待遇を認めたうえ，フィリピンを一次産品中心の対米従属型モノカルチャー経済に逆戻りさせるものであった。一次産品生産の推進は工業化資金を確保するという名目だったが，実際には，一次産品からの外貨収入は機械や原材料の輸

入には不十分だった。

　1950年からは輸入代替型工業化が開始された。ただしこの政策シフトは，他国に見られたような開発段階の自然な展開ではなく，アメリカ主導の色彩が強かった。すなわち，アメリカ産業に悪影響を及ぼさない範囲で，アメリカ企業が主導し，資本集約型業種を中心に進められた輸入代替だった。砂糖製品・ココナッツ油・ドライココナッツ・パイナップル缶詰・ベニヤ板・合板などが生産され，おかげでフィリピンは1950年代を通じて東南アジア随一の工業国となった。このように，1980年頃までの経済政策は，フィリピン政府の決定というよりはアメリカの都合に左右される傾向が強かった。

国内産業保護への傾斜

　1950年には貿易赤字や外貨不足に対処するために輸入管理法が制定されたが，これは次第に国内産業保護という性格を強めていった。フィリピンの保護主義基調はこの時期に形成され，輸入管理法に優遇税制や政策金融などの政策ツールを加えて，1980年代半ばまで続くことになる。輸入代替は一定の成果をおさめたが，他国の場合と同様，国内市場の狭さや工業原材料・部品の輸入の必要から，フィリピンの対外政策はより開放的になる必要に迫られた。だが他国とは異なり，フィリピンの対外開放は中途半端なものだった。輸入管理・為替管理の廃止や為替切り下げをしたものの，その効果は，輸入関税の引き上げや最終財に対する手厚い保護によって打ち消された。

マルコス政権の政策と評価

　1965年から86年まで続いたフェルディナンド・マルコス長期政権の評価は，おおむねネガティブである。ただし最初はよかったという意見もある。当初マルコス大統領は輸出振興に取

り組み，投資奨励法（1967年），輸出加工区法（1969年），輸出振興法（1970年）などを制定し，輸出産業を優遇した。また欧米の半導体企業の誘致にも成功した。この結果，衣類や半導体の輸出が伸び，経済成長率や輸出に占める工業品の比率が向上した。だが時とともに，かねてから保護主義基調だった輸入関税に大統領の裁量が加えられるようになる。廃止されていた輸入規制が1969年には再開され，国内産業保護やそれが生み出す非効率はむしろ強まった。

1972年にマルコス大統領は戒厳令を布告し，独裁体制を確立した。それは開発のための独裁というより，権力を保持するために開発というスローガンが利用されたというべきであろう。やがてマルコスの政策は，一部の特権階級やクロニーと呼ばれる取り巻き企業を利するものとなり，同時に権力乱用を通じた公的部門の無秩序な拡大が進んだ。他の政治勢力や官僚機構はマルコスに対抗する力をもたなかった。こうしてマルコス体制は，フィリピンに権力の腐敗と財政の肥大化を残すこととなった。

1979年の第2次オイルショックとその後の世界同時不況は，低迷していたフィリピン経済に追い討ちをかけた。1983年にはベニグノ・アキノ元上院議員が暗殺され，これを契機に外国資本の流出や金融危機が発生した。この状況の中，フィリピン政府はIMF・世銀の融資を受けるための政策条件（コンディショナリティ）を受け入れ，財政支出の削減，輸入規制の廃止，輸入関税の引き下げなどを断行し，保護政策の是正と産業の効率化に着手した。マルコス大統領は，1986年に選挙の開票操作をめぐって政府内や国民から批判され，亡命を余儀なくされた。その直後，先に暗殺されたアキノ氏の未亡人によるコラソン・アキノ政権が誕生したが，その頃から，世界的な景気回復と直接投資の活発化の中で，

フィリピンにも投資が流入し，経済混乱は収束に向かった。

　フィリピンはその後もさまざまな政情不安・経済停滞・自然災害・外交問題などに見舞われた。その間，コラソン・アキノ以来，2023年までに7人の大統領を選出してきた。だが1992〜98年のラモス政権がかなり効果的な経済運営をした以外，フィリピン経済を持続的な発展軌道に乗せることができた政権は今のところ出ていない。ただし近年は，海外送金やBPOビジネス（次節）の好調により，コロナ禍の数年を除いて，成長に上向き傾向が見られる。なお憲法の規定により，フィリピンの大統領は再選なしの1期6年しか務めることができない。これはマルコス長期政権の反省からくる措置だが，この規定は有能な大統領による長期政権の可能性も排除してしまう。

外国企業を顧客とする
サービス産業

　図9-2で見たように，フィリピンのGDPに占める製造業の比率は低下し続けている。逆にサービス部門は拡大している。フィリピンがまだ低位中所得国であることを考えれば（2022年の1人当たり所得3499ドル，世銀データ），これは早すぎる脱工業化といえよう。ただし，フィリピンのサービス部門は伝統的な店舗や家族経営だけではなく，近代的業種も存在する。

　フィリピンが従事する近代的サービスの典型はBPO（Business Process Outsourcing，外部への業務委託）である。それは外国企業から受注する，顧客対応（コールセンターなど），テレマーケティング，システム管理，データ入力，財務・会計，市場調査，プログラミング，製品開発・設計などさまざまな作業を含む。近年，欧米企業が費用節約のために多くの業務を社内から外部委託に移し，その受け皿として英語が得意で賃金も安く，理工系も多く，丁寧な対応ができるフィリピンへの業務委託が急増した。2020年の時

点で，フィリピンの BPO ビジネスの売り上げは 267 億ドル，雇用者数は 132 万人とすでに重要産業に育っている。ただし BPO を仲介する企業はアメリカ系が多く，市場もアメリカが 3 分の 2 を占めている。

個人送金による外貨収入

もう 1 つ，フィリピンにとってより伝統的で，きわめて重要な外貨収入は，海外で働くフィリピン人からの個人送金である。フィリピン人は台湾・香港・シンガポール・中東・北米・オーストラリアなどの各地で建設・家事手伝い・オフィスワーク・医療・看護・介護・弁護士・運転手・教師などさまざまな仕事をこなしてきた。筆者も，アメリカ・ワシントンの IMF 本部に勤務するフィリピン人秘書が抜群に優秀なのに驚いたことがある。フィリピンの 2021 年の海外送金受取額は 367 億ドルと巨額であり，直接投資（100 億ドル）や ODA（16 億ドル）の流入をはるかに上回る（世銀データ）。フィリピン人は概して優秀だが，能力に見合った仕事が本国にないので海外に職を求めることになる。もし自国の経済政策やビジネス環境が適切になれば，フィリピンは高度成長軌道に乗れるのかもしれない。

持続可能な高成長の実現に向けて

以上で見てきたフィリピン経済の歩みは，東アジアの他国とやや異なっている。輸入代替と輸出志向のフェーズ転換や新産業の勃興は，発展段階の自然な移行やフィリピン政府の努力によるものというよりは，外的影響とりわけアメリカの関与によってもたらされた面が強い。ゆえに政策の打ち出しはかなりランダムで，フィリピンにとって内的必然性や連続性が希薄なものとなっている。将来フィリピンが持続可能な高成長を実現するには，優秀な人的資源を最大限活用する政策と制度の構築が不可欠であ

る。またマニラへの一極集中を緩和し，フィリピン全体の活性化を経済特区や拠点都市分散を通じて図らねばならない。しかしながら，長らく経済政策を拘束してきた既得権益と産業保護の圧力はまだ払拭（ふっしょく）されたとはいえない。これらの問題に正面から立ち向かう必要があろう。

▎*Column* ⑨　オランダ病あるいは資源の呪い

　国内に天然資源を多く産出することは，経済発展にとってプラスだろうか。日本・韓国・台湾・シンガポール・香港はいずれも天然資源に乏しいが，そのハンディキャップを克服し，労働・資本・技術を駆使して所得を高めた。天然資源をもつことは必ずしも経済発展の必要条件ではなさそうである。むしろ，資源の存在は工業化の妨げになるというのが開発経済学の常識となっている。

　資源保有の不利を説明するものとして，「オランダ病」の理論がある。これは「資源の呪い」とも呼ばれる。オランダ病という呼び名は，1960年代初めのオランダで，天然ガスが発見されたことにより製造業部門が打撃を受けたことに由来する。

　オランダ病ないし資源の呪いの基本的なメカニズムは次のとおりである。一国経済が石油産業・製造業・サービス業の3産業から成り立っているとしよう。前2者は貿易財部門であり（国際取引の対象），サービス業は非貿易財部門である（国内だけで取引）。3つの部門間を移動できる生産要素は労働のみとし，労働市場は伸縮的な賃金を通じて完全雇用が保たれていると仮定する。いま新たな油田が発見され，石油産業でブームが起きたとしよう。このブームは次の2つの効果をもたらす。

　第1に，石油産業で新たに生まれた所得は，リッチになった人々によって製造業およびサービス業の財・サービスに支出され，

両産業への需要が拡大する。このとき，貿易財である製造業の価格は国際市場で決定されているので不変だが，非貿易財であるサービスの国内価格は上昇する。この相対価格変化にともない，サービス業は拡張し，労働者は石油産業・製造業からサービス業へと移動する（支出効果）。

　第2に，石油産業のブームは同産業で働く労働への需要を直接増やすため，労働者は製造業・サービス業から石油産業へと移動する（資源移動効果）。

　この2つの効果は，いずれも製造業から労働力を奪うように働くから，製造業はダブルパンチを受けて生産縮小を余儀なくされる。すなわち，天然資源部門の発展が工業化を妨げることになる。ただしこの結論は，余剰労働力（失業）が存在するか否か，資本も部門間を移動できるか否か，製造業とサービス業のいずれがより資本集約的かといったモデルの仮定を変えることによって変更されうる。

　オランダ病モデルの本質は，国内の生産要素（ここでは労働）の量が限られている場合には，ある部門のブームは他の部門から生産要素を奪うことにより，後者の縮小をもたらすというものである。したがって，このモデルは天然資源の輸出に限定されず，かなり一般化することが可能である。ある国に新たな購買力が注入されたり新たな労働需要が生まれたりする状況，たとえば経済規模に対してかなり巨額の経済援助，軍事援助，海外直接投資，金融資本（株式・債券・銀行融資など），海外送金などの受け取り，あるいは不動産・建設ブームの発生などは，油田発見と同様の効果をもつことになる。すなわち，新部門が製造業から労働を奪ってしまう。

　以上は為替レートが固定されているケースである。実際，オランダ製造業が衰退した1960年代は固定レートの時代だったが，

現在のように為替レートが日々変動している場合には，製造業への打撃の速度や様式が異なってくる。すなわち，天然資源の輸出を待って価格変化や労働移動が起こるのではなく，資源発見のニュース（あるいはうわさ）が伝わっただけで通貨騰貴が発生し，自国の製造業製品が一瞬にして割高になり，貿易財部門が打撃を受ける。実際，これに類する状況は，北海油田が発見された1970年代末のイギリスで見られた。また為替市場は投資家の思惑や群集心理によっても変動するので，実体経済とは関係なしに通貨投機が起こる可能性さえある。さらに現在のように資本や労働が国境を越えて自由に移動できる世界では，その移動の種類や量によってさまざまな影響が製造業に及ぶことになる。また天然資源の国際価格変動は激しく，自国の景気・財政・国際収支などがその荒波にさらされるリスクも大きい。

天然資源の存在は，経済的理由以外にも工業化を妨害する。資源輸出は巨大な富を生むので，それを奪取するための政治闘争が政府内外で激しくなるのが普通である。それを獲得した政治家や集団はこの利権を死守するために経済政策をゆがめてしまう。外貨収入は将来への投資ではなく奢侈的な消費や建設に使われがちであり，放漫財政や腐敗汚職が日常茶飯事となる。政府も国民も，財政歳入や裕福な生活がたなぼた式に与えられる状況では，一生懸命努力して学んだり投資したりする気持ちにはなりにくい。こうした政治的・心理的要因は，資源国が工業化することをますますむずかしくする。

以上から，天然資源に恵まれることは工業化や経済発展にとって自動的にプラスではないということがわかる。しかし，だからといって開発のためには資源をもたない方がよいという結論には必ずしもならない。たしかに天然資源が豊富な国が，静学的比較優位（現在競争力をもつ品目をつくり続ける状況）に固定されて

しまうと，新産業を育てることができず，工業化に遅れるということはあるだろう。だが他方で，経済発展の初期には工業化のための資金や外貨が必要であり，これを資源輸出で確保できれば有利である。また経済危機に見舞われた際には，資源保有はショックを和らげる緩衝材となりうる。ゆえに，資源保有国には通常要請される教育・技術・企業・投資・輸出などの振興策に加えて，資源を無駄遣いせず，オランダ病も起こさず，外貨収入を民間・政府の適切な投資に流し込むための追加的な制度と行動が必要だということになる。この意味で，資源国の工業化は資源をもたない国のそれよりも高い政策能力が要求される。

LITERATURE

参考文献

⮕　以下は，ASEAN 全体および各加盟国を知るのに有益である。

　トラン・ヴァン・トゥ編 ［2016］，『ASEAN 経済新時代と日本：各国経済と地域の新展開』文眞堂。　…ASEAN 各国の解説に加え，中所得のわな，雁行型発展，経済統合，対中国，対日本などが分析されている。

第10章 インドシナ半島の後発経済

ミャンマー・ネピドー
の片側10車線道路
写真：筆者撮影

　インドシナ半島に位置するベトナム・ラオス・カンボジア・ミャンマーの4カ国は，1990年代にASEANに加盟した国々である。これらの国は，国名の頭文字をとってCLMVと呼ばれることがある。彼らの工業化の開始は，戦争・軍政あるいは地理的理由により，前章で見たASEAN4諸国よりも遅かった。それでも2022年時点で，それらの国はみな低所得を脱して低位中所得に達している。ただし，1人当たり所得や工業化の進展度にはかなりの相違がある。ベトナムは，1990年代半ばから多くの海外直接投資や開発援助を受け入れ，人材やインフラを整備し，貿易ネットワークを広げ，この四半世紀の間かなりの高成長を維持してきた結果，ASEAN4と肩を並べて競争できるほどの経済力をつけてきている。他方，残りの3カ国についてはベトナムほどの発展段階には到達していない。ベトナムと，アジアに残された経済フロンティアとしてのCLMは，区別した方がよさそうである。

1 インドシナ諸国の課題と地域協力

　ここではカンボジア・ラオス・ミャンマー（CLM）を念頭に共通の開発課題をまとめておきたい。ベトナムについては次節で検討する。ただし，以下で指摘する問題のいくつかはベトナムにも当てはまる。

アジアダイナミズムに乗れるのか

　第1に，そもそも低開発から脱出できるかという問題がある。これは，各国の連携と競争に基づく東アジアのダイナミズム（第1章）にこれら後発の国々が乗れるかどうかという問題である。彼らは国際貿易に参加し，外国から援助や投資を受け入れ，最初の産業基盤をつくるという開発の初期段階にある。出発点が低かったので過去の成長率は6〜7％台と比較的高いが，現地企業は総じて弱く，国内価値創造は少ない。今のところ，彼らの成長は資源輸出および外資企業への依存によるところが大きい。人材育成の面でも CLM はかなり遅れている。ベトナムの中学校修了率は97.7％だが，カンボジアは57.7％，ラオスは61.3％，ミャンマーは64.8％と開きがある（世銀データ，CL は2021年，MV は2018年）。カンボジアの工業団地では労働者にまず読み書きや基本的態度を教えねばならないが，これはタイやベトナムでは不要なことである。アジアダイナミズムは自然に乗れるものではなく，そのために必要な諸条件が国内に準備されなければならない。

政策能力の低さ

　第2に，これに関連して，政府の政策能力が不足している。自国の人材や企業の競争力を高めなければならないにもかかわらず，政府の産業知識

表 10-1　ASEAN 後発経済の概要

		ベトナム	ラオス	カンボジア	ミャンマー
人口（万人，2022 年）		9,819	753	1,677	5,418
1 人当たり所得（米ドル，2022 年）		4,164	2,088	1,787	1,096
経済成長率（％／年，2001〜22 年平均）		6.3	6.4	6.8	7.6
名目 GDP に占める比率（％，2022 年）（ミャンマーは 2020 年）	国内総投資	33.4	…	23.4	29.6
	財・サービスの輸出	94.1	…	63.9	27.6
	農林水産業	11.9	17.8	22.2	20.9
	製造業	24.8	9.1	18.8	25.5
経済の特徴		活発な貿易や外資誘致で工業化と産業構造転換が進展	内陸国・資源輸出国だが近年周辺国との産業連携強まる	外資による軽工業・部品輸出が盛ん，労働者の質が課題	天然ガスを含む資源・農産物が中心で工業化は初期段階
主な輸出品目		携帯電話，電子機器・部品，機械・部品，縫製品，履物	金，銅，電力，紙・パルプ，縫製品，労働集約型工程	縫製品・履物，労働集約的な部品，皮革製品	天然ガス，縫製品，米，豆類，ベースメタル・鉱石
政治状況（2023 年現在）		共産党による一党独裁	人民革命党による一党独裁	人民党による独裁	ミャンマー国軍による軍政

（出所）人口，経済成長率，1 人当たり GDP は世界銀行，World Bank Database（2023 年 8 月 8 日にアクセス）。名目 GDP の各構成比はアジア開発銀行，Key Economic Indicators（2023 年 8 月 24 日にアクセス）。ラオスの一部のデータは不明。

や行動力が弱く，民間を支援するどころかむしろ妨害してしまうケースが多い。たとえば利権闘争，官僚主義，過度で不合理な規制，汚職腐敗の蔓延，国有企業による民業圧迫などである。ただし，こうした現象はベトナムにも見られる（次節）。また政治体制が民主的でなく，2023 年時点でベトナムとラオスは一党独裁，カンボジアは一党優位，ミャンマーは軍政となっている。これらの政権は権力維持に余念がないが，開発を推進するための関心や

知識は必ずしも高いとはいえない。その意味で，かつての韓国や台湾の開発独裁（第5章）とは異なる。

> 経済協力と経済連携

第3に，インドシナ半島における地域協力や経済連携の動きがいくつかある。その1つは，**大メコン圏**（GMS: Greater Mekong Subregion）と称する，アジア開発銀行の支援で1992年に始まった経済協力である。その柱は，国境をまたぐ幹線道路の建設と周辺地域の開発であった。参加国はCLMV，タイ，中国南部である。次に，タイによる周辺諸国の労働の利用があげられる。タイは賃金上昇と労働不足に直面しており，タイ企業（あるいはタイに進出した外国企業）はCLMから安価な労働者を受け入れ，あるいは国境付近で彼らを雇用し，労働集約型工程に従事させている。この動きを**タイ・プラス・ワン**という。さらには，中国の影響力が拡大している。これは貿易や投資に加えて，インフラ・エネルギー・工業団地などの建設・融資案件を通じて進行している。また中国と安全保障に関わる連携を行っている国もある。これらが中国の外交戦略，とりわけ一帯一路構想を進めるものであることはいうまでもない。また独裁政権や軍政が，欧米の非難や制裁をかわすために中国に接近するという側面もある。以上の動きについては，第3節でさらに論じる。

> 市場経済移行国の新制度づくり

第4に，CLMVはいずれも計画経済から市場経済への移行国である。彼らは経済開発に加えて，あるいは経済開発を進める前提として，過去に民間部門を抑圧してきた多くの法令や制度を撤廃し，新たなものに置き換えなければならない。具体的には，たとえば経済計画，国営企業，集団生産，価格統制，私的所有権の否定，職業・営業・住居の強制，貿易制限，資源収奪としての

財政や為替制度，単一銀行システムなどの社会主義的制度群は，市場活動を促進する新制度へと全面的に置き換える必要がある。ただしベトナムを筆頭に，こうした新制度づくりは1990年代以降かなり進行してきた。いまやCLMVは他の途上国と同様に，人材・品質・技術・生産性・競争力といった開発問題に正面から取り組まねばならない段階にきているといってよいだろう。

2 ベトナム

世界各地を回るとベトナムへの賞賛をよくきく。悲惨な戦争と計画経済による貧困から脱出し，工業化と高成長を実現した模範的な国とみなされており，うちの国もベトナムから学びたいという途上国政府は多い。だが実際にベトナムに投資する企業や経済協力を行う外国機関は，ベトナムがそれほど理想的な国ではなく，大きな課題を抱えていることを知っている。ベトナムの過去と現在を見てみよう。

ベトナム戦争とその後の歴史

ベトナムは1887年にフランスの植民地に組み込まれ，1941～45年には日本軍に占領された。第2次大戦後のベトナムはさらなる苦難の歴史を歩んだ。ホー・チ・ミンを指導者とする共産勢力は1945年9月にハノイで独立を宣言したが，宗主国フランスはこれを認めず，両者の間に戦闘が続いた。1954年の軍事的敗北を機にフランスは撤退するが，ベトナムは北緯17度線をはさんで共産主義の北と資本主義の南に分断されてしまう。フランスに代わって南のサイゴン政権を支援したのはアメリカである。1965年から米軍は北ベトナムを徹底的に爆撃し，ベトナ

ム戦争はエスカレートする。

　北の政権は南部に散在する解放勢力と協力し，抗米戦を続けた。米軍は大量の爆弾のほか，敵が隠れるジャングルをなくすため各地に枯葉剤を投下し，これが多くの人々に外形的障害・遺伝疾患・がんをもたらした。この悲惨な戦争は，1973年頃にアメリカが漸次撤退を決意し，1975年に北からの攻勢がサイゴンを陥落させることによってようやく終結する。ただしその後も，ベトナムはカンボジアに侵攻し，中国とも戦火を交える。ベトナム軍がカンボジアから完全撤退するのは1989年である。独立宣言から半世紀近くもの間，ベトナムは戦い続けたことになる。

　1976年以降，共産側の勝利により再統一されたベトナムでは，南部の社会主義化が急速に進められた。農業は集団化され，企業は国有化された。南の政府に協力したとみなされる人々は迫害・拘束され，これを逃れようとする多くのボートピープル（船で国外に脱出しようとする人々）を生んだ。だがこうした強引なやり方は，開放的で市場経済の経験をもつ南の人々に受け入れられなかった。農業生産は落ち込み，工業は停滞した。カンボジア侵攻の非難を受けてベトナムは国際的にも孤立し，経済は危機に陥ってしまう。

　この困難の中で経済運営の再検討が行われ，1986年末の第6回共産党大会は政策転換を宣言した。計画一辺倒をあらため，農業から開始して経済全体に市場メカニズムを導入するという**ドイモイ（刷新）政策**である。これは，中国における1978年の改革開放路線に匹敵する重要な決断であった。その後もベトナムは高インフレおよびソ連崩壊にともなうモスクワからの援助停止に見舞われたが，前者は1989年のマクロ経済引き締めによって，後者は南シナ海からの原油輸出開始によって，なんとか乗り切ること

ができた。社会主義圏の後ろ盾を失ったベトナムは，資本主義諸国との外交関係と経済交流を構築せざるをえなくなった。1992年憲法は，それまで禁止されていた民間企業を自由化した。また同じく1992年頃から，世界銀行・IMFおよび日本を含む西側諸国の援助が再開された。

　市場移行を開始したベトナムは経済外交を積極的に展開した。1995年にはASEAN加盟およびかつての敵だったアメリカとの国交回復を実現した。2007年にはWTOに加盟する。その後もTPPやRCEPを含む，多国間・二国間のさまざまな貿易投資関連の協定を締結し，すべての主要貿易相手国と良好な経済関係を確立した。企業法・投資法・商法などの経済関連法も順次起草ないし改定されていった。日本は，石川滋教授を団長とする政策研究チームの派遣および投資環境改善のための日越共同イニシアティブなど，多くの政策アドバイスを提供してベトナムの産業振興に協力した（章末 Column ⑩参照）。

　1990年代半ば以降，ベトナムの市場経済化と全方位外交は持続的な経済成長をもたらした。1990年の1人当たり所得はたった97ドルにすぎなかったが，2008年には1000ドルを突破した。1991～2022年の平均成長率は6.7％を記録し，この30年間一度もマイナス成長を経験していない（世銀データ）。1990年代前半のハノイやホーチミン（サイゴンから改称）は古びた低層住宅の密集であり商店も少なかったが，いまや高層ビルが林立し，街中がショッピングモールや高層マンションや商店・レストランになった。道路・電力・港湾・空港などのインフラもかつては貧弱だったが，日本や国際機関などの協力を得て，これらもかなり整備されてきた。ベトナムが掲げた，2020年までに「工業化・近代化」を達成するという目標は，産業構造や輸出品目あるいは都市景観

ハノイ市街　1995年（左）と2023年（右）
1995年にはバイクより自転車が多く，街では自動車や信号をあまり見かけなかった。2023年には自動車・高層ビル・交通渋滞が見られる普通の都市となり，大気汚染もひどくなった。
　写真：筆者撮影

から見るかぎり，かなり実現できたように思われる。「わが国は貧しい，市場のことは何もわからない」というのが1990年代のベトナム官僚の口癖だったが，2008年にベトナムが中所得国となった頃からいわなくなった。

キャッチアップの原動力

　ベトナムのキャッチアップの主な原動力は，自由化による民間活動の復活，外国企業や開発援助の大量流入，安定的で多角的な貿易関係（輸出市場）の構築などであった。さらに，ベトナム人がもつ勤勉さや識字率の高さ，（フィリピンと同様に）海外で働くベトナム人からの送金，2007年頃から顕著となった資産バブル（土地・株式の騰貴）が生んだ富裕層なども，成長の持続に貢献した。ただし，工業製品輸出や産業構造転換（農業の縮小と製造業の拡大）を支えたのは主に外国企業である。現地企業も，たとえば不動産・自動車のヴィングループ，IT関係のFPT社，携帯通信のベトテル社などいくつか育っているが，外資に比べると経済構造転換への貢献度は少ない。さらに，都市部の土地をたまたま持っていた幸運な人とそうでない人の間に，収入だけでなく資産保有の格差が発生している。ハノイの地価は東京近郊とさ

ほどかわらない。

　日本企業は1990年代から，日本が得意とする自動車・バイク・機械・電子などの分野でベトナムに投資してきた。21世紀に入ってからは，ベトナムの所得上昇をうけて，ベトナム人向けの消費財・サービス・都市開発などを提供する進出も増えている。韓国・台湾企業の投資も活発である。とりわけ韓国はベトナムを最重要の海外進出先と定めて，製造業や不動産開発などに従事している。韓国の対ベトナム投資には，中国集中からの脱却という意味もある。サムスン電子はベトナム北部に巨大な携帯電話組立工場を2つ建設し，2009年から輸出を始めた。部品供給や研究開発の拠点もおいている。同社による2022年のスマホ端末・部品の輸出はベトナムの輸出全体の16％を占めた。携帯電話以外でも，電子・コンピュータおよびその部品が輸出全体の15％とかなり大きい。ベトナムの輸出品目は，かつての原油・エビ・コーヒー・衣料・履物などからICT関連製品へと急速にシフトしてきた。近年は，中国からの投資も増加している。

変わりゆく貿易パターン

ベトナムの貿易パターンは，中国や韓国から電子・機械・衣料などの生産に使う資材・部品を輸入し，国内で組み立てて，完成品をアメリカや日本に輸出するというものである。ゆえに対中・対韓では輸入超過，対米・対日では輸出超過となる。全体の貿易収支は長らく赤字だったが，2012年以降黒字に転換した。貿易相手国ではかつては日本が重要だったが，今は中国が最大である。東アジアの先進経済（第8章）やASEANの先行諸国（第9章）とは異なり，1990年代以降のベトナムは，軽工業や重化学の輸入代替・輸出志向の明確な波は経験しなかった。経済開放の最初から，外資による工業製品輸出が盛んだった。同時に，社会

主義思考のベトナム政府は初めから重化学の輸入代替にも取り組もうとした。これらが同時進行した。近年は工業化が進展し，国民もかなり裕福になったため，国内向けの消費財・サービスや機械生産に使う部品（裾野産業）を供給するための輸入代替投資も活発になってきている。

　毎年実施されている日本企業の海外進出実態調査によれば，ベトナムはタイと並んで日本企業の進出先としての人気が高い。また政治・賃金高・事業展開などさまざまな理由で中国から退出しようとする中国企業ないし外国企業にとって，ベトナムは移転先としての人気も高い（チャイナ・プラス・ワン）。

```
┌─────────────┐
│  政 策 課 題  │
└─────────────┘
```
　このように戦争と貧困から急速な発展を遂げたベトナムだが，政策課題は多い。トラン・ヴァン・トゥ早稲田大学名誉教授は，雁行形態論および中所得のわなの視点から（第1章），次のように指摘している。ベトナムは年6〜7％の成長はしてきたが，日中韓台のような，二桁成長や技術革新が持続する高度成長期を経験していない。経済パフォーマンスは中くらいで，中所得から加速して高所得に駆け上がれない（この点は ASEAN4 と同様）。これは，ベトナム型漸進主義の悪い面が出たものである。政治的利権の支配により，国営企業の改革・民営化および民間振興・規制緩和が不徹底である。労働・資本・土地などの要素市場にはひずみや非効率が多い。企業間競争やコーポレートガバナンスにも問題が多い。行政は政策能力が低く，透明性がなく，汚職・乱費がめだつ。なお 2020 年の世銀によるビジネス環境評価では，ベトナムは 190 カ国中 70 位であり，ミャンマー（165 位）やインドネシア（73 位）よりは上だが，シンガポール（2 位）はもちろんのこと，マレーシア（12 位）やタイ（21 位）よりはるかに悪かった。

トゥ教授によると，中所得のわなには2種類ある。すなわち，政策・制度が民間や市場を邪魔しておりそれらの障害を取り除くことが必要な「低位中所得のわな」と，ビジネス環境や政策は良好だが民間の競争力や技術革新が不足している「高位中所得のわな」である。ベトナムは前者に陥っており，その突破には根本的な政策革新や制度改革が必要だという。

かつてベトナムでは，労働者が勤勉で手先も器用なことが高く評価された。労働者の優秀さは今も変わらないが，30年の工業化を経て，もはや勤勉と器用だけでは上に登れない。価値創造には経営・科学・技術・技能・ICT・イノベーションなどが必要である。ベトナムは共産党による一党独裁の国だが，国家の指導原理はこのニーズに対処できていないようである。ベトナムがたどってきた戦争と貧困の困難な歴史を振り返れば，これまでの経済成果は積極的に評価されよう。だがこれからの長い道を考えるとき，政策が現状のままでは中所得のわなからの脱出はむずかしいかもしれない。

3 地域連携の動き

残りの3カ国を検討する前に，インドシナ半島を中心とする3つの経済連携の動きをまとめておこう。なお，これらの動きは相互関連している。

| 大メコン圏 |

第1は，**大メコン圏**（GMS: Great Mekong Subregion）と呼ばれる，1992年に開始された地域協力である。加盟国はタイ・ベトナム・ラオス・カンボジア・ミャンマーおよび中国南部であり，アジア開発銀行がこ

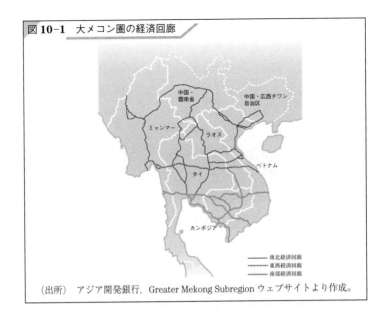

図 10-1　大メコン圏の経済回廊

中国・雲南省

中国・広西チワン
自治区

ミャンマー

ラオス

ベトナム

タイ

カンボジア

―――― 南北経済回廊
・・・・・・・・・ 東西経済回廊
―――― 南部経済回廊

（出所）　アジア開発銀行，Greater Mekong Subregion ウェブサイトより作成。

の構想のための協力を行ってきた。重点分野は交通・通信・エネルギー・観光・人的資源・環境・農業・貿易・投資と幅広いが，その中心は，各国間の物理的連結性を高めるための幹線道路や橋梁の建設であった。具体的には東西経済回廊・南北経済回廊・南部経済回廊の３つの回廊およびそれらのサブ回廊がつくられた（図 10-1）。また国境を越える際の出入国管理・関税・植物検疫・交通規制などの手続きを円滑化するための措置も図られた。

　これらの回廊の建設によって，バンコク・プノンペン・ホーチミン市・ハノイなどの中核都市が陸路でつながれ，中間に位置する地域も経済開発の機会を得ることになった。とりわけ内陸国ラオスにとっては，港をもつ周辺諸国と道路でつながれることは大きな意義をもつ（ランドロックからランドリンクへの転換）。また中国南部の雲南省・広西チワン自治区にとってこれらの道路網は，

中国自身が進めている鉄道やパイプラインの建設とともに，イン
ドシナ諸国とその海岸へのアクセスを可能にする。なお ASEAN
は，地域の経済統合を進めるために ASEAN 経済共同体（AEC）
を 2015 年に発足させたが（第3章），この道路網は AEC を推進
するためにも重要なインフラである。

　3つの回廊はほぼ整備され，平均速度・交通量・輸出入額・操
業企業数などから判断すると，南部回廊，南北回廊，東西回廊の
順によく使われているようである。ただし課題もある。タイとベ
トナム南部，中国とベトナム北部の越境運輸は活発化しているが，
一部の回廊では越境部分よりも国内部分が主に使われている。東
西経済回廊はラオスを通るにもかかわらず，通過車両が多く，同
国への経済インパクトは期待したほど発生していない。また片側
2車線以上の規格で整備された区間がある一方で，片側1車線だ
ったり路面状況に問題がある部分が残っていたりする。またタイ
から運ぶものはあるが帰りに積むものがないという片荷問題は，
トラック輸送の効率性を低下させる。さらには，交通事故の増加
も報告されている。以上の問題はあるものの，インドシナ半島内
部を結ぶこれらの道路網が CLMV の経済発展に貢献しているこ
とは間違いないだろう。

> タイ・プラス・ワン

第2に，この地域で最も工業化が進んで
いるタイを中心として，CLMV との経済
リンクが形成されている。この状況を**タイ・プラス・ワン**と呼ぶ。
その1つは，賃金上昇や労働不足に直面するタイが，周辺国の安
くて豊富な労働力を利用する動きである。具体的には，タイ企業
やタイで操業する外国企業が，タイ国内に CLM からの労働移民
を受け入れたり，CLM との国境近くの工業団地で CLM の労働者
を雇用したりする現象である。これは，第1章の *Column* ①で見

たルイス・モデルにおいて，CLM の農村からタイの工場へと国境を越えて労働者が移動するケースと解釈できる。だがその場合，一国モデルとは異なり，CLM は非熟練労働をタイに提供するだけで工業化は誘発されず，工業はタイ側でのみ発展することになる。

　同時に，タイ企業による周辺国への投資が進行している。金額的にはベトナムとミャンマーへの投資が多い。投資内容は，対ミャンマーと対ラオスでは石油・ガスや電力が大きいが，製造業・サービス全般も投資件数が増えている。対カンボジアも，大型案件は少ないが製造業・サービス全般で伸びている。発展段階でよりタイに近いベトナムの場合は，賃金差や雇用を目的とする投資というよりは，内需が堅調なベトナムに売り込むための進出が多い。具体的には，小売業・飲食業・不動産・工業団地開発などである。対ベトナムでは大型 M&A 案件も多く，ベトナムのビール会社の買収やフランスやドイツが経営していた大規模小売店舗の買収などが見られる。これらに投資するタイ企業には TCC グループ・CP グループ・サイアムセメントグループなどの中華系タイ財閥が多い。

中国による関与

　第 3 に，この地域への中国の関与が増加している。中国は上述の GMS 経済回廊の道路利用に加え，鉄道・パイプラインなどの大規模インフラの建設を通じてインドシナ半島との貿易・投資を拡大している。これにより中国南部からインドシナ半島およびその海岸部へのアクセスを図るとともに，エネルギーの供給路を確保しようとしている。ミャンマーでは石油・ガスのパイプライン，港湾・橋梁・経済特区などが建設されている。ラオスでは水力発電・鉄道・経済特区・農業などの案件が進行している。南北回廊でベトナム北部

とつながった広西チワン自治区では，ベトナムとの貿易が増加している。また，多くの中国人観光客がタイ・ベトナム・カンボジアを訪問するようになった。

　国によっては，中国との外交・安全保障上の連携も行われている。これが中国の外交戦略，とりわけ一帯一路構想に沿うものであることはいうまでもない（第7章）。また，この地域の独裁政権や軍政が，欧米の非難や制裁をかわすために中国に接近するという側面もある。ただし，中国とインドシナ諸国との間には対立要因もある。ベトナムとの間には南シナ海をめぐる領土紛争があり，メコン川の水資源利用に関しても流域諸国との間で利害問題が存在する。一部の国の中国接近は，ASEAN内の統一的行動を困難にしている側面もある。

4 ラオス

　ラオスは海岸線をもたない内陸国であり，8割が山岳地帯で平地はわずかである。面積は日本の本州よりやや大きい程度だが，人口は埼玉県程度の743万人と少ない。交通の不便から，長らく周辺国の工業発展から取り残されてきた。数字上は，2022年の1人当たり所得は低位中所得の2088ドルとすでに貧困国ではないし，2001〜22年の平均成長率は6.4％とベトナムと同等である（表10-1）。だが，産業発展ではタイやベトナムよりはるかに遅れているというのが現状である。工業が未発達でも所得が比較的好調なのは，ラオス政府の市場経済化・産業化努力に加えて，人口が少ない割に鉱物資源や水力発電からの収入があり，建設投資も活発だからと思われる。

歴史的に，ラオスの政治体制や経済政策はベトナムの影響をうけてきた。一方，貿易や労働者の出稼ぎなどの現実の経済関係は，タイとの結びつきが強かった。しかしながら，近年は新たな道路・鉄道の整備により近隣国とのコネクティビティが改善されており，とくにタイ・ベトナム・中国との連携を通じて新たな産業活動が生まれつつある。

過去半世紀にラオスが歩んだ歴史は，ベトナムのそれとほぼ重なる。ベトナム戦争が終結した 1975 年に，ラオスも社会主義国となった。産業の国有化・集団化が進められたが，経済は失速した。1986 年には政策転換が図られ，**チンタナカーンマイ**（**新制度**）と呼ばれる市場経済化が開始されたが，これはベトナムのドイモイ（刷新）と同年である。国営企業改革に着手し，中央銀行と商業銀行が分離され，貿易銀行が設置され，為替レートが統一された。さらに，コメの国家独占や農産物価格統制が廃された。1991 年のソ連崩壊にともない，社会主義圏の後ろ盾を失ったラオスは西側諸国や世銀・IMF に接近していった。1997 年には ASEAN に，2012 年には WTO に，それぞれベトナムから数年遅れて加盟した。

アクセスの困難と物流の改善

だが市場開放をしたあと，ベトナムが経験したような外国投資の大量流入はラオスでは起きなかった。原材料や製品の輸送に不便な内陸国だったからである。ただし，東側のベトナム国境は山々に阻まれているけれども，首都ビエンチャンを含む西側のメコン川沿いはタイ東北部と接しており，物流や出稼ぎは比較的容易である。こうして，ラオスはタイ経済圏に組み込まれていった。

これまでのラオスの主要産業は，金や銅を中心とする鉱産物・水力発電・観光・農業などであった。前2者は，ラオス経済が水資源を含む天然資源に大きく依存することを示している。観光については，自然環境と文化遺産の魅力によりトレッキングやエコツーリズムが人気を集めているが，観光インフラや施設はまだ発展途上にある。一方，農林水産業は，1991年にはGDPの44％を占める最大の産業だったが，2022年には18％と大きく減少した。労働人口の比率で見ても，農林水産業は1991年の87％から2022年の58％と縮小した（アジア開銀データ）。だが労働人口で見た農林水産業の減少はGDP構成比で見た減少より少ない。ラオスでは現在でも半数以上の人々が農林水産業に従事しており，そこでは近代部門に比べて生産性が低く，他分野との所得格差を生む原因となっている。

　これまでアクセスに難があったラオスだが，近年はアジア開発銀行や日本などの協力による交通インフラ整備が行われ，状況は変わりつつある。国内では，首都ビエンチャンとラオス西部の各都市を結ぶ道路や橋梁が建設ないし改良され，国内物流が大幅に改善した。周辺国とのリンクでは，アジア開発銀行が主導する大メコン圏構想（前節参照），とりわけラオスをタイ・ベトナムと結ぶ東西経済回廊および中国雲南省と結ぶ南北経済回廊の2つの幹線道路が建設されたことが重要である。タイとラオスとの連結には国境を流れるメコン川の架橋が重要だが，これについても，1990年代以来4つの国際橋がかけられた。このようにハードインフラ面では大きな改善が見られるが，周辺国との経済交流のためには越境時の出入国・通関システム，輸送・交通・安全に関わるルールの各国間調整といったソフト面の整備も必要である。

　中国は一帯一路構想の一環としてラオス・中国鉄道の建設を支

援した。2021年にラオス北部のボーテンとビエンチャン間が開通し，中国部分も含めるとビエンチャンは中国の昆明とつながった。また中国はビエンチャンとタイのバンコクを結ぶ高速鉄道の建設も支援しており，完成すれば中国雲南省とタイおよびその先のマレーシア・シンガポールまでがラオスを経由して鉄路で結ばれることになる。

　以上の物流改善により，ラオスはアジアダイナミズムに参加できるようになった。すなわち，労働集約型の縫製・機械組立を中心とする外資主導型工業化の初期段階が始まっている。これには，さまざまな理由で中国から脱出する工場がラオスを移転先の1つとして選ぶ動き（チャイナ・プラス・ワン）と，タイ企業やタイで操業する外国企業が，タイの労働不足や賃金上昇に対処するため，輸送が容易になったラオスに労働集約型の最終製品・中間品の生産を移す動き（タイ・プラス・ワン）があげられる。後者の場合は，タイに複雑な工程を残し，簡単な工程をラオスに任せてひとつの製品を生産するという，グローバル・バリューチェーンの中の工程間分業として理解できる（第1章，第2章）。ラオスで生産される最終製品には下着・靴下・シャツ・スーツ・作業服・安全靴などがあり，中間品としては，手作業中心の自動車部品（たとえばワイヤハーネス：車内電気配線の束）や電子部品などがある。ただし，タイやベトナムと比べると，ラオスにおける外資企業の集積はまだ小さい。

これからの課題　将来の課題としては，輸送インフラのさらなる改善，それを利用した経済統合の深化，現在は悪いビジネス環境（2020年の世銀ランキングで190カ国中154位）の改善，国内企業や産業人材の能力向上などがあげられる。これらにより，労働集約型産業を発展させ，同時に農林

水産業・鉱業の製品加工度を上げて，グローバル・バリューチェーンへの参加をより深めていくことが重要であろう。

5 カンボジア

| 歴史的背景 |

カンボジアはクメール人の国であり，長い歴史の間にはインドシナ半島に大きく領土を広げたこともあったが，シャム（タイ）やベトナムからの侵攻もうけた。有名なアンコール・ワットは，12世紀にクメール王朝が建設した寺院である。19世紀半ば以降は，ベトナムやラオスとともにフランスの植民地（フランス領インドシナ）に編入された。独立への努力はノロドム・シハヌークによって行われ，1953年に完全独立を達成した。独立の父シハヌークは首相や国家元首としてカンボジア王国を率いた。

ところがベトナム戦争中の1970年，親米で反北ベトナムのロン・ノルがクーデタを起こして，ベトナム系住民を迫害・殺害し，米軍と南ベトナム軍に自国を侵攻・空爆させるという挙に出た。中国に脱出したシハヌークはカンプチア民族統一戦線を結成し，毛沢東主義に心酔した勢力「クメール・ルージュ」の後ろ盾を得て，ロン・ノル政権との内戦を戦った。1975年4月にロン・ノルは亡命し，クメール・ルージュは首都プノンペンに入る。だがクメール・ルージュのポル・ポトによる1975〜79年の統治は極端で恐るべきものだった。貨幣の廃止，都市住民の農村入植と強制労働，ベトナムへの攻撃が行われ，旧政権関係者・富裕層・知識層・親ベトナム派などが政治犯として収容され大量虐殺された。この虐殺に加え，飢餓やマラリアの蔓延で100万人を超す死者

が出たという。人口も700万から600万へと減少した。

　これに対しベトナムは，1978年に親ベトナムのヘン・サムリンを擁立し，ポル・ポト打倒を掲げてカンボジアに侵攻した。カンボジアは新たな内戦状態に陥る。ベトナム軍によるカンボジア介入は1989年まで続いた。

　長い内戦を経て，ようやくカンボジアは平和と復興の時代を迎える。日本はその実現に積極的に協力した。1990年には，カンボジア各派を招いて「カンボジアに関する東京会議」が開催された。1991年にはカンボジア和平パリ協定が調印され，翌年から国際連合カンボジア暫定統治機構（UNTAC，事務総長は明石康）による暫定統治と平和維持活動が行われた。1993年に国民議会総選挙が行われ，立憲君主制と「二人首相制」が採択され，新憲法が発布された。シハヌークが国王に再即位し，統一政権としてのカンボジア王国が23年ぶりに誕生した。多くの国民を失い国土も破壊されたカンボジアだが，経済政策は市場移行と対外開放にかじを切った。

市場移行後の経済成長

その後の経済成長は順調であった。1994～2022年の平均成長率は7.0％であり（世銀データ），これは長期にわたって高成長が持続したことを示している。1999年にはASEANに，2004年にはWTOに加盟し，2016年には低位中所得に達した。2022年の1人当たり所得は1787ドルとなっている。カンボジアの外貨収入源にはアンコール・ワットなどの観光や農産品輸出があるが，1990年代以降の工業化を推進したのは，外国企業の進出による労働集約型製品の輸出である。欧米・中国・日本などを市場とし，衣類・履物などの軽工業品のほか，最近では自動車・電子・機械の部品輸出も増えてきている。

まず1990年代半ばには，中国・台湾・香港などの中華系企業による縫製品の輸出が始まった。これは，欧米が中国に対し輸入数量割当を課したため，中国がそれを回避するためにカンボジアで生産・輸出を始めたという，チャイナ・プラス・ワン的な迂回輸出の要素が強い。2005年頃からは，外国企業の投資先として，首都プノンペン周辺のほか，ベトナム国境近くのバベット，タイ国境近くのポイペトやコッコンなどに**経済特区**（**SEZ**）がつくられるようになった（工業団地のことだが，ラオス・カンボジア・ミャンマーなどではSEZと呼ぶのが普通である）。2010年代になると，SEZはさらに増え，港およびSEZを備えたシアヌークビルも新たに開発された。

　これらSEZのうち，バベットでは衣類・履物などの軽工業が中心だが，プノンペンやポイペト・コッコンでは，タイではもはや採算が合わなくなった労働集約型の自動車部品・電子部品・金属製品が生産されており，これはラオスの場合と同様，タイ・プラス・ワンの工程間分業にカンボジアが組み込まれたことを意味している。一方，シアヌークビルでは，日本と中国の協力が並行して行われてきた。日本はODAによる道路・港湾・空港などのインフラや観光資源の開発に貢献してきた。中国は経済的関心からシアヌークビルを物流拠点と位置づけ，貿易関連のインフラ整備や支援をするほか，中国企業がホテル・リゾート・不動産案件などへの投資を活発に行っている。なおカンボジアの輸出入には，シアヌークビル港のほか南部回廊を通ってベトナム南部の港湾にアクセスすることも可能である。

これからの課題　カンボジア政府の政策能力は高いとはいえないが，ベトナム政府などとは異なり，民間に対する強力な介入や規制はしない。そのためビジネス環境

はオープンかつ自由で，外国の個人や中小企業も参入しやすくなっている。プノンペンに和食レストランがたくさんあるのも，この自由さを反映しているのだろう。長年の戦乱を経たカンボジアでは，電力・道路・橋梁・港湾などのインフラの不足や質の悪さが大きな問題だったが，これはアジア開発銀行・日本・中国などによる大メコン圏への長年の支援によって，かなりの改善が見られる。電力については，水力・火力に依存し，供給が不足かつ不安定で，停電がしばしば起こっている。2013 年以降，効率化と競争導入のために電力部門は民営化され，新たな発電所や送電網がつくられたが，他方で民間は利益追求が目的なので，電力価格が高くなるという問題を生じている。

　現在のカンボジアは，単純労働を利用した軽工業品・部品の生産に従事しているが，これは工業化の初期段階にすぎない。これから生産性や品質を高め，国内付加価値を増やし，国際競争力を向上させることは可能だろうか。これはかなり困難な事業だと思われる。その前に立ちはだかる最大の問題は，カンボジア人労働者の質の低さである。初等教育の就学率は徐々に改善しており，教育普及度はベトナムよりは低いがラオスより高い。だが生産やサービスの現場におけるカンボジア人労働者の能力は決して高いとはいえない。ベトナム人は読み書きができて当たり前で，手先が器用でよく気がつき，暗算もできるが，プノンペン SEZ では各工場がワーカーに読み書きや基本的な生活規律を教えなければならないという。カンボジア縫製業協会（GMAC）もこの問題を認識し，会員企業に対して労働者の教育訓練サービスを提供している。

　その一方で，賃金は上昇している。2022 年のカンボジア人労働者の平均月給は 246 ドルであり，中国（607 ドル）やタイ（385

ドル）よりは低いが，ベトナム人労働者（277ドル）とあまりかわら
らず，ラオス（97ドル）やミャンマー（87ドル）よりはるかに高
い（製造業作業員の諸手当を除く基本給，JETROの海外進出日系企業実
態調査）。すなわち，生産性が低いのに賃金はすでにかなり高い。
カンボジアはベトナムの次に上昇する国ではないかと一時は期待
されたが，以上の状況を踏まえると，カンボジアにとって，中所
得のわなの突破はベトナム以上に容易ではない可能性が高い。

6 ミャンマー

| 歴史的背景 | 19世紀のミャンマー（ビルマ）は，当時
インドを植民地支配していたイギリスと

3度の戦火を交えたが，1886年にはついに英領インドに併合さ
れてしまう。独立運動は第1次大戦の頃から開始され，第2次
大戦中には日本陸軍の侵攻があった。建国の父アウンサン将軍は，
独立のために日本軍と提携したが，のちに日本を駆逐する。大戦
後アウンサンは暗殺されるが，1948年にイギリス連邦からの離
脱およびビルマ連邦としての独立が達成される。なお，この国は
植民地時代および独立以降もビルマと呼ばれていた。その後，
1989年に軍事政権は国名をビルマからミャンマーに変更し，現
在多くの国や国際機関がこの名称を使っている。だが軍事政権の
正当性を認めない一部の国や人権団体はビルマという名称を使い
続けている。

| 現状と課題 | ミャンマーは多民族多宗教の国である。
人口の約6割を仏教徒のビルマ人が占め

るが，少数民族も多く存在する。長い歴史を通じて民族・宗教間

の分断や敵対が繰り返されてきた。中央政府と少数民族との紛争は現在も続いており，政治の不安定を招いている。西部のラカイン州に居住するイスラム教徒のロヒンギャは宗教的・民族的迫害を受け，多くの人々が隣国バングラデシュなどに避難している。国際社会はミャンマー政府による人権侵害や民族浄化を批判している。ほかにも北部のシャン州やカチン州では政府軍との武力衝突が続いており，東部のカレン州ではカレン民族連盟と政府軍の間の武力闘争が長期化している。これらの州でも人権侵害や難民問題が発生している。

　歴史を振り返れば，1960年代から80年代にかけては，仏教とマルクス主義を混合した「ビルマ式社会主義」が導入され，外資企業および民間企業の接収・国有化，土地の国有化，外国文化の否定，外国人・外国組織の拒否・追放などが行われた。軍が政治に深く関与し，大規模な粛清も行われたという。経済面では生活物資の不足や密輸・闇取引が発生した。東アジアの多くの国が経済発展の道を歩んでいた数十年間，ほぼ鎖国といえるこの体制により，ビルマは国際社会の動きから取り残されていた。

　1988年には，引き続き軍政のもとで，ようやくビルマ式社会主義からの脱却および市場移行・対外開放が決断される。これまで禁止されていた民間貿易が解禁され，やがて（港や空港ではない）陸地国境を越えての貿易も許可された。直接投資受け入れのための法律・制度も整備される。これらの施策が功を奏して，豆類を含む農産品，木材・木工製品，ひすいやルビーを含む宝石・貴金属などの輸出が急増した。外資も，鉱山・建設業・ホテル・観光などの分野で流入した。これまでの経済停滞に代わり，1992〜96年の平均成長率は7.8％とかなり高いものとなった。ただしこうした成果にもかかわらず，政府統制は継続され，経済

構造のひずみも解消されなかった。その最たる例は，公定為替レート（1ドル＝5～6チャット）と闇レート（1990年代末には1ドル＝100～120チャット）の大幅な乖離である。軍・政府・国営企業は公定レートで民間からきわめて安く外貨を召し上げ，それを輸入に用いることができる。つまり非現実的な公定レートの本質は，民間部門を抑圧しながら公的部門に大きな利益をもたらす補助金メカニズムであった。ゆえに政府にとって，為替市場を統一しようとするインセンティブは乏しかった。

　ここまでの経済発展は一次産品輸出や建設・サービスによるものであり，工業化はまだ始まっていないことに留意したい。また長年にわたる軍の政治関与と（不適切な）経済運営の伝統は，今日にまで影響を及ぼしている点も指摘しなければならない。

　1990年代には順調に推移しはじめたミャンマー経済だが，1997～98年に勃発したアジア通貨危機は状況を一挙に悪化させた。インフレは高進し，貿易は低迷し，外資流入も停止した。公定レートと闇レートのギャップはさらに拡大した。不動産ブームが起こったが，銀行取り付け騒ぎによりすぐに消滅した。この苦境の中で，政府は輸入制限や民間からの外貨召し上げを強化したが，マクロ経済を安定させることはできなかった。

> **データに関する注意**

ここで1つ断っておかなければならないことがある。ミャンマーのデータは公表されないか，公表されても信ぴょう性の低いものが多い。政府統計によると，アジア通貨危機後のミャンマー経済は，混乱期にもかかわらず二桁成長をしていたことになっている。これはとても信頼できないので，IMFはより現実的な成長率を別に推計している（2003年の成長率は政府が14％，IMFはマイナス）。ほかにも，政府統計では宝石・貴金属の輸出が少なすぎる，在外ミャンマー人

からの海外送金が把握されていない，国営企業の活動内容がわからない，人口推計さえも 2014 年に 6100 万から 5141 万に下方修正されたなどの問題がある。一般に途上国のデータには正確でないものが多いが，ミャンマーの場合はとりわけ注意を払わなければならない。

21 世紀の 2 つの変化

21 世紀に入ると，2 つの大きな変化が現れた。第 1 は，2000 年代初めに開始された天然ガスの生産と輸出である。これにより貿易収支は黒字化し，外貨危機も解決し，天然ガス収益はミャンマー石油ガス公社を通じて国庫に入るようになった。これが軍・政府・国営企業の新たな資金源となった（ただしその額やフローは明らかでない）。もはや非現実的な公定為替レートを通じて民間部門を収奪する必要がなくなり，為替レートの統一も可能になった。軍政に密着した民間企業や建設業者は，新首都ネピドーやヤンゴン・ティラワなどのインフラ建設で大いにうるおった。またコメをはじめとする農産品輸出も好調となった。だがこれらは非製造業分野であり，製造業の発展とはいえない。また天然ガス輸出は，ミャンマー経済が資源輸出に依存することを意味する。これは，工業化の遅れをもたらすオランダ病ないし資源の呪いを引き起こす可能性がある（第 9 章 Column ⑨参照）。

第 2 の変化として，2010 年代を中心とする民主化の動きが見られた。国民民主連盟（NLD）のアウンサン・スーチー（建国の父アウンサン将軍の長女）は 1990 年の選挙で圧勝したが，軍事政権は選挙結果を認めず，彼女を長期間にわたり自宅軟禁の状態に置いた。彼女の自宅は厳しく監視され，外部との接触は制限された。最初の軟禁は 1995 年まで続いたが，その後も彼女は自由を与えられず，何度も自宅軟禁の状態に置かれ，制限を受けた。その後，

2015年の選挙でNLDが再び大勝利をおさめた。これが彼女を政治の表舞台に登場させた。ただし憲法上の規定により彼女は大統領に就任できず，国家顧問として政治改革や民主化の推進に取り組んだ。彼女の政策によりミャンマーの対外関係は改善されたが，少数民族への人権侵害やロヒンギャ問題では国際的な批判を招いた。2020年の選挙でもNLDが大勝したが，その直後の21年2月に軍事クーデターが発生し，アウンサン・スーチーやNLD指導部は逮捕され，民主派勢力は弾圧され，ミャンマーは再び抑圧的な軍事政権にもどった。

テイン・セイン政権の改革

以上の2つの動きにおいて重要な役割を担ったのが，テイン・セインである。彼は軍出身だが，2007年に首相に就任すると，忘れられていた「民主化ロードマップ」を実施に移しはじめた。2011〜16年には大統領に就任し，政治・経済改革を矢継ぎ早に打ち出した。すなわち，アウンサン・スーチーの自宅軟禁を解き，政治犯に特赦を与えて解放した。メディアの自由化を進め，人権に反する法律を廃止した。反政府武装組織のカレン民族同盟とも停戦合意を結んだ。経済面では，軍による統制にかわり，東アジアらしい市場化・工業化をめざしはじめた。為替レートを統一し，中央銀行に独立性を与えた。日本の自動車メーカーにも進出を促したという。これらの改革は多くの変化をもたらした。

　まず民主化の進行により，欧米からの経済制裁は2012年末に解除された。これは欧米への縫製品輸出を可能にし，同産業の拡大につながった。また対外債務の処理も，日本が尽力し，他の債権国や国際機関も巻き込んで，2013年1月に解決した。これにより各国のODAが再開されることになった。外国から投資や援助が流入しはじめ，これに呼応する形でビジネス環境の改善や経

済特区をはじめとする産業インフラの整備が始まった。日本政府はティラワ経済特区の建設に協力し，ハイクオリティーの施設とサービスを提供して日本企業を呼び込んだ。また日本の官民は自動車政策の策定を支援し，その結果，以前から操業していたスズキ工場の拡張やトヨタ工場の新設が決まった。このほかにも，輸出志向型製造業の受け皿として，タイとつながるダウェー地域の開発構想がつくられた。中国も，沖合ガス田から雲南省へのパイプラインを敷設し，2013年から稼働させている。

　テイン・セイン政権の改革は実質2015年までで，その後はアウンサン・スーチー国家顧問が率いるNLD政権に引き継がれることとなる。だが経済政策において，彼女が明確な指導力を発揮することはなかった。そのNLD政権も，2021年の軍事クーデタにより終焉を迎える。一時は，遅ればせながらアジアダイナミズムに乗るのではないかと思われたミャンマーだが，この政治的転回により，工業化の夢は再び砕かれてしまった。テイン・セイン大統領の5年間，あるいは首相時代も含めての9年間は，ミャンマーの政治改革と経済改革を定着させるには短すぎたようである。

▌*Column* ⑩　日本の対ベトナム知的援助

　日本政府の対越経済協力は1978年のベトナムのカンボジア侵攻以降停止されていたが，この問題が解決し，日本を含む各国や国際機関の対越援助が再開されたのは1992年頃のことである。その後，1994年の村山首相訪越，1995年のド・ムオイ共産党書記長訪日を経て，日本はベトナムに対する最大の援助供与国となった。当時のベトナムでは産業インフラが決定的に不足していたことを踏まえ，日本は道路・橋梁・港湾・空港などの輸送インフ

ラおよび水力・火力などの電力インフラの新設や拡張に協力した。また社会主義的発想しかなかったベトナムに対し，開発に関する情報・知識を提供するために，地方開発，都市部の交通・水道開発，ハイテクパークなどに関する事前調査も日本の支援で行われた。そうした知的協力のうち，開発政策を広く議論した「石川プロジェクト」およびビジネス環境改善のために今も継続している「日越共同イニシアティブ」は，ベトナムの工業化を側面支援した点で特記に値する。

石川プロジェクトは，JICAとベトナム計画投資省を窓口として1995年から2001年まで実施された，市場経済化支援のための日越共同研究である。この案件は，上述のド・ムオイ共産党書記長が石川 滋一橋大学名誉教授の起草したレポート（JICAヴィエトナム国別援助研究会報告書［1995］）を読んで感銘を受け，教授をリーダーとする共同研究を日本政府に要請したものである。日本は1980年代にもアルゼンチンに対し，大来佐武郎元外務大臣をリーダーとする大規模な政策チームを派遣したが，石川プロジェクトは日本にとって2度めの途上国への本格的な知的支援となった。

石川教授は，当時のベトナムのように市場経済が未発達な国では，自由放任ではなく，政府による適切な政策が不可欠であるという信念から，長期開発戦略の必要性を力説した。その策定のために，日本から数十人の学者や専門家が動員され，農業振興・貯蓄増強・産業育成・貿易自由化・国有企業改革・財政金融・アジア通貨危機対応などが検討された。

ただし，日本チームはベトナム政府にすべて同意したわけではない。ベトナムは対外開放に着手したばかりの貧しい国だったが，政府は軽工業よりも鉄鋼・石油精製・石油化学・化学肥料・セメントなどの重化学にこだわった。日本チームは，これらはカネが

かかりすぎ，生産目標は高すぎ，産業知識を欠く国では失敗する可能性が高く，債務危機に陥るリスクがあることを指摘した。それでも石川教授は正面から重化学を否定せず，各業種につき技術問題・世界トレンド・競争国の状況・採算条件などを調べてベトナム政府に説明し，議論し，最終判断は先方にゆだねるという手法をとった。

　ほかにも，ASEAN 自由貿易地域（AFTA）への参加は自国産業の競争力向上とセットで行うべきこと，その際にはいくつかの業種を選んで育成し，他の業種は貿易自由化スケジュールどおりに開放すべきことが勧告された。たとえば，ベトナムは自動車について 2018 年までの地域関税撤廃にコミットしていたが，日本側はその限られた時間内で必要な現地強化策を打ち出すことを推奨した（実際には打ち出されなかった）。石川教授のやり方は，日本からの一方的勧告ではなく日越共同研究という形をとり，先方の政治・行政上の制約を十分理解し，ベトナム政府の意思を尊重したうえで，複数シナリオを提示し先方に選んでもらうというものだった。

　実は，ベトナムが政策アドバイスを日本に求めたのには理由がある。当時ベトナムは IMF や世界銀行の融資を受ける条件（コンディショナリティ）として，財政・金融・貿易・為替・価格自由化・国営企業改革などにわたる広範な政策実施を要求されていた。これは国際機関にとって普通のことだが，ベトナム政府には不当で屈辱的な外圧と思われた。一方，日本は，性急なマクロ引き締めや自由化の断行よりも，個別産業の競争力を向上させる具体策を立案する（第 5 章）。ベトナムは日本の方針に共感し，またそれを国際機関への対抗策としたのであった。日本はその後もタイやエチオピアなどの国家指導者から政策支援を要請されたが，彼らの動機もこれに似たものであった。なお石川教授は世銀や

IMFとの良好な関係を保つために，彼らに日越間の議論内容を可能な限り伝え，日本の提言に過激な内容は何もないことを示す努力を重ねた。

日越共同イニシアティブは，ベトナムの投資環境を1つずつ具体的に改善するための，二国間の公式作業枠組みである。2003年に服部則夫大使によって創設され，現在も続いている。ベトナム側は計画投資省が関係各省のとりまとめ役となり，日本側は経団連・経済産業省・外務省が参加し，在越日本国大使館が運営する。ほぼ2年のサイクルで，次のように進行する。

まずベトナムで操業する日本企業が分野別ワーキングチームに分かれ，具体的な問題項目を提起する。その分野は，法令・税務・通関・労働・知財・環境・不動産・サービス・インフラ・産業戦略・マクロ経済などさまざまである。次に，各問題について実例・関連法規・管轄省庁を確認し，日越両国で「行動計画」（法令・制度などの改廃や新設）に合意する。その実施は中間と最終でモニターされ，実施済み（◎），予定通り（○），遅延（△），

表10-2　日越共同イニシアティブの成果

フェーズ	期　　間	分野数	項目数	達成率（◎か○）
1	2003年12月〜05年11月	…	44	85%
2	2006年 7月〜07年11月	7	46	94%
3	2008年11月〜10年12月	7	37	81%
4	2011年 7月〜12年11月	6	70	87%
5	2013年 7月〜14年12月	13	104	78%
6	2016年 8月〜17年12月	7	32	81%
7	2018年 7月〜19年12月	9	52	85%
8	2021年10月〜23年 3月	11	81	79%

（出所）　在越日本国大使館ウェブサイトより。

実施せず（×）の4段階で評価され，公表される。2023年までに8つのフェーズが終了しており，その結果は表10-2のとおりとなっている。政策をつくっても実行しない国が多々ある中で，このイニシアティブの達成率は，二国間の作業としてはきわめて高いものといえる。

このイニシアティブの強みは，ビジネス環境の課題を単に指摘するのではなく，関連法規と責任省庁と実施期限を明確に定めて，解決策を実行するところにある。これは，投資誘致の方法がわからず，省庁間の壁もあって動きがとれないベトナム政府に，具体的行動と成果を通じて改善のしかたを指南するものとなっている。その便益は，問題を指摘した企業のみならず，他の日本企業や他国の企業，ベトナム企業にも等しく与えられる。すなわち，それらの企業は何もしなくてもビジネス環境改善の恩恵を受けられるのである。1990年代のベトナムのビジネス環境はあらゆる面で問題が多かったが，このイニシアティブのおかげでかなり改善してきた。この作業が有効であったからこそ，両国はこれまでこのイニシアティブを継続してきたのである。

ただし別の視点からは，これまで何百もの具体的問題が解決されたにもかかわらず，ベトナムのビジネス環境はあまりよくないレベルにとどまっていることも指摘せねばならない。それは，古い問題が除去されても新たな問題が次々に出てくるからである。このもぐらたたき状態を克服するには，事後的改善のみならず，ベトナムの政策決定のあり方そのものにも踏み込まなければならないように思われる。

➡ CLMV 各国については，次の文献がある。

トラン・ヴァン・トゥ編［2016］，『ASEAN 経済新時代と日本：各国経済と地域の新展開』文眞堂。 …ASEAN 全体を扱う中で，カンボジア・ラオス・ミャンマー・ベトナム各国の分析も行っている。

➡ ベトナムについては，次の文献がある。

山田満・苅込俊二編著［2020］，『アジアダイナミズムとベトナムの経済発展』文眞堂。 …第1部では ASEAN の近況を，第2・3部ではベトナムの分析を行っている。

➡ カンボジア・ラオス・ミャンマーについては，以下の文献がある。

トラン・ヴァン・トゥ，苅込俊二編著［2019］，『メコン地域開発とアジアダイナミズム』文眞堂。 …CLM3カ国の個別状況と共通課題を，周辺国との連携も含めて論じている。

➡ 大メコン圏については，以下の英語ウェブサイト参照。

Greater Mekong Subregion（greatermekong.org）。 …このほか，多くの関連サイトが Greater Mekong Subregion ないし大メコン圏で検索可能。

➡ 日本と（ベトナムを含む）途上国との開発政策対話についての英語文献は，次のものがある。

I. Ohno, K. Jin, K. Amatsu, and J. Mori, eds.［2024］, *Introducing Foreign Models for Development: Japanese Experience and Cooperation in the Age of New Technology*, Springer. …この書の第5章が，日本がアルゼンチン・ベトナム・エチオピア・タイと実施した産業政策対話につき説明している（ベトナムでは石川プロジェクトを解説）。

第11章 | 南アジアの動き

インド・ニューデリー郊外の高速道路

写真：筆者撮影

　■インド・パキスタン・バングラデシュ・スリランカ・ネパールなどの国々は，地理的には東アジアに属さない。彼らの文化や思考形態は，北東アジアや東南アジアとはかなり異なっている。これらの国々は，東アジアで展開する経済ダイナミズムとはこれまで比較的無縁だった。だが近年は，南アジア自身の成長や国際情勢の変化により，南アジアは経済的にも政治的にもより注目すべき地域となりつつある。アジアを含む広域の呼称としては，これまで「アジア太平洋」（Asia-Pacific）が多かったが，最近は「インド太平洋」（Indo-Pacific）もよく使われる。後者は単なる地理的範囲にとどまらず，アメリカ・日本・インドなどの外交戦略がからむ政治性の強い枠組みである。本書を締めくくるにあたり，東アジアにとって将来ますます重要となるであろう南アジアを概観しておこう。なお，モンゴルと中央アジアについても章末の Column でふれることにする。

1 インド

インドは巨大な国である。国連人口基金によると，2023年半ばにインドの人口は14億2860万人に達し，中国を抜いて世界一となった。インドはインダス文明以来の長い歴史をもち，その社会は実に多様である。主な民族は，先住民で南部を中心に居住しているドラヴィダ系，紀元前15世紀頃にやってきたアーリア系，東北部に多いモンゴロイド系に分かれる。かつてアーリア人は職業階層としてのカースト制度（ヴァルナ）をインドにもちこんだ。現在憲法上の階層差別はないが，カースト制度はインド人の社会生活の中に厳然として残っている。宗教は8割がヒンズー教で，ほかにイスラム教・キリスト教・シク教などがある。仏教は紀元前6世紀ごろにインドで生まれたが，13世紀までに衰退した。言語も同じく多様である。連邦公用語はヒンディー語だが，ビジネス・エンジニアリング・ITなどの場面では通常英語が使われる。インド人の話す英語はわれわれには少しわかりにくいかもしれない。またインド人は自己主張が強く，議論好きな人たちだ。抽象的・論理的な思考を要する科学・工学・数学などに向く人々である。

近現代史　過去数世紀のインドの歴史を振り返ろう。イギリス・オランダ・フランスは17〜18世紀にインドの通商権益をめぐって争ったが，最終的にイギリスが勝利してイギリス東インド会社による植民地化が進んだ。19世紀に入ると，すでに産業革命を終えていたイギリスの綿織物が流入してインドの伝統的綿織物産業は衰退したが，他方で近

代的綿工業も勃興した。イギリスはインドのプランテーションで生産した茶・アヘン・藍などを輸出し，鉄道建設にも力を入れた。1857年，全インドで大反乱が勃発し，これを鎮圧したイギリスは，翌年ムガル皇帝を廃し，インド総督を派遣して直接統治下に置いた。1877年には，英国女王ヴィクトリアがインド女帝を兼ねる形で英領インド帝国が成立する。イギリスはヒンドゥー対イスラムの宗教対立を利用するなど，民族・地域間の分割統治を行った。

　20世紀に入ると反英抗争が激化する。イギリスの追従機関として創設されたインド国民会議は，やがて急進的な民族主義政党へと変貌した。英貨排斥・民族独立・国産品愛用・民族教育のスローガンが叫ばれるようになる。イギリスは弾圧を強化し，流血事件も発生した。このときマハトマ・ガンディーは非暴力・不服従の抵抗運動を指導し，大衆によるデモや集会，商店や交通機関のストが行われた。一方，イスラム勢力は，全インド・ムスリム連盟を通じて反英抗争を展開した。

　第2次大戦後の1947年，インドは独立を達成する。だがその際にも，ヒンドゥー対イスラムの宗教対立は解消されず，インド連邦とパキスタン（のちのバングラデシュも含む）に分かれての分離独立となった。突然公表された両国間の国境は大混乱を招き，両教徒の移動のなかで衝突と虐殺が発生した。インド分割に反対し両宗教の融和を説いたガンディーは，翌年暗殺された。この独立をめぐる悲劇的事件は，その後インドとパキスタンの間に3次に及ぶ戦争や両国の核武装を引き起こした。両国の対立は，現在も南アジアの不安定要因となっている。

　インドの初代首相には国民会議派のジャワハルラール・ネルーが就任する（任期1947〜64年）。彼は民主主義と政教分離，国際

表 11-1　南アジア諸国の概要

		インド
人口（万人，2022 年）		141,717
1 人当たり所得（米ドル，2022 年）		2,389
経済成長率（%/ 年，2001 〜 22 年平均）		6.1
名目 GDP に占める比率 （%，2022 年）	国内総投資	29.2
	財・サービスの輸出	22.4
	農林水産業	16.6
	製造業	13.3
経済の特徴		IT・自動車が伸びるが製造業全般は停滞。巨大市場。雇用問題
主な輸出品目		宝石・薬品・化学・ソフトウェア開発・農産品・衣料・車両など
政治状況（2023 年現在）		連邦共和制，世界最大の民主主義

（出所）　人口・1 人当たり所得・経済成長率は世界銀行，World Bank 行，Key Economic Indicators 2023（2023 年 8 月 24 日アクセス）。

的には非同盟運動を提唱した。彼の娘のインディラ・ガンディー（任期 1966〜77 年）や孫のラジーヴ・ガンディー（任期 1984〜89 年）ものちに首相を務めたため，当時のインドは「ネルー・ガンディー王朝」と呼ばれた（なお，このガンディー家とマハトマ・ガンディーには血縁関係はない）。独立以来 1980 年代までのインドは，外交的には非同盟を標榜したが，実際には反米的でありソ連と同盟関係にあった。経済政策は内向きで政府介入の強い社会主義計画経済を採用したが，これはうまくいかず，産業の活性化や所得向上に失敗し，インド経済は長らく停滞することになる。さらに 1991 年のソ連崩壊により，同盟国を失ったインド外交はしばらく漂流することになる。

パキスタン	バングラデシュ	スリランカ	ネパール
23,582	17,119	2,218	3,055
1,597	2,688	3,354	1,337
4.2	6.1	3.9	4.2
14.0	32.0	23.4	31.5
10.5	12.9	21.5	7.1
22.4	11.2	8.7	20.3
13.8	21.8	19.6	4.8
農業（とくに綿花）が中心。経済危機の頻発で長期開発に取り組めない	人口密度高い。農業の他，1980年代以降アパレル輸出が拡大	欧米向けアパレルに競争力。他の製造業は弱い。労働不足	零細農業が主。ヒマラヤ観光。外国への出稼ぎが活発
綿糸・繊維製品・農産品・皮革製品・スポーツ用品など	アパレルが8割超，他にジュート，農産品，皮革製品など	アパレル（高品質衣料）。茶・宝石・スパイス・花・水産物・ゴム	カーペット・農産品など
連邦共和制，政治は複雑で不安定，軍部が強い	大統領制，二大政党だが政策は類似	大統領制，不安定	連邦民主共和制，複数政党だが安定的とはいえない

Database（2023年8月14日アクセス）。名目GDPの各構成比はアジア開発銀

　同じく1991年には，社会主義計画を脱し，経済の自由化・開放路線への転換が決断された。政府の許認可は減少し，民間への規制は緩和され，貿易・投資・通信などの分野が自由化されていく。ただし，これらの改革は急速ではなく数十年をかけて徐々に進行した。現在でも外資規制はかなり残っており，税・ライセンス・貿易協定・工業規格・現地調達などをめぐる煩雑な手続きや要求，セーフガードやアンチダンピング課税の乱発など，企業活動を制限する非関税障壁は多い。小売業は，地場の中小零細商店を守るため，ユニクロ・無印良品など自社ブランドのみを販売する場合を除き，多ブランドの商品を扱うショッピングモールやコンビニの参入は外資に認められていない。さらには，貿易・投資

の自由化に逆行する新たな規制措置も導入されている（後述）。

国際競争の中で，東アジア各国は自国の人材・企業・産業の強化に注力し，生産性やイノベーションを重視するが，インド政府のこれまでの産業振興策は規制緩和と工業団地建設が2つの主柱であり，やや物足りないといわざるをえない。貿易・投資促進の枠組みとしては，インドを中心とする南アジア地域協力連合（SAARC，1985年創設）や環インド洋地域協力連合（IORA，1995年創設）およびそれらに関連する取り決めがあるが，ASEANなどに比べると活動は限定的である。

ただし，以上の問題は指摘できるものの，1990年代に始まった自由化はインド経済に活力を与え，成長率を高めることに寄与した。1961～90年の平均成長率は4.2％だったが，91年からコロナ禍直前の2019年までは6.3％と成長の加速が見られた。2022年の世界のGDPシェアはアメリカ（25.3％），中国（17.9％），EU（14.0％），日本（4.2％），インド（3.4％）となっている（世銀データ）。やがてインドは日本を経済規模で追い抜くであろう。

世界最大の人口を擁するインドは連邦政府，28の州およびいくつかの連邦管轄領から構成される。中央と州の間で政策分担が決められており，国防・外交・銀行・通信などは中央専管，警察・商業・農業・灌漑などは州専管，教育・森林・労働・結婚・製造業・工業団地などは共管事項である。多くの経済分野で連邦と州が協議せねばならないことは，政策の遅れや不整合を生みがちである。連邦や州の代表が自由選挙で選ばれるという点で，インドは「世界最大の民主主義」を自認している。ただし，人権・平和外交・住民参加などの面で民主的な政策が行われているかは別に問われなければならない。

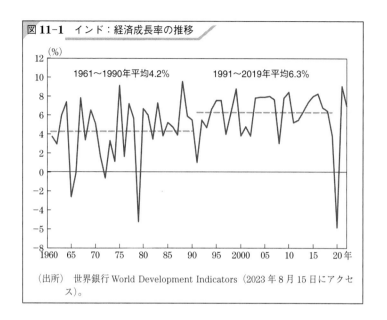

図 11-1　インド：経済成長率の推移

(%)

1961〜1990年平均4.2%　　1991〜2019年平均6.3%

（出所）　世界銀行 World Development Indicators（2023 年 8 月 15 日にアクセス）。

東アジアとは異なるインド経済の特徴は，近年の成長加速にもかかわらず，製造業

製造業の不振

が伸びていない点にある。GDP に占める製造業の割合は 2000 年に 15.9 ％，10 年に 17.0 ％，22 年には 13.3 ％と低迷している（アジア開銀データ）。成長を牽引_{けんいん}しているのはサービス部門であり，そのなかでもハイテクで高価値の IT・金融・保険・不動産・ビジネスサービスの健闘がめだつ（後述）。建設も堅調である。これらの産業に従事する高学歴層は裕福だが，それ以外の多くの庶民・農民の雇用や所得を十分引き上げるには至っていない。若者の失業問題はとりわけ深刻である。この状況は，製造業が活発なため人手不足に直面している中国・タイ・ベトナムなどとはかなり違う。

　以上を勘案すると，インドは人口規模の割に世界経済への影響

力で中国に見劣りがするのは否めない。現地メーカーとしては，タタ・グループ，マヒンドラ＆マヒンドラ社，バジャージ社などが自動車・三輪車・二輪車・鉄鋼などを製造しており，製薬も好調で輸出もしているが，世界的ブランドとはいえず，インドが技術的に世界をリードしているとは必ずしもいえない。貿易収支は赤字であり，主な貿易相手国は輸出・輸入ともに中国・アメリカ・アラブ首長国連邦などである。日本との貿易は少ない。またグローバル・バリューチェーンへの参入度も低い。主な輸出品は宝石・宝飾品・原油・化学製品・薬品などで，輸入品はエネルギー・工業素材・電子機器・機械などである。国土が広いので天然資源はそれなりにあるが，需要に比べて不足しており，インドはエネルギーとりわけ石炭の純輸入国となっている。発電は石炭火力から天然ガスへとシフトしつつあるが，脱炭素化が進んでいるとはいえない。

　外資による対インド投資は1980年代までは少なかったが，それ以降増加した。主な投資国はモーリシャス・シンガポール・日本・イギリス・EUなどだが，前2者は中継国の性格が強く本当の投資国とは必ずしもいえない。日本の投資は製造業とりわけ自動車関連が多い。中国の投資は少ないが，近年は携帯電話組立への参入がある（後述）。投資分野としては企業向けのさまざまなサービスが活発であり，コンピュータのソフトやハード生産も多く，通信・建設・商業・化学・薬品などへの投資もある。外資にとってインドの魅力は，ITを中心とする高度人材の存在および巨大な人口，とりわけその中間層が生み出す大きな国内市場である。

　ただしインドのビジネス環境は決して良好とはいえない。すでに指摘した煩雑な規制や手続きに加え，道路・鉄道などの輸送イ

ンフラが整備されていない。近年は格安航空会社が増えたため，空港が混雑している。電力は不足気味であり，地下水のくみ上げに頼る水供給も質・量ともに不足している。外資企業にとって工業用地確保の手続きが非常に困難なので，州政府や工業団地の提供する用地に頼らざるをえない。製造業賃金は高く，上昇中でもある。2022年のJETRO調査によれば，インド製造業の基本給（月額平均）は作業員が330ドル，エンジニアが556ドルであり，これは中国・マレーシア・タイよりは低いがベトナム・フィリピン・カンボジアより高い。なお，世界銀行によるビジネス環境ランキングでは，2014年に134位だったインドは2020年に63位まで急上昇した（190ヵ国中）。この顕著な改善は，以下で述べるモディ首相の改革によるところが大きい。

ITと自動車

インドは製造業が弱いために「世界の工場」ではないが，そのかわり「世界のオフィス」（ないしバックオフィス）と呼ばれている。優秀な人材，欧米に比べて低い人件費，高い英語能力を有するので，通信網・インターネットを駆使して，海外企業のさまざまな業務（顧客対応・技術サポート・データ入力・金融・会計・文書作業など）を委託契約ベースで提供している。この点はフィリピンと同じである（第9章）。またインド人には起業家精神・柔軟な発想・ITスキルがそろっているので，IT産業の発展もめざましい。アメリカ・シリコンバレーに対応する，インドIT産業の中心地は南部のベンガルールであり，国内外のIT企業やスタートアップ企業が集積している。ハイデラバード，ムンバイ，デリー周辺でもIT産業が盛んである。かつてインドのIT産業は，先進国からの注文を受けてソフト開発を安価に行う拠点として発展してきた。だがいまや，単なるソフト制作の下請けではなく，インド自身が主導するIT

産業へと進化を遂げつつある。その主な市場は欧米である。日本は日本語の問題に加えて，インドとはビジネスモデルや文化の違いがあるために，インドIT産業との結びつきはまだ強くない。

　自動車産業も，巨大市場を背景に伸びつつある。ここで特記すべきは，日本のスズキとインド政府の合弁会社マルチスズキが，1983年の生産開始以来，インドの自動車市場を席巻してきたことである。1980年代当時，日本の他の自動車メーカーは欧米市場に関心が高く，インドには見向きもしなかった。スズキのインド進出は非常にリスクの高い決断と思われた。だが同社はインドに適した車種を開発し，日本式品質管理をインド人に伝え，現地に部品企業やエンジニアを育てた。スズキ車は高品質と低価格により爆発的に売れた。2022年の市場シェアは，以前より下がったとはいえ4割前後であり，韓国の現代や起亜，現地のタタやマヒンドラ，日本のトヨタやホンダを大きく引き離す。スズキにとり，いまやインドは日本よりはるかに大きな市場である。これは，外国企業による後発国への技術移転の成功例であり，またリスクをとった先行企業が大きな市場シェアを獲得する好例でもある。ただし，いまインド政府は電気自動車（EV）を優遇しており，EVに出遅れた日本メーカーが新たな戦略をどう描くかが問われている。

　日本企業にとって，インド人のITスキルや巨大な市場に加え，アフリカへのゲートウェイとしてもインドは重要であり，日系大手の多くはすでにインド事業を開始している。ただし，前述の投資環境の悪さやビジネス文化の違いのために，中小企業にとってはかなり手ごわい進出先である。こうした困難を軽減するために，日本企業専用工業団地の創設やJETROによる州政府と入居企業の間の仲介が行われている。

2014 年に登場し，2019 年に再選を果た
したナレンドラ・モディ首相はインドに
新風をもたらしつつある。ただし，彼の
政策は賞賛とともに期待外れも生んでいる。彼は国民会議派と対
抗する，ヒンズー色の強いインド人民党（BJP）に属し，ナショ
ナリズム・多くのスローガン・活発な外交などを駆使して，高い
個人的人気を得ている。かつてグジャラート州知事時代には同州
の電力危機を克服しインフラ整備を進めたとして，経済に強い指
導者ということになっている。モディ首相は，「最大限のガバナ
ンス，最小限の政府」のスローガンのもと，政府のさまざまな組
織・権限を制限し，自己への権力集中を進めた。インドの開発計
画を長年策定してきた計画委員会は廃止され，シンクタンクへと
格下げされた。彼のイニシアティブをいくつか見てみよう。

「メイク・イン・インディア」は製造業を活性化するためのス
ローガンであり，投資環境の整備，外国投資の呼び込み，製造業
の GDP 比を現在の 15 ％程度から 25 ％へ引き上げる目標，雇用
拡大などを含む。関連して，「スキル・インディア」「スタートア
ップ・インディア」などのスローガンも打ち出された。中国から
の完成スマホ輸入の急増を抑えるために，国内組立の税インセン
ティブを提供し，実際に中国企業がインドでスマホを組み立てる
ようになった。これは**幼稚産業保護**による輸入代替工業化の例と
考えられ（第 8 章 Column ⑧参照），まずは成功といえるが，懸念
材料もある。同様の輸入代替方針が電子機器や自動車でも打ち出
されており，そのために多くの関税が引き上げられたが，これは
貿易自由化に逆行する。また，モディ政権になってからも製造業
の GDP 比率は低迷しており，メイク・イン・インディアが統計
上目に見える成果をあげたとはいえない。

またモディ政権は，煩雑で曖昧だった企業倒産の手続きを改め，2016年に倒産破産法を制定した。これで何年もかかっていた企業のリストラないし清算がワンストップ化され，ビジネス環境の改善や投資家の懸念の払拭につながった。2017年には，これまで中央・州ごとに異なっていた17種類の間接税を廃して，0〜28％の5段階からなる全国統一の財サービス税（Goods and Service Tax: GST）が施行された。これまでは州境をこえるごとに複雑な税調整をせねばならず国内物流の大きな障害となっていたが，それが撤去されたのである。これらの改革は長年の懸案でもあり，多くの企業に歓迎された。

「デジタル・インディア」のイニシアティブは，行政や金融の電子化を国民に広く普及させた。これは，政府主導で個人の国民識別番号（アーダール）・携帯電話・銀行口座の3つを紐づけし，国民がスマホを通して簡単に行政・金融サービスにアクセスできるようにしたものである。おかげで行政の効率化，汚職の防止，電子マネーの普及，農民の銀行アクセス，社会保障・給付金・補助金の受け取りなどが促進された。またこのシステムは民間にも開放されたため，これを利用したさまざまな民間サービスが勃興している。なお，2016年にモディ政権はテロ資金・偽造紙幣対策の名目で高額紙幣を突然廃止し，混乱を招いたが，これが電子マネーの普及を促した面はある。

以上はみな過去の政権から引き継いだ政策課題であり，その実現はモディ首相だけに帰すべきものではないことに注意したい。ただし，これまでと内容は同じでも，わかりやすい新スローガンを打ち出したためにその政策への注目と支持が高まったという側面はあるかもしれない。

このほか農村振興のための「クリーン・インディア」（トイレ普

及），LPガスの無料提供，農産物最低価格の引き上げ，配給・補助金・徳政令などが打ち出されているが，農業所得に目に見える成果は出ていない。雇用創出や農村の活性化にはポピュリスト的な補助金のばらまきよりも，生産性・流通改革・非農業雇用の創出といった根本的施策が必要だが，これらには既得権益の反対や州権限の壁があり実現は容易ではない。懸案の土地・電力の改革についても同様である。

大国志向と多角主義

長年インドは世界および地域の大国をめざしてきたが，現在のところアメリカや中国ほどの経済力や軍事力はない。1980年代までは，非同盟を標榜しながら実質的にはソ連寄りであった。現在は，アメリカ・EU・中国あるいは他のいずれの陣営にもつかない非同盟・多角主義・実利追求の外交を貫いている。インドにとって，中国はアジアにおける必然的ライバルであり，中国の拡張主義や一帯一路構想，中印国境紛争などをめぐって対峙している。インドの対中外交にとって重要なパートナーはアメリカであり，さらには日本やASEANとの関係が重視される。日米から見ても，インドは対中戦略や対ロ戦略においてきわめて重要な国であり，その外交的取り込みが図られている。しかしながら，米トランプ政権（2017～21年）の内向き外交はインドを困惑させた。他方で，インドが国内の反対や対中貿易赤字への懸念を理由に「地域的な包括的経済連携協定」（RCEP）の調印を拒否したことは，同国に対する日本やASEANの不信感をつのらせることとなった。また南アジア内部では，歴史的経緯を背景としてパキスタンとの対立が続いている。とりわけ，パキスタン内にいる両国関係の改善を望まない集団がテロ行為を引き起こすことは，大きな問題である。

モディ首相の外交は活発である。経済面では上述の「メイク・

イン・インディア」を通じて外資誘致を図っている。さらには，主として中国牽制（けんせい）を念頭に，1990年代から続く「ルック・イースト」政策を「アクト・イースト」政策に格上げし，単に東アジアから学ぶだけではなく，北東アジアや東南アジアの国々との経済・政治・安全保障上の連携強化に尽力している。2023年には，インドがG20議長国となった機会を利用して，グローバルサウスのリーダーとしての自国をアピールした。

2 パキスタン

パキスタンの2022年の人口は2.36億人であり，インドネシアに次いで世界で2番めにイスラム教徒の多い国である。パキスタンとインドは緊張関係にあり，これがパキスタンの政治・外交・軍事に大きな影響を及ぼしている。さらに，イランやアフガニスタンなど周辺国の情勢も，パキスタンを不安定にする要因となっている。

独立後の歴史と政治 　インドの節で述べたとおり，パキスタンは全インド・ムスリム連盟を政治的母体として，1947年にインドから分かれる形で独立した。インドとは，カシミール地方や東パキスタンをめぐって1947年，65年，71年と3度戦火を交えた。インドは1974年に地下核実験を行って核保有国となったが，パキスタンも核開発に走り，1998年に同じく核保有国となった。カシミール地方は現在に至るまで両国の紛争の場となっている。外交的には，パキスタンはアメリカや中国との関係を維持しながらインドを牽制する姿勢が見られる。しかしながらアメリカとの関係は安定的とはいえず，一方で中国

とは近年連携を深めている。

　政治情勢は複雑である。独立以来，パキスタンでは民政と軍政，民主主義と権威主義，世俗的な政府とイスラム主義の政府の交替が繰り返されてきた。クーデタやテロ・暗殺も多く，政局は常に混乱しているといってよい。インドとの対立があるため，軍部の力が強く政党の力は弱い。地方においては部族制社会の伝統が残り，国法よりも民族の慣習法が行われることがある。また地方ではタリバンやアルカイダなどのテロ集団の活動を許したり，西部のバルチスタン州では独立運動が続くなど，国としてのまとまりは強いとはいえない。さらには地震や洪水などの自然災害も多く，その対応をめぐって政府が批判されることもある。

　政治安定は経済発展の前提条件だが，以上のような政治不安定に常に直面しているパキスタンは，長期的な経済開発に取り組むことができていない。それどころか，インフレ・財政赤字・貿易赤字・外貨準備不足・通貨安などからなる経済危機の頻発によって，IMF（国際通貨基金）に救済融資を求めて駆け込むことが多い。独立以来その回数は 23 回で，これはアルゼンチンを抜いて世界一という。これでは，東アジアの経済ダイナミズムに参加することはむずかしそうである。

産　　業

パキスタンの産業としては，まず綿花・小麦・コメ・砂糖などからなる農業があげられる。とりわけ綿糸は重要な輸出品となっている。さらに，その綿花を利用した衣料・織物製品も生産・輸出されている。スポーツ用品ではサッカーボールの輸出が有名である。自動車も，大きな人口・国内市場を目標に組み立てられているほか，一部は輸出されている。そのほか，IT・エネルギー・肥料・薬品・皮革製品などの産業も存在する。

3 バングラデシュ

　バングラデシュは，ガンジス川などの大河のデルタに広がる，人口密度の非常に高い国である。英領インド時代を経て 1947 年にインドが独立し，この地は東ベンガル，次に東パキスタン（パキスタンの一部）となったが，1971 年にパキスタンから分かれてバングラデシュ（ベンガル人の国）として独立した。国民の大部分はベンガル語を話すベンガル人で，9 割がイスラム教徒である。

モノカルチャー経済から近代アパレル産業へ

　独立後のバングラデシュは，不安定な政治や洪水・サイクロンなどの自然災害の頻発により貧困状態を脱することができず，経済発展の糸口はなかなかつかめなかった。経済は米作中心で，主な輸出品はジュートとその関連品であった。すなわち，典型的なモノカルチャー経済であった。だがこの状況は 1980 年代に一変する。この変化はアパレル産業（バングラデシュでは既製服，**RMG**: Ready-made Garment という）の導入によってもたらされた。

　バングラデシュの近代アパレル産業は，GATT（WTO の前身）のもとで 1974 年に発足した多角的繊維協定（MFA: Multi Fiber Arrangement）のおかげで発展を始めた。この協定は，欧米諸国が繊維製品の輸入を管理するため輸出国ごとに数量枠（クォータ）を定めるものだったが，新参のバングラデシュには課されなかったため，同国に生産がシフトする効果をもった。具体的には，繊維クォータを課された韓国の大宇が，バングラデシュから輸出するために，必要な知識や技術を同国に提供し，労働者を釜山で訓練したうえで，1979 年に現地デシ社を通じてアパレル生産を開始

した。訓練を受けたバングラデシュ人たちはやがて独立し，自らの縫製工場を創設していった。政府も輸出志向型工業の振興策としてこの動きを後押しし，アパレル産業は急速に発展していく。民間業界団体もしっかりしており，バングラデシュ衣料品製造・輸出業者協会（BGMEA）とバングラデシュニットウェア製造・輸出業者協会（BKMEA）の2つの団体は，加盟企業のための情報分析・訓練・広報・研究開発・政策提案などを行っている。

　初期（1980年代半ば）のアパレル輸出は1億ドル強にすぎなかったが，2022年には446億ドルに達した。これは中国に次ぐ世界2位であり，ベトナムと競い合っている。バングラデシュの縫製工場はほとんどが現地企業であり，外資はごくわずかである。現在約3500の縫製企業があり200〜400万人が雇用されているといわれるが，データは不確かだ。なお，彼らの輸出はH&M，ZARA，GAPなどの欧米ポピュラーブランドの委託生産であり，Made in Bangladesh だが，生産企業名が消費者の目に触れることはまずない。製品はTシャツ・ポロシャツ・ジャケット・スポーツ用品・ブラウス・パーカー・トレーナー・パンツ・下着などが多い。

　だが順風満帆だったわけではない。まず労働者の人権やディーセント・ワーク（働きがいのある人間らしい仕事）の問題があげられねばならない。現地でも大きな縫製企業は国際基準に則って生産するが，中小の縫製工場では，労働環境の劣悪さや就業時間・最低賃金に関する違反が多く指摘されてきた。2013年には，複数の縫製工場が入居するラナ・プラザビルが倒壊し，約1100人の労働者が死亡，数千人の負傷者を出すという大惨事が発生した。この事故は，バングラデシュでの安全を無視した操業に世界の目を向けさせることとなった。アパレル輸出を継続する条件として

工場の安全確保が最大課題となり，EUとアメリカのバイヤーは
それぞれ現地に組織を立ち上げて，安全へのコンプライアンス支
援や評価を行った。

アパレルの強さと他産
業の不在

先進国市場での優遇が徐々に失われると
いう問題もある。2005年には上述の多
角的繊維協定のクォータ制度が廃止され，
バングラデシュは不利な立場に置かれることが危惧されたが，実
際にはすでに十分な品質と価格競争力を身につけていたので問
題とはならなかった。さらに2026年には，バングラデシュは後
発開発途上国の**特恵関税制度**（関税免除）から卒業するので，こ
れへの対処が必要となる。多数の輸入国との貿易協定が確立され
ているベトナムなどとは異なり，バングラデシュは主なアパレル
輸入国との自由貿易協定や経済連携協定を締結していないこと
も問題である。ただしベトナムと同様に，激化する米中対立を背
景に，中国から脱出する中国企業や外資企業の移転先の受け皿と
なるという**チャイナ・プラス・ワン効果**は，バングラデシュでも
確認されている。

　最後に，産業構造における根本的な問題を指摘しておこう。バ
ングラデシュの輸出はアパレルに依存しすぎており（全体の8割
以上），市場も欧米に偏っている（全体の6割以上）。以前のジュー
トにかわってアパレルが主力商品となったが，単一商品への依存
には変わりなく，製品と市場の多様化が望まれる。国内に十分な
雇用機会がないために，海外に出稼ぎに行く労働者も多い。将来
工業化の階段を上がり続けるためにも，より幅と厚みのある人材
と産業を形成することが必要であろう。

4 スリランカ

　以前セイロンと呼ばれたスリランカは，南インドのすぐ南東に浮かぶ島国である。紀元前3世紀にインドから伝わった仏教（上座部仏教）は，今でも国民の7割が信仰している。ただし多数派のシンハラ人は大部分が仏教徒だが，少数派のタミル人にはヒンドゥー教徒が多い。インド洋海路を通じて，セイロンは歴史的にインド・東南アジア・アラビア半島などと交流が深かったが，16世紀にはポルトガル，17世紀にはオランダ，18世紀以降はイギリスに植民地支配された。

独立後の歴史と現在

　セイロンは1948年にイギリスから独立した。1951年のサンフランシスコ講和会議において，セイロン代表が「憎悪は憎悪によってやむことはなく，愛によってやむ」という仏陀の言葉を引用し，日本に対する戦時賠償を放棄して，会議の流れを日本に寛大なものに変えた話が有名である。

　その後シンハラ人とタミル人の民族対立が激化し，これが1983〜2009年の26年にわたる内戦となった。内戦にもかかわらず4〜5％程度の経済成長は維持され，1人当たり所得は2017年に4388ドルに達したが（世銀データ），その後スリランカ経済は危機に陥り，所得も低下した（後述）。

　経済運営は社会主義的発想や労働者保護の伝統の影響を受けており，この傾向は現在も根強く残っている。政策の透明性や予測可能性は低く，省庁の統廃合や権限交替が頻繁に行われ，また縦割り行政で真の政策権限がどの組織にあるのかが見えにくい。た

だし労働者の人権や福祉に関しては，スリランカ政府のコミットメントは強い。

産業面では，植民地時代からの茶・ゴム・スパイスなどに加え，アパレル・観光・ITなどの発展が見られる。ただし製造業に限れば，バングラデシュと同様にアパレル（衣料）に特化しており，本書で見てきた東アジアの諸経済に比べると産業基盤が狭い。バングラデシュとの比較では，スリランカが輸出する衣料はより高品質やニッチ市場の製品が多い。バングラデシュの場合と同様，アパレル生産を担うのは外資企業ではなく，グローバル化したスリランカ企業数社（MAS, Brandix, Hirdaramaniなど）である。アパレル製品は2022年の輸出の42％を占めた。残りの輸出の大部分は茶・ゴム・スパイスなどの一次産品であった。

スリランカへの海外直接投資の流入は，タイ・インドネシア・ベトナムなどと比べると低調である。日本企業の投資も過去にはノリタケ（1972年），尾道造船（1993年），YKK（2000年）などがあったが，絶対数は少なく，現在日本からの製造業投資はあまりない。また，スリランカのビジネス環境は決して良好とはいえない。2020年の世銀のビジネス環境ランキングでは190カ国中99位であり，これは東アジアで事業環境があまりよくないとされるベトナム（70位），インドネシア（73位），フィリピン（95位）よりも下であった。

スリランカ人の教育水準は高く，労働の質もよい。きちんと訓練を受けた労働者の生産性は高い。ただし，工場よりも店舗やオフィスでの仕事が好まれる。技能工や高度人材は，適職と高給を求めて多くが海外に流出している。スリランカは労働余剰経済ではなく，首都コロンボ周辺では労働不足が深刻である。農業人口の縮小は，製造業よりもサービスに吸収されつつある。

以上の事実は，スリランカ経済の歩みが ASEAN などとは異なり，外資主導型工業化ではないことを示している。国内アパレル企業数社の突出したパフォーマンスがある一方で，製造業一般およびそれを支える素材・部品産業や製造業支援サービスが育っていない。日台韓や ASEAN 先行経済による生産拠点の海外展開の波はスリランカに届いておらず，外資誘致をてこに製品や産業を多様化・高度化しグローバル・バリューチェーンに参加するといった現象は見られない。

インフラの過剰建設と「債務のわな」

コロンボは瀟洒（しょうしゃ）で近代的な都市ではあるが，道路・鉄道をはじめとする輸送インフラが貧弱かつ能力が限られており，公共交通手段も乏しく，自家用車の増加および三輪自動車やバイクの混在が激しい渋滞を引き起こしている。近年のコロンボは外資による高層ビルや商業施設の建設が活発で，政府や外国支援によるインフラ整備とあいまって，建設ブームが成長を維持していた。だが過度な建設による好況は産業競争力強化につながらず，いずれは財政危機や国際収支危機を招くことになる。

実際 2010 年代末になると，スリランカはマイナス成長・通貨安・インフレをともなう激しい経済危機に見舞われた。とりわけ象徴的な建設案件は，中国融資による南部のハンバントタ港造成やコロンボ港開発（人工島）だが，スリランカはこの融資返済ができず，ハンバントタ港を中国国有企業に 99 年間リースすることとなった。これは，中国による**債務のわな**（第 7 章）の典型として語られている。2022 年にスリランカは対外債務不履行に陥ったため，日本政府は翌年債権国会合を開催し，同国の経済財政改革を前提に返済条件の改定を協議することが決められた。ただし中国はこの会合に正式参加していない。

5 ネパール

　ネパールはヒマラヤ山脈を擁する，インドと中国に挟まれた多民族・多言語の内陸国である。首都はカトマンズであり，ルンビニは釈迦の生誕地として有名な聖地だが，宗教的にはヒンドゥー教・仏教・アニミズムなどが混在している。20世紀半ばまでは，外の世界とかなり隔絶した農耕社会であった。20世紀末以降の政治は国王派と毛沢東主義を奉ずる共産党（マオイスト）が対立し混乱を招いてきた。王政は2008年に廃され，7つの州からなる連邦制国家となった。現在も共産党をはじめとする複数政党が存在し，統治制度は複雑である。

農業，観光および出稼ぎ労働　　主産業は農業で，国土の約2割にあたる耕作可能地ではコメ・小麦・トウモロコシ・ジャガイモなどの食用作物が栽培されている。ヒマラヤ登山やトレッキングを含む観光も盛んである。山岳を利用した水力発電が行われているが，人口増により電力は不足している。干ばつや洪水などの自然災害は多い。2015年には大きな地震も発生した。内陸国であるから，経済動向は開発援助の受け取りや隣国インドの状況に大きく依存している。地理的状況から，工業振興による国づくりはかなりむずかしい。こうした経済的困難を背景に外国へ出稼ぎに出る人々が多く，インドをはじめ，中東・東南アジア・日本などで就業し母国へ送金している。とくに日本への出稼ぎは近年増えており，日本各地のコンビニ・工場・飲食店（とくにインド料理店）などではネパール人労働者を見かけることが多くなった。こうした人々による送金が

ネパール経済を支え（推定でGDPの2割程度），現地でのビジネス資金にもなり，やや富裕な階層を生んでいる。

現況と問題点　コロナ禍で一時減った観光客も戻った。欧米やインドからの観光客に加え，最近は余裕があるネパール人の国内旅行も増えている。カトマンズでは自動車が増え，喧騒の中，激しい渋滞が発生している。商業は零細な個人商店が主だが，ショッピングモールやスーパーも少しずつ増えている。インドと同様，小さな店や食堂の軒先にもQRコードが置かれており，スマートフォンを使った電子決済やオンラインショッピングが広がりつつある。他方，内陸国でほとんどの物資を輸入に頼らざるをえないネパールでは，物価はそれなりに高く，出稼ぎ収入がない人々は成長から取り残されることになる。だが，ほぼ自給自足の生活をしていた農民が現金収入のために外国へ出稼ぎするようになると，村では働き手が減り，老人と子供ばかりになり，耕作地が荒れたり放棄されてしまうという問題も引き起こしている。

▌*Column* ⑪　モンゴルと中央アジア

　モンゴルや中央アジアは中国歴代王朝の辺境として，あるいは東西を結ぶシルクロードが貫いた地域として，歴史の教科書に記載されている。これらの国々は，1980年代までは日本から遠い存在だった。それは，ユーラシア大陸中央部に位置し，社会主義陣営に属し，中国とソビエト連邦の二大国に挟まれていたことによる。1991年のソ連崩壊によりモンゴルは西側世界に開かれた国となり，中央アジア5カ国は独立し，それぞれの歩みを始めることとなった。

　モンゴルは長い歴史を通じて，北方の遊牧騎馬民族として，中

国への侵攻や占領をくりかえしてきた。中国が万里の長城を築いたのも彼らへの対策だった。紀元前3世紀～紀元1世紀の匈奴，13～14世紀のモンゴル帝国や元朝，日本への侵攻（元寇）などが有名である。近代のモンゴルは中国とロシアにはさまれながら独立と自治を模索し，1924年に社会主義政権を立ち上げたが，実質的にはソ連の衛星国であった。ソ連が崩壊すると，ようやくモンゴルの市場経済化が始まる。IMFや世界銀行の勧告を受け入れて自由化と対外開放を断行したが，経済活動は銅・金・石炭・ウランをはじめとする鉱物資源への依存が強く，また政治腐敗・所得格差・環境悪化・遊牧の衰退などの問題が発生した。モンゴルはその位置から中国およびロシアとの関係維持が最重要だが，日本やアメリカなどとの外交も重視している。日本との関係では，まずモンゴル出身の大相撲力士たちの活躍をあげねばならない。日本からモンゴルに多くのODAが供与されているほか，日本の高等専門学校（高専）制度への関心も高く，これを現地に根づかせるための協力も行われている。

　中央アジアは5つの共和国からなる。ソ連崩壊後は各国とも経済の混乱と縮小を経験したが，21世紀に入る頃には安定を取り戻した。ウズベキスタンは古来シルクロードの要衝の地であり，美しいモスク遺跡も多い。定住農業を基礎とする同国の国民気質は東アジアのそれに近く，自動車（米GMやいすゞトラック）をはじめとする産業育成も比較的進んでいる。カザフスタンはエネルギーや天然資源が豊富で，広い草原や耕地をもつ大きな国である。資源ブームに乗り，中央アジアでは最も所得が高い。トルクメニスタンはカスピ海に面し，天然ガス・石油・綿花などを産する，やはり資源国である。小国キルギスタン（キルギス）は国土の3分の2が山岳で，牧畜・農業が主な産業である。同じく小国で国土の9割超が山岳のタジキスタンは，1990年代に内戦を

図 **11-2**　中央アジアの国々

（出所）　外務省ホームページ，「わかる！国際情勢 Vol. 94，中央ア
ジア～アジアと欧州が出会う場所」(2024 年 1 月 6 日アクセス)。

戦い，5 カ国の中で最も貧しい。中央アジアは宗教的にはイスラ
ム圏に属するが，ステップ系遊牧の伝統をもつカザフスタンやキ
ルギスタンの宗教色は比較的弱い。民族は主にトルコ系民族から
なるが，タジキスタンだけはペルシア系となっている。

　ロシアによる中央アジア支配は 19 世紀に強化され，綿花栽培
やロシア人・ウクライナ人の入植が行われた。ソ連時代に形成さ
れた 5 つの共和国は民族境界を基礎としており，アフリカのよう
な恣意的な国境ではない。社会主義計画経済のもとでは工業化，農
業の集団化，遊牧民族の定住，ロシア語や教育の普及などが進め
られた。ソ連崩壊と各国独立達成後の 1990 年代には計画から市
場への体制移行が課題となり，多くの国は，世界銀行や IMF の
勧告に沿った経済と貿易の自由化・国営企業の民営化・銀行改
革・貿易為替改革などを早急に実施した（第 5 章）。だがこの急
進主義は，GDP を 4～6 割も低下させる激しい経済崩壊を招いた。
ただし，ウズベキスタンだけはこの方針をとらず，漸進主義を採
用して低下を 2 割程度にとどめた。近年の中央アジアの成長はエ

ネルギーや鉱物資源の輸出に大きく依存しており，資源が豊富な国ともたない国の間に所得格差が生じている。

中央アジアの政治面では，ソ連崩壊後も以前の共産党指導部がそのまま独立国の指導者となり，終身大統領による権威主義体制が続いている。国民参加・多様性・支配理念などは希薄であり，トルクメニスタンの独裁はとりわけ強固である。他方，キルギスタンでは政治が流動的で，反対派による大統領追放が2度起こっている。

中央アジアは大気汚染・水質汚染・土壌劣化・砂漠化・廃棄物・生物多様性の破壊などの環境問題に直面しており，ソ連時代の負の遺産として核実験場の放射能汚染や鉱山・精錬所による環境破壊も残っている。とりわけ深刻なのは，アラル海の縮小である。1960年のアラル海は6.6万km²で世界4位の湖だったが，無計画な灌漑用水の取り込みにより，湖はほとんど消滅してしまった。現在の対応策は，湖全体の回復はあきらめ，復活できる湖面を復活させ，干上がった土地は別利用するというものである。またアラル海に注ぎ込むアムダリア川・シルダリア川の流域では，上流で水源はあるが所得の低いキルギスタン・タジキスタンと下流で天然資源やエネルギーが豊かな諸国の間に，河川水量やダム建設をめぐって係争が起こっている。

中央アジア内における経済や安全保障の地域協力は限定的である。むしろロシアが主導する集団安全保障条約機構（CSTO），中国が主宰する一帯一路構想やアジアインフラ投資銀行（AIIB），両国がともに入った上海協力機構（SCO）などへの参加を通じて国際協力が行われている。中央アジアではロシアとアメリカの影響が低下し，中国とインドのプレゼンスが高まる傾向がみられる。またアフガニスタンの不安定が中央アジアに波及するリスクも存在する。

▶ インドについては，次の文献がある。

西澤知史［2019］，『インド経済の基礎知識　第3版』日本貿易振興機構（JETRO）。　…経済やビジネスを中心に，インドの最近の動きを説明している。

堀本武功・村山真弓・三輪博樹編［2021］，『これからのインド：変貌する現代世界とモディ政権』東京大学出版会。　…2010年代以降のインドの動きを政治・外交・経済・デジタルなどさまざまな側面から分析している。

▶ パキスタンの問題は，次の文献がある。

水谷章［2011］，『苦悩するパキスタン』花伝社。　…パキスタンの政治的軍事的困難を詳説している。

▶ 中央アジアについては，次の文献がある。

宇山智彦・樋渡雅人編著［2018］，『現代中央アジア：政治・経済・社会』日本評論社。　…中央アジアのさまざまな側面をわかりやすく解説している。

索　引

事 項 索 引

人名索引

著者紹介　　大野健一
政策研究大学院大学名誉教授

櫻井宏二郎
専修大学経済学部教授

伊藤恵子
千葉大学大学院社会科学研究院教授

大橋英夫
専修大学経済学部教授

【有斐閣アルマ】

新・東アジアの開発経済学
Development Economics of East Asia: New Edition

2024 年 4 月 15 日 初版第 1 刷発行

著　者　　大野健一，櫻井宏二郎，伊藤恵子，大橋英夫
発行者　　江草貞治
発行所　　株式会社有斐閣
　　　　　〒101-0051 東京都千代田区神田神保町 2-17
　　　　　https://www.yuhikaku.co.jp/
組　版　　（有）ティオ
装　丁　　デザイン集合ゼブラ＋坂井哲也
印　刷　　株式会社理想社
製　本　　大口製本印刷株式会社
装丁印刷　株式会社亨有堂印刷所